# 臺灣歷史與文化 研究輯刊

十五編

第14冊

清領時期臺灣隱逸詩研究（上）

黃慶雄 著

花木蘭文化事業有限公司

國家圖書館出版品預行編目資料

清領時期臺灣隱逸詩研究(上)／黃慶雄 著 — 初版 — 新北市：
花木蘭文化事業有限公司，2019〔民108〕
序 2+ 目 4+200 面；19×26 公分
（臺灣歷史與文化研究輯刊十五編；第 14 冊）
ISBN 978-986-485-616-9（精裝）
1. 臺灣詩 2. 詩評 3. 清領時期
733.08 108000396

ISBN-978-986-485-616-9

9 789864 856169

臺灣歷史與文化研究輯刊
十五編　第十四冊　　　　　　ISBN：978-986-485-616-9

清領時期臺灣隱逸詩研究（上）

作　　　者　黃慶雄
總 編 輯　杜潔祥
副總編輯　楊嘉樂
編　　　輯　許郁翎、王筑　美術編輯　陳逸婷
出　　　版　花木蘭文化事業有限公司
發 行 人　高小娟
聯絡地址　235 新北市中和區中安街七二號十三樓
　　　　　　電話：02-2923-1455／傳眞：02-2923-1452
網　　　址　http://www.huamulan.tw 信箱 hml 810518@gmail.com
印　　　刷　普羅文化出版廣告事業
初　　　版　2019 年 3 月
全書字數　318177 字
定　　　價　十五編 25 冊（精裝）台幣 60,000 元

# 清領時期臺灣隱逸詩研究（上）

黃慶雄　著

## 作者簡介

黃慶雄，高雄市人，1970 年生。東海大學中國文學系學士、碩士，國立中山大學中國文學研究所博士。高苑科技大學通識教育中心助理教授，學術領域：文獻學、台灣古典文學、地方文化，著有專書《阮元輯書刻書考》（花木蘭 2007）、《旅行書寫與文化想像：清領前期臺灣古典詩的文化考察》（白象文化 2012），另學術期刊、教學論文 10 餘篇。

## 提　　要

　　本研究基於過去臺灣文學與古典詩歌研究的基礎，運用文化地理學的概念，整理清領時期臺灣關於隱逸主題的古典詩歌。以文學空間切入，分析詩人在各種隱逸空間中的文學書寫，及其所隱含的隱逸情志，試圖歸納、梳理出臺灣清領時期古典詩歌中的隱逸文化。

　　本論文共計十章，第一章「緒論」寫研究動機、議題界定與研究方法、文獻回顧、章節說明。第二章「隱逸文化的傳承與發展」則是綜論中國隱逸文化的發展歷史，從傳統隱逸文化的演變脈絡，探索明、清時代隱逸思想的情性化、閒適化及精神化發展。而臺灣文人隱逸情懷的生成，大多是面對外在環境的消極因應，包含舉業艱辛、仕途浮沉、社會動亂或改隸之痛。內在因素則有海島山水環境的特殊性，加上長期接受儒學教化，哲思上亦受佛、道影響，因此，文人在面對逆境時，頗知進退之道，所呈現的是儒家式的隱避哲學和樂感追求。

　　第三至十章是以空間的脈絡論析清領時期的古典詩作，從廬居、園林、田園、山林、寺觀，到夢幻空間，都可見詩人徘徊其間的詩意書寫，廬居園林的建築布設，顯現出詩人追求閒適生活、樂感人生的期望；而文人對田園山林的美好想像，則表現歸返自然、淡泊無爭的處世哲思；遊於寺觀和夢幻，則是透過宗教信仰和虛無想像，集體進入神仙幻境和極樂世界，同樣是追求自由無礙的逍遙境界。

　　本研究同時也要強調隱逸思想有「文化創造」的積極意義，並不是一般所認為的消極無用。由於隱逸文化相關的研究的時間斷限多停留在宋代以前，明清則以遺民研究為主，無法呈現近代隱逸文化發展的全貌，特別是臺灣的部份。清領時期臺灣，是海外新闢的疆土，具有特殊的文化想像和歷史地位，不管是遊宦至此，或土生土長的文人，都容易有「荒遠」、「離群」的負面想法，最後往往會產生隱逸之思。更明顯的隱逸，則是 1895 年的乙未割臺，臺灣文人的遺民意識。這些文人的隱逸情懷，透過廬居、田園、園林、山林、寺觀及夢幻等空間的居處遊歷，將情志表現在文學書寫上。若從文學文本空間的角度來看，確實可看見一系列可觀的文學景象，具有豐富的文化意涵，亦是本研究所要呈現的。

# 自 序

　　2009 年 6 月底是我在中山大學博士班最後的課程，其中一門「儒學與現代化」，也是鮑國順老師的最後一門課，上課的詳細內容已記不大清楚，但鮑老師的身形與面容卻深深烙印心裡。他拖著病軀，一字一句吃力地講說，課堂間常需要喘息片刻，吃點蛋糕補充體力，我很喜歡看老人家吃著我們準備的點心，偶爾從他眼睛閃著光亮，會想像那是一個簡單的幸福。上這門課的學生不多，就三個人，有一天在課堂上，他感嘆地說：「大半輩子研究儒學，面臨老死病痛時，卻無法找到滿意的答案！」最後他選擇信奉一貫道，在他病苦的晚年，終究是宗教給了他精神上的寄託和安慰。

　　這件事讓我反覆地想，數千年來中國儒士是如何走出人生的挫折與傷痛？如何在茫茫的人生中，找到一個足以安身立命的位置，使心靈得到歇息、安頓？那一學期的報告，我選擇了「隱逸」的主題，試著找尋一些線索。這也是我博士論文研究的開端，算是啟蒙，感謝在天上安息的鮑老師。

　　修業八年半後，總算是完成了這本博士論文，關於臺灣隱逸文化的研究，雖談不上十足的開創性，但也投入了相當的時間和精力。過程中，我除了專職在學校教書外，還投入了教育部「全校性閱讀書寫課程革新計畫」，在學校如火如荼地推展大一國文的革新教學，同樣在文學教育中融入生命教育，我想也為現下徬徨的年輕學子覺察一些生命的感動和人生的方向。

　　這些年就是這樣博論研究與教學計畫兩頭燒，致使論文進度一再延遲。如果這本論文算是點成績，那最要感謝的便是恩師　龔顯宗教授，龔老師除了細心指導論文外，還常叮嚀為人處世之道，更體貼學生的工作及健康情況，亦師亦父地殷殷指點與關懷，是撰寫論文過程中，學生最穩固、最溫暖的依靠。

　　本論文的定稿，同時要感謝論文的三位匿名外審老師的寶貴意見，以及口試委員許俊雅、林晉士、黃雅莉、林雅玲四位教授的悉心指導斧正，讓本論文更加完備，在此致上最誠摯的謝意。

　　另外，值得一提的是以龔顯宗老師為首的「龔生會」，邀集門下的文學博士，每月定期聚會討論論文，實為本論文最大的推動力。特別要感謝清茂、惠玟、愫汎、國安、玉輝、秀珍、政惠、鴻麒等諸位學長姐，為本論文費心提供諸多寶貴的意見，同時給我的鞭策和鼓勵。本論文的完成，諸位功不可沒，由衷地感謝大家。

　　其實，這段攻讀學位的過程中，經歷了家父傷病及意外亡故，是我生命中最悲痛的一段歷程，幾度心灰意冷，無以為繼。而身體的病痛、心理的焦慮，更是少不的，所幸有內人淑芬、小女品慈的陪伴，溫暖的親情永遠是最佳的療傷止痛藥。而工作上有同辦公室的夥伴孫鳳吟老師和鍾美玲老師，常常幫我分擔工作，給我鼓勵、為我禱告，讓我有動力持續下去。也感恩所有親朋好友的支持和鼓勵，讓我可以一步步向前，順利完成學業，此刻內心充滿無限的感謝。

　　博士學位的完成，是人生重要的里程碑，同時也是學術生涯的新起點。這本學位論文的撰寫過程，讓我體認到嚴謹的學術研究，需要明確的問題意識、研究解決的方法、清晰的思辨邏輯和暢達的文字敘述，這些都是身為學術研究者要持續努力琢磨的。一直以來，人文學科的研究工作，多靠自己獨立完成，每每在深夜的孤燈下、滿桌的典籍文獻中，踽踽前行。所幸這一路上有師長的指引，諸多學長姐、學友們的扶持，讓我備感幸福！

　　謹以此論文，獻給大家，感謝一直以來的支持和鼓勵

黃慶雄

2017 年 2 月 14 日於高雄橋頭

# 目

# 次

表　次

# 第一章　緒　論

## 第一節　研究動機

　　莊子說:「人皆知有用之用,而莫知無用之用也。」〔註 1〕一般人都強調「實用」,鮮少正視「無用之用」。但是看似無用的事物,往往深藏大用,而隱逸文化可算是「無用之用」的代表。

　　「隱逸」是指逃避隱身、離群索居、不問世事,看似逃避現實,無益於社會,是世俗所定義的「無用」。但從另一個角度看,人們在逃避世俗的過程中,嘗試著各種隱避的方式,用盡各種手段,表達內心的恐懼和期待,因而創造出許多令人驚豔的文化,也就成了「無用之用」。

　　美國人文地理學者段義孚(Yi-Fu Tuan)在《逃避主義》一書中提到:

> 　　「逃避」是一個看似貶義的詞彙,然而正是由於人類內心與生俱來
> 　　的逃避心理,推動了人類物質文化和精神文化的創造與進步。在逃
> 　　避的過程中,人類需要借助各種文化手段(組織、語言、工具等),
> 　　所以說「逃避」的過程,也是文化創造的過程。〔註2〕

隱士通常是具有高尚人格和文化內涵的知識份子,為了逃避社會、官場的是非功利、爾虞我詐,設法逃遁、隱避起來。他們秉持著內在的情志,將理想追求結合生活的實踐,尋找理想的居處空間,如原始的山林、寧靜的田園、

---

〔註 1〕郭慶藩,《莊子集釋》(臺北市:華正,2004),卷二中,頁 186。
〔註 2〕(美)段義孚(Yi-Fu Tuan)著,周尚意、張春梅譯:《逃避主義》(臺北市:立緒文化,2006),頁 13。

優雅的園林、肅穆的寺院及完美的仙界幻境，吟詠書寫成為詩文，成就豐富而多彩的的隱逸世界。而隱逸生活中所表現的淡雅、柔婉、平靜、清新等特殊美感，同樣也影響了其他的社會文化形態，如園林、建築、繪畫、音樂、舞蹈等，形成一種特殊的文化系統，深深地影響人類的精神文明，看來「無用是為大用」。

其實人類文明的發展中，很多時候是以逃避的方式去面對的。比如人類對自然的恐懼，逃避暴風雨，住進溫暖的房屋裡；逃避擁擠的都會人群，前往寧靜的郊區；逃避現實的苦惱，逃往虛幻的童話世界。透過遷移、改變、想像及創造，人們不斷地嘗試各種方式，企圖擺脫可怕的「現實」，「所有的生靈中，只有人類在殘酷的現實面前選擇了退卻。」段義孚的說法很值得深思。出生於中國的段義孚顯然是受到中國文化的影響，縱使他在十一歲就離開中國，但傳統的儒道思想仍深植他心中。他所寫的《逃避主義》一書聯結了西方的人文主義與中國的隱逸文化，讓人感到好奇，過去我們當作哲學思想研究的議題，如何跟一般人的生命與生活息息相關？當我們生活在現代性的時空狀態中，在緊張忙碌的工作之餘，總喜歡抬頭看看天空，並望向遠方，很容易想起陶淵明的詩句「悠然見南山」，隱士陶淵明的灑脫、離俗，似乎對人心有療癒的效果。神往的那一刻，我們彷彿從現實中抽離了，忘記了勞苦傷痛。而從這個角度看來，如此的隱逸文化，確實給俗世帶來希望和撫慰，是有大用的。

而從整個中國隱逸思想的發展脈絡來看，宋代以後隱逸思想的「性情化」、「閒適化」、「精神化」，已將隱逸文化內在化，並融入世俗生活當中。〔註3〕到了明、清時期，除了易代遺民外，有隱逸之思的人，鮮少標舉隱士大旗。清領時期臺灣的方志已經不設隱逸列傳，除了改朝換代的遺民之外，被標舉的隱逸之士少之又少。難道隱逸真的消失了嗎？或者是化作某種形式幽微地存在著？如果稍微留意士人的文學作品，就不難發覺答案肯定是後者。隱逸情志從未消失，它如同文化的基因一般，根植在士人的身體中，等待時機萌芽茁壯。

誠然，「書寫」是自我情感認同的座標，透過文學作品可以反映作家的心靈，甚至展現重構自我的過程。清領時期在臺灣的文人，因遠離中土的權力核心，詩文中多有「不遇」、「恬退」的感懷，隱逸之思往往縈繞不去，士人

---

〔註 3〕參考趙樹功，《閒意悠長——中國文人閒情審美觀念演生史稿》（石家莊：河北人民，2005）。

們孤獨的身影，徘徊在山間水邊、花前月下、夢幻之間，際遇感傷隨即化作縷縷詩意，緊緊維繫著真情的自我，從而得到安慰和救贖。

　　會對「隱逸」文化感興趣，多少跟筆者個人性格有關，總覺得每個人心中都藏有「隱逸」的靈魂，只是未顯露出來。本研究同時也要強調隱逸思想有「文化創造」的積極意義，並不是一般所認爲的消極無用。由於隱逸文化相關的研究的時間斷限多停留在宋代以前，明清則以遺民研究爲主，無法探究近代隱逸文化發展的全貌，特別是清領時期的臺灣，作爲一個海外新闢的疆土，具有特殊的文化想像和歷史地位，不管是遊宦至此或土生土長的文人，都容易有「荒遠」、「離群」的負面想法，最後往往會產生隱逸之思，更明顯的隱逸，則是 1895 年的乙未割臺，臺灣文人的遺民意識。這些文人的隱逸情懷，透過廬居、田園、園林、山林及寺觀等空間的居處遊歷，或游於虛幻的夢想幻境，將情志表現在文學書寫上。從文學文本空間的角度來看，創造一系列可觀的文學景象，具有豐富的文化意涵，亦是本研究所要呈現的。

## 第二節　議題界定與研究方法

　　「隱逸」是指遁世隱居、超逸塵外，追求精神慰藉，及逍遙自由的人生態度。是中國古代士人保持獨立人格、追求心靈自由的一種生命哲學。唐代以前，隱逸命題原是士人「仕」與「不仕」的抉擇，牽涉到政治社會的清明與否，以及士人對時勢的判斷，並以行動對應外在的環境，作爲個人自處之道。但唐代以後，隱逸文化的情性化、世俗化、精神化的改變，隱逸的形態也呈現多元的面貌，真正遁世形隱的人已經不多了。而受到陶淵明的影響，「隱逸」也成爲文學主題和美學意涵，隱逸表現在文學作品中，往往只是的一種想像，因現實無法達成轉而訴諸筆墨的一種心理補償。

　　隨著隱逸形態的發展與改變，「隱逸」一詞不再只是狹隘的遁世隱居，而更包含著追求精神自由的廣泛概念。本研究所界定的「隱逸」，不管是早期遁迹山林的「形隱」，或講究內在修爲的「道隱」、「心隱」，與現實妥協的「朝隱」、「吏隱」、「市隱」、「教隱」等各種形態的隱逸都包含在內。從敘述學的角度看，無論是否採取第一人稱敘述，文學作品都是從敘述者「我」出發，作品經常運用時間、空間的更替與對比，凸顯「我」的存在。換言之，詩人在觸景生情的書寫中，個人的情志本然流露，而借助典實、引發聯想，則是

用以強化或者含蓄委婉的表明心跡。本研究即是本著這樣的文學創作理路，由詩人對「空間」的敘寫，分析創作的當下詩人的情志，呈顯詩意生發時詩人內心的真情本性。

本論文以清領時期（1684～1895）的臺灣詩人涉及隱逸主題的古典詩歌作品為主要分析對象，有時論及明鄭時期的文人與詩作，是為表現較為清晰的發展脈絡。而清領末期的詩人，擇取的標準在於是否在清朝獲取科舉功名而定，如板橋士紳林爾嘉，1875 年（光緒元年）出生，20 歲時舉家遷居廈門鼓浪嶼，闢建菽莊園林，結納詩人墨客，放懷文酒之間，有頗多唱和詩作。雖然他也有許多隱逸書寫，但他主要活動都是在民國肇建後，因此在時代斷限上，把他歸為民國，未在本研究之列。

而關於本研究所採用的詩作材料，主要以臺灣為創作場域者，不管是臺灣本土或是宦遊來臺的文人的創作。而引用少部份臺灣文人在海外的詩作，如丘逢甲因乙未之變而西渡，在內地所創作的隱逸詩，因其隱逸之思與臺灣息息相關，故而納入討論；宜蘭文人李望洋在宦遊甘陝一帶，也有隱逸詩作，因屬臺灣文人，也在本研究範圍中。

二十世紀之前的臺灣，從經濟、生活的型態來看，有著非常濃厚的海洋文化性格，從荷蘭時代的米糖、鹿皮的外銷、大量的轉口貿易，到清領時期的兩岸貿易，乃至於現在，臺灣的經濟社會大都仰賴著海洋而生，貿易發達、崇尚冒險，文化開放且多元。然而有趣的是，從士文化的角度觀察，臺灣的士人對海洋並未有相對的好感、依戀，相關的文學創作充滿著遲疑和恐懼，不管是遊宦來臺的中土文人，或是在臺的本土文人，雖置身於四面環海的環境中，但往往僅能遠觀眺望海洋，對海洋充滿敬畏。另一方面，士人多懷有山水之癖，喜好遠離人群、潛居靜養，尤其是宦遊之士，書寫中常訴說個人遭遇感懷，因此「退守逃避」往往大過「積極挑戰」，隱逸思想無所不在。顯然地，臺灣的士人階層，深受大陸文化以及漢文化教育的影響，使得他們傾向安土重遷、保守封閉、淡泊安逸的性格。

由於清領時期臺灣的文學與文化，基本上是源自於大陸，具有密切的臍帶關聯，因此，有關臺灣隱逸文學與文化的研究，就必須放在整個中華文化的脈絡之下來看。本研究的分析路徑，將從中國隱逸文化的發展為線索，投映在臺灣文人及其隱逸詩作的創作中，嘗試著梳理出一些值得關注的議題，特別是以空間為主軸的書寫與想像。將重點放在下列三項觀察上：

## 一、隱逸文化變遷與空間的創設

　　「空間」有所謂「實體」和「虛擬」，前者是感官經驗可衡量的，後者是透過想像所建構的。不管是實體或虛擬，空間總是承載著不同的物質、景觀、場景和特定的情感積澱，交叉構成歷史陳跡和文化意蘊，稱之爲「文化性」。如「山林」勝境，自古在隱逸文化中，有著特殊的質性，天地造化而成，非人力所能造作者。人若隱身徜徉其間，可以頤養身心，甚至洗滌心靈，使人達到自由逍遙的境界。因此，當後世遊於山林的士人，便因爲這樣的文化記憶而心生感應，能輕易地觸動內在隱逸的情志。這些士人帶著不同遭遇和感懷，彷彿穿越時間的限制，透過詩文的吟誦，在這個共同的隱逸空間中，惺惺相惜地譜下隱逸之歌。而身爲後世的我們，從空間的軸線觀之，陶淵明和李白、白居易同處一地，共同吟哦，是多麼可觀的風景。

　　關於隱士所居處的隱逸空間，早期多是岩穴、深山、林間、田園等自然空間，到後來有市井、官場，甚至是想像的仙境。透過歷代詩人的形塑，這些隱逸空間的意象，原本是外顯的實境，到後來逐漸退縮到內在的心靈角落，本來強調自然、幽深、清靜、平淡的意境，到後來「市隱」的吵雜反而能襯托內在的平靜，更不用說純粹自我的夢境和幻想了。

　　以「窟穴」而言，上古時期的隱士，爲了顧全心志而避居山林，寧可將自己隱身小小的岩穴當中，過著原始困頓的生活，相對地，隱士在精神上得到無比的自由和尊嚴。如此清高的志節，是隱士特別被表彰的特質。漢代的東方朔贊頌伯夷曰：「穹隱處兮窟穴自藏，與其隨佞而得志兮，不若從孤竹于首陽，折羽翼兮摩蒼天。」〔註4〕說明了隱逸空間「窟穴」是爲了自保藏身，藉由隱密、幽深的空間，區隔污濁的現世與俗夫。

　　魏晉之後，儒學不再獨尊，會通儒道的玄學興起，關注的重點從政治哲理轉變爲士人的生命議題，連帶著隱逸思想也從外在的環境變因，逐漸傾向內在的精神思維，即所謂「情性化」。西晉張華有詩云：「君子有逸志，棲遲於一丘，仰蔭高林茂，俯臨淥水流。」〔註5〕西晉潘尼亦有詩云：「陟彼名山，采此芝薇。朝雲靄靄，行露未晞。遊魚羣戲，翔鳥雙飛。逍遙博觀，日晏忘歸。」〔註6〕隱士們不再苦守岩穴深山，而是居處、遊走於山林間，與雲霧共

---

〔註4〕東方朔，〈嗟伯夷〉，《東方朔集》（西安：陝西人民，2007），頁454。
〔註5〕張華，〈贈摯仲治〉，《張茂先集》（西安：陝西人民，2007），頁642。
〔註6〕潘尼，〈逸民吟〉，《潘太常集》（西安：陝西人民，2007），頁840～841。

生、與魚鳥爲友，他們把自然山林視作心靈的歸宿，在遊樂的瞬間，能轉化爲閒雲野鶴，遊於天地自然之間，離群苦行已不再是隱逸的唯一選項。

而唐代以後的隱逸開始逐漸心性化、入世化、世俗化，強調「隱心不隱跡」〔註7〕，隱逸注重心靈的超越和精神的閒適，少有眞正避世離群的隱逸行爲。因此，隱逸之情僅能透過詩文來抒發，而「空間」自然成爲隱士寄情書寫的媒介，士人把自然山水帶入城市，以園林情趣投射自然情懷，成爲山水空間的延伸，將隱逸之思寄託在花前月下、詩酒行樂的情境之中。

由於儒、釋、道多種思想的影響，面對社會時局的混亂險惡，士人逐漸收斂起淑世之心，轉而追求生活情調、心性適意的滿足，由「形隱」轉爲「心隱」。心隱的發展，將傳統付諸行動的隱逸行爲最小化，取而代之的是心靈上的隱逸活動，如「遊仙」、「遊夢」，詩人透過想像，悠遊於虛幻的世界，在文學的世界中，模擬隱士的生存情境，藉此得到現實的補償和精神的慰藉。特別是在宋代儒家心學的推波助瀾下，隱逸便難以回復傳統的形隱。

明清隱逸文化的內在化，看似是逐漸內縮的發展，事實上是相反，隱逸的行爲開始多元化，所涉及的活動空間逐漸開展。從私人的居處，延伸至田園、山林等自然空間，而後，更進一步地在喧囂的城市中另闢園林、佛寺道觀，並逐漸升華到精神層次的仙境和夢幻世界。隱逸文化的變遷，確實開展了文學、文化的空間書寫，而隨著士人內在的隱逸想像，各式形態的隱逸空間也多元呈現，包括實質的、虛幻的，本研究便是以此爲基礎所開展的。

## 二、文學空間與生命共感

「空間」的概念，起初是物理學的概念，一種日常存在、無形又無相，但又與人的存在息息相關，便需要以形、相界定之。如生活空間是一種現實的存在，諸如山林景物的「自然空間」，是客觀存在的物理空間，它在尚未有人文介入前，僅具備客觀的知識意義。成爲人們生活的舞臺後，「空間」充滿著社會活動、文化關係，並在人們身心依附的關係下，「空間」的意義不再是單純的、物理性的涵義，在人文化成的過程中，加入了政治、文化、經濟等文明要素，更產生了許多心理層面的感知，有個人的、有集體的。進而產生了無數的關係脈絡，也構成了各式的文化景觀，成爲「人化空間」。「文

〔註 7〕皎然，〈偶然〉五首之三，《全唐詩》（臺北市：明倫，1971），卷 820，頁 9252。

學空間」則是透過人文氣息、情感烙印、意識形態，以優美的文字敍寫轉化而成。創作者可以藉由書寫活動，描繪一個另創宇宙，讀者則可以透過文字閱讀，複製一個想像的場域。在文學的空間中，可以運用書寫形式，改變時間、空間的原貌，使時間前進、後退、加速、減緩或停滯不動；使空間拉近、推遠、放大、縮小，或隱或顯、或靜或動，另創一個別有洞天的空間序列。〔註8〕

　　如「玉山」，純粹的空間知識是地理名詞，是臺灣第一高峰，海拔 3952 公尺，然而加入了人文的活動與關係，賦予它「四季分明、景致優美」的美感體驗。進一步地，透過文人的感知、想像書寫，產生了許多藝術化的形象，柯培元的〈玉山積雪〉：

　　　　天外玉芙蓉，晶瑩徹幾重。可望不可及，無夏亦無冬。海上殷紅日，

　　　　雲間描白龍。仙人藐姑射，皎潔好姿容。〔註9〕

對於可望而不可及的玉山，詩人將之比擬爲神話中的仙山「姑射山」，想像山中住著雪白通透的美麗仙女，乘雲霧、駕飛龍，把玉山想像成仙境。事實上，詩人既不在空間現場，玉山也斷不可能是仙境，一切都是詩人虛幻的想像，創設了一個浪漫的化外仙境，原本的「自然空間」，經過藝術的想像，人文加工變成了「人化空間」。

　　文學的創作，源自於人類對社會生活的藝術升華，「自然空間」是文學創作的素材，創作者透過空間的物質感受，不論是視覺、聽覺、觸覺，或嗅覺上的感受，萌發主體的想像，與空間意象共同形構，並書寫而成文學世界。《文心雕龍‧明詩》：「人稟七情，應物斯感，感物吟志，莫非自然。」〔註10〕作爲創作主體的詩人，處在客觀的自然空間中，會透過感官感受、並觸動心中既有的情感經驗，在心中組構一個「感知空間」，並將之書寫成詩文作品。這個充滿主觀想像的空間意象，同時也透過文字傳遞在讀者之間，於是文學空間將透過不同的讀者詮釋，再次產生別異的空間想像。

　　法國哲學家加斯東‧巴舍拉（Gaston Bachelard）的《空間詩學》，曾以現象學討論「家屋」、「地窖」、「閣樓」到「抽屜」等空間的面貌和意義，透過

---

〔註 8〕尤姿雅，〈文學世界中的空間創設〉，《中國文哲研究通訊》，第十卷第三期，頁154。

〔註 9〕柯培元，〈玉山積雪〉，收入《噶瑪蘭志略》（臺灣文獻叢刊 92），卷十三，頁192。

〔註10〕劉勰著，王更生注，《文心雕龍讀本》（臺北市：文史哲，1985），卷2，頁83。

空間的物質感受所產生的「意象」，亦即詩意想像（imagination poetique）。他將詩的意象定義爲「心理上驀然浮現的立體感（relief）」，當我們閱讀到一個清新的意象，受其感染，除了產生精神上的共鳴和知性上的聯想外，更重要的是會打動內心的靈魂，讓我們處在迴盪的震撼之中，依據自己的存在處境而訴說詩意，「就好像詩人的存在就是我們的存在」。我們會以爲自己經驗過這種詩意，甚至以爲自己創造過這種詩意。接著我們將被喚醒，把我們過去的相關經驗和詩歌的意象所呈現的情境相對照，於是掌握到了某種意象的典型特質，其實潛藏在我們過去許多生活經驗脈絡中。〔註 11〕而學者鄭毓瑜指出，人處在自然與人文環境中，可以展現具有美感的存在體驗，這種交錯時間、空間與社群等多重脈絡的存在關係網，既是審美主體的本然真存，又是所有人文藝術活動的生發場域，我們稱之爲「情境」。〔註 12〕如此，「空間」往往承載著積累許久的人文意涵，當詩人往來接觸時，與之對話、反思、彼此定義，甚至是尋求認同。

空間書寫往往就是自我書寫，詩人透過自然山水、田園風光、園林美景、佛寺道觀等外在風景（landscape），從靜觀外物到反觀內心，轉化成爲內在的心靈風景（inscape）。透過詩歌的表達，形成情理交織的風景空間，用不同的觀看角度，不斷重新組構、解釋，並賦予新的意義。而當後人親臨這些文化空間，欣賞其間所書寫的詩文，也將依著個人的情志，不斷地融合、轉化、再生，產生一篇篇動人的詩文作品。本論文的研究，即是以這些依繫於文學空間的文學文本爲材料，試著還原文學世界的場景，並深入探討文人們創作詩文時，內在所蘊含的隱逸精神。

## 三、從終身之志到一日之志

不管「詩言志」或是「詩緣情」，詩人藉著詩歌抒發自己的思想、意志、情感，通常並不侷限於單一的情志，有時甚至是前後矛盾的，如陶淵明早年有「猛志逸四海，騫翮思遠翥。」（雜詩）之類豪情壯志的詩，與後來的淡泊隱逸的詩有天壤之別，然而，這或許才是眞實的生命，有其發展的的過程和軌跡。清代性靈詩人袁枚曾論說：

---

〔註 11〕　（法）Gaston Bachelard 著，龔卓軍、王靜慧譯，《空間詩學》（臺北市：張老師，2003），頁 23～36。
〔註 12〕　參考鄭毓瑜著，《六朝情境美學綜論》（臺北市：臺灣學生，1996），頁 2。

　　詩人有終身之志、有一日之志、有詩外之志、有事外之志，有偶然

　　興到、流連光景，即事成詩之志，志字不可看殺也。〔註13〕

他認爲情志有的終身不變，也有短暫之志，有時是言外之意、有時是出世之
想，當流連景物、偶然興起時，即事成詩，也是情志的表現。而不管是長久
或短暫的情志，都是創作者的情感眞切，只要是本乎性情，便不可輕忽。

　　有人形容中國的隱士像一線風箏，精神和思想超然物外，飄搖於自由的
空間，但他們的根卻扎在深刻的社會現實當中。〔註14〕隱逸有時追求的是內
心的寧靜，從積極面來看，那是一種生活的意境、生命的境界。爲此，隱士
們選擇絕世的寂寞，降低物質的欲求，讓自己處在精神自由逍遙的狀態，以
獲致獨特的樂感，達到心靈上的超越。所謂「大隱隱於朝」，心隱是隱逸的最
高境界，只要心存隱逸，無論在任何的環境條件下，保持一顆安靜恬淡的心，
過一種靜心知足的生活，人人都可以是隱士。

　　中國隱逸思想到近代有精神化的趨勢，士人雖然常懷隱逸之思，有一日
之志，但付諸於行動者不多，即便有隱逸之志，也大多是臨老歸田時。因此，
若以傳統的隱逸標準來看，很多人都不足以稱之爲「隱士」。但這並不影響本
研究的論證，意即本研究並非是要定義某人是否是「隱士」，或論證某人是否
眞有「隱逸」，而是從詩歌的文本中，呈現詩人創作當下所展現的心志、情懷。
特別是當詩人面對特定的時空環境時，如廬居、田園、山林、園林、寺觀等
空間，容易被既有的隱逸文化背景所感染，觸發內在的星火，縱使是瞬間即
逝的，但都將行諸於文學創作而顯現出來。換言之，本論文所採取的標準、
所研究的對象，並非以人爲主，而是強調士人進入田園山林等空間中，所生
發的隱逸情志。如此，也較容易清晰地辨識明清以來士人們的隱逸情志，以
此作爲臺灣清領時期隱逸文化的梳理脈絡。

　　本論文所析論的詩人及其詩作，旨在點出詩人在特定空間所呈現的隱逸
之情，並無意要定義某人是否是隱逸詩人。更具體地說，本研究試著從文學
空間的敘寫中，析論清領時期臺灣古典詩中詩人所表現的隱逸情懷，嘗試著
以不同的角度和方法，看待散落於詩人生活中的隱逸情志，更期待能有效地
呈現清領時期臺灣士人之間的隱逸情懷，使之初具系統性。

---

〔註13〕袁枚，〈再答李少鶴書〉，《小倉山房尺牘》，卷10，收入《袁枚全集》（江蘇：
　　　　江蘇古籍，1993），頁208。
〔註14〕劉子仲，《非常人非常道，歷史中隱士的處世經典方略》（北京：中國三峽，
　　　　2009），頁9。

## 四、研究方法

本研究的目的在呈現清領時期臺灣士階層的隱逸文化，如果以傳統個別詩人的隱逸情志探討，則難以窺探較系統性、完整的文化面貌，尤其是許多詩人的「一日之志」，勢必無法被涵納進來。過去傳統的時代斷限，又難以凸顯臺灣隱逸文化的特點。因此，本研究特別運用文化地理學理論，分析文學創作中個人情志與空間感應，從「空間」的脈絡去觀察，嘗試透過典型的隱逸空間，如盧居、田園、山林、園林、寺觀等，經常出現在詩歌的書寫中，是真實的存在空間，分析這些隱逸空間中所創作的詩歌，從而瞭解詩人的內在情志。另外，尚有一類在文學想像過程中所創造的虛擬空間，如仙境、夢境、幻境等，在虛無的想像描述中，也同樣呈現出詩人的隱逸情志。

文化是反覆被創造的過程，人文地理學以「羊皮紙」形容，可以反覆地刮除和書寫，最終構成混雜的文化痕跡。〔註 15〕「隱逸文化」亦是如此，從先秦一直到明清，接受中國文化教育的臺灣士人腦海裡的普遍存在隱逸文化因子，當這種近似集體文化意識受到典型隱逸空間刺激時，便會產生個人式的情志書寫，這便是文化再創造的議題。

本研究所涉及的研究理論及領域，以下分別說明之：

### 一、文學地理學

文學地理學是結合文學與地理學的研究，主要是以文學文本為本位，研究文學空間，並以此重新詮釋文學時間以及時空交融的關係。對文學家而言，生命往往是一種詩性的存在，通常有著共同文化背景的文人，他們對空間的感受，往往能透過居住、旅行的體驗，涉入該地方外在的景色、物類及特有的文化背景，進而激發內心的經驗、情感，產生一種對環境的思維方式、審美感知。詩人與空間所交織出的美感認識、人生態度與文化意義，便是「詩性的空間」。

「桃花源」是陶淵明〈桃花源記〉所創造出來的，算是個典型的文學空間，它原是陶淵明對當時社會的不滿，在詩文中構劃出來一個淡泊祥和、遺世獨立的理想社會。而這樣一個文學作品中的空間概念，經過歷代文化的積累、演變，「桃花源」儼然成了中國士人們心中的烏托邦、理想世界，歷代隱逸之思的文人為之著迷，以此發展的文學作品不知凡幾。

---

〔註 15〕 （英）Mike Crang 著、王志弘等譯，《文化地理學》（台北：巨流，2003），頁 27。

　　文學空間的漫延和承續，是本於創作者和讀者對地理景觀的虛構和想像，表現出一種客觀讓位於主觀、本然讓位於想像的地理圖景，其本質是群體性的對世界的一種充滿詩意的認知方式。換言之，「桃花源」世界的接受和不斷地再書寫，充份地表現中國文人逃避、隱逸的想望，渴求有一個理想的世界可以棲居。而本研究所關注的「廬居」、「田園」、「山林」、「園林」、「寺觀」，乃至於虛無的「夢幻」等空間，除了表層的空間意義外，都有著傳統隱逸文化的內在意涵，文學地理學即藉此探究文學家個別或集體性的心理趨向。本研究亦即透過相關空間的文學敘寫，分析並研究臺灣清領時期文人的隱逸之思。

## 二、文化地理學

　　文化地理學是研究人類在活動的過程中，在地理空間中所創造的文化，包括起源、傳播、宗教、經濟、政治等議題，探討文化的定位以及文化在不同地理空間裡的表現形式，以及文化與環境空間的關係。「空間」是我們生活的所在和依靠，無論是人際關係的發生與連結、身分認同的構造和維繫、政治權力的運作、經濟營生的發展，都有其關鍵的空間面向。透過空間的角度，可以討論階級、性別、種族等社會分類與集體認同，如何在空間層次構築和爭論；或是特殊地域的空間再現，如何影響了我們對於城市、鄉村和家園的想像；或是空間如何是個政治場域，權力的運作和抵抗與逃逸的方法，都透過空間為中介，不斷爭執。

　　本研究運用文化地理學，將清領時期臺灣的文人的古典詩創作場域，作系統性的歸納和分析。特別是宦遊文人與本土文人之間，有著不同的生活背景和價值觀，所以當他們面對居住的廬舍，週遭的田園、園林、寺觀，到遠方的山林，甚至是虛無的夢幻之境，都會展現出不同的書寫面貌。因此分析文人在隱逸空間中如何觀看、感知、領悟？如何以文學書寫再現傳統的隱逸文化，將是值得期待的。

## 三、空間闡釋學

　　空間除了真實的物理性外，還有超乎實質的意義和用法，譬如內心空間、想像空間、夢想空間、心靈空間等，這些都是衍伸性或譬喻的空間，指涉了空間的心理認知和想像。空間的敘寫是指詩人對空間景物的客觀描寫，通常會觸發作者內心的感動，有時充滿情感和想像的主觀意識。詩人在生命閱歷

後，秉持著個人的生命觀，在接觸特定的空間時，感應於外在事物，所產生了情感知覺，再透過文學作品來敘寫、表現。

法國哲學家米歇·傅寇（Michal Foucault）曾研究我們所處的社會空間，他認為每一個社會文化、文明中，有一種非現實可見的空間，但卻是真實存在，且常是一種有效制定的虛構地點，稱之為「差異地點」（heterotopias）。〔註16〕套用在文學創作上，應稱之為「文本空間」，文本空間往往是現實與想像混合交會的地方，它就像一面鏡子是真實的，鏡中反映出來的鏡像卻是虛幻的。文學創作有時像在鏡前的凝視，可以看到鏡面上的另一個自我，文學書寫亦即重構自我、定義自我。

近代的隱逸，在士人的認知中，普遍是個模糊的概念，沒有山林巖穴的孤身隱遁，更不需浪跡江湖、隱姓埋名，他們可以大方地仕宦，只要保持曠達的心；他們也可以乞請歸鄉，以舌代耕；他們可以暢遊山水，甚至築園林，在自然之間找到慰藉；或者靠著醉酒和煙毒，暫時性的高臥煙霞、翛然忘我。「隱逸」似乎存在於任何的生存狀態，哪怕只是轉瞬消逝的一個念頭。然而，模糊、短暫並不表示不存在，透過這些現實空間的文本書寫，希望可以勾勒出他們潛藏內心的模糊自我。

## 第三節　文獻回顧

「隱逸」主題向來是中國文學與文化研究的熱門話題，相關專書論著極多，最早應該是 1943 年蔣星煜所寫的《中國隱士與中國文化》，該書從隱士形成的因素、名稱、類型，到政治、經濟、社會生活，以及衍生的繪畫、詩歌等藝文發展，開啓了隱逸文化研究的先聲。其後的研究，以此為基礎，陸續在士人的仕隱心態、隱逸人物、隱逸的思想、隱逸行為、隱逸的文學等議題開展，資料頗為豐富。下列是有關中國隱逸文化的研究專書：

1. 張立偉，《歸去來兮：隱逸的文化透視》，北京：三聯書店，1995 年。
2. 孫適民，陳代湘，《中國隱逸文化》，長沙：湖南出版社，1997 年。
3. 王德保，《仕與隱》，北京：華文書店，1997 年。

---

〔註16〕（法）米歇·傅寇（Michal Foucault）著、陳志梧譯，〈不同空間的正文與上下文脈絡〉，收入《空間的文化形式與社會理論讀本》，（臺北市：明文，1994），頁 403。

4. 許建平著，《山情逸魂：中國隱士心態史》，北京：東方出版，1999 年。

5. 李生龍，《隱士與中國古代文學》，湖南：湖南教育，2003 年。

6. 何鳴，《遁世與逍遙：中國隱逸簡史》，蘭州：敦煌文藝，2006 年。

7. 周淑蘭，《狂與狷：放達與隱逸的中国名士》，北京：當代中國，2007 年。

8. 文青雲（Aat Vervoorn）著、徐克謙譯，《岩穴之士：中國早期隱逸傳統》，濟南：山東畫報，2009 年。

9. 劉子仲，《非常人非常道，歷史中隱士的處世經典方略》，北京：中國三峽出版社，2009 年。

10. 蔣星煜，《中國隱士與中國文化》，上海：上海人民，2009 年。

大致從不同的角度解析了中國的隱逸文化，展現了隱逸文化的風貌。其中值得一提的是劉子仲的《非常人非常道，歷史中隱士的處世經典方略》，該書介紹了歷史上著名隱士的生平事蹟，特別的是書中依「大隱」、「中隱」、「小隱」分類，對於近代隱逸文化的發展歷程，頗有釐清之作用。

歷代的隱逸文化研究，雖多集中在魏晉及唐代兩時期，但是基本上各時期的發展，呈現出整體的文化發展脈絡，對後世的隱逸文化都有很大的關聯。本研究係奠基於歷代隱逸文化發展的基礎，從中探究隱逸元素作為分析的依據。如先秦兩漢時期以儒家、道家為主的隱逸思想，對於提供了隱逸文化的思想淵源和文化傳統；魏晉時期則為隱逸文化注入了玄學、佛教的理論，與廬居、田園、耕讀文化息息相關；唐代的經濟、文明高度發展，為隱逸文化提供豐沃的物質條件，影響包括園林、佛寺道觀等隱逸空間書寫；宋明理學注重心性本體的修煉，則是促使隱逸文化精神化、內在化，與逃入夢幻的議題有關。總之，清領時期臺灣的隱逸書寫，總離不開傳統隱逸文化的歷史脈絡，相關的研究將是重要的參考。而現有歷代隱逸文化的研究專書如下：

1. 許尤娜撰，《魏晉隱逸思想及其美學涵義》，臺北市：文津出版社，2001 年。

2. 王文進，《仕隱與中國文學——六朝篇》，臺北市：臺灣書店，1999 年。

3. 霍建波，《宋前隱逸詩研究》，北京：人民出版社，2006 年。

4. 蔣波，《秦漢隱逸問題研究》，北京：中央民族大學，2011 年。

5. 楊清之，《唐前隱逸文學研究》，北京：中央民族大學，2011 年。

　　詩歌的寄託性，是具備時間、空間性的，它展現出「流動性的意識」和「內在的時間性」，過去的文學傳統較注意時間性，而忽略了空間性。「隱逸」作爲一種文化傳統，經過二千多年的模仿、複製，不斷加強士人個人的情志特徵。而系統性的考察研究，通常會著眼於不同的時空背景，有著不同的政治、經濟、哲學、宗教等變因，多具備歷時性的研究角度；而研究特定的時間點，有重要的事件發生，諸如戰亂、政權更易等，會有群體的隱逸行爲，是屬共時性的研究角度。

　　共時性的研究，許尤娜的《魏晉隱逸思想及其美學涵義》一書，有別於其他以「隱」爲研究重點，轉從「逸」的角度，探析隱逸者的「內在」精神世界。自魏晉以後，隱逸文化自「隱」轉向「逸」，開始強調「身心暇逸」，亦即士人的「內在神韻」。本書首先考察隱者的生活樣態，作爲「隱逸」新定義之注腳；其次探究隱逸生活背後之思想信念，並且指出這些思想在魏晉的發展關連；最後就「隱逸何以成爲審美對象」，進行多層面解析。

　　楊清之的《唐前隱逸文學研究》後出轉精，該書從先秦的隱逸思想的起源，到兩漢漸成規模，到魏晉南北朝出現繁榮的局面，順著中國歷史發展的脈絡，聯繫時代的社會背景和士人獨特的境況，以隱逸作家及其作品的論析，探討隱逸文學發展的大致脈絡，詳實而條理。特別是對陶淵明隱逸文學的專論，從「回歸」主題的凸現、田園詩境的開拓、理想社會的描繪，論述陶淵明所開創的隱逸書寫新境界，對本論文頗有啓發。

　　誠然，歷來對隱逸文化的研究議題上，時間性遠比空間性的關注來得多。儘管如此，近年從空間的角度出發的研究越來越多，其中「田園」、「山水」是傳統主題，「廬舍」、「園林」等逐漸受到關注。「廬舍」主題如蔡瑜的〈陶淵明的吾廬意識與園田世界〉，該文探討陶詩「田園」的語義及「田園」與人之存在的根源關係，並以身體論的角度切入，探尋何以回歸田園可以「復返自然」，並可以解除身心束縛。文中對陶淵明安居園田的「吾廬意識」與心靈的「虛室境界」有精彩的討論，富有啓發性。

　　「園林」主題的研究相當多，侯迺慧的《詩情與幽境：唐代文人的園林生活》提供本論文極佳的參考，主要是針對中國園林空間布置及文人的生活形態與吏隱調和的精神特質，有詳盡的闡述。該書特別提到唐代以「樂園」實現的園林觀和文人逍遙神遊、道藝合一的美感境界，都是本研究重要的參考。

　　同樣是「樂園」議題，另有歐麗娟的《唐詩的樂園意識》，該書分析唐朝詩人在其作品中所反映的樂園意識，從而在詩人的內在精神世界裡，挖掘出他們對理想處境的種種追尋模式，以及在這些追尋的過程中所展開的心靈內涵。從遠古的理想國，到桃花源仙境的書寫脈絡，也對本文有相當大的助益。

　　對於清領時期臺灣的隱逸文化，臺灣學界一直都有所關注，比如吳毓琪、施懿琳的〈康熙年間臺灣宦遊詩人的情志體驗探討〉，對宦台詩人的仕、隱之間的矛盾，有詳細的探討。另外許惠玟的博士論文《道咸同時期（1821～1874）臺灣本土文人詩作研究》提及「陶淵明情結」，對臺灣清領時期本土士人的隱逸書寫有精闢的分析。論文以陶淵明接受史的角度，認為本土文人包括鄭用錫、鄭用鑑、鄭如蘭、林占梅、陳維英、曹敬、黃敬、陳肇興、李逢時、李望洋、許南英、施士洁等人詩作中，大量出現的「桃花源」意象以及詠物詩作，是源自於對陶淵明的接受。該文是目前為止較為完整的臺灣隱逸文化論述：

　　　　本土文人的「桃源書寫」，其目的在於希望能夠型塑心目中的「理想
　　　　空間」，讓自己的生命在遭遇困阨時，得以有所安頓寄託，並形成本
　　　　土文人共同，卻又風貌各異的「樂園」。〔註17〕

　　論文以道光到同治時期為斷限，討論本土文人以「桃源」意象建構理想的空間，卻又因社會動亂、乙未割臺而崩毀，除了承襲魏晉一脈的文學傳統外，也「用屬於自己的角度與方式詮釋再現陶淵明，而成為具有『在地』、『本土』色彩的文學現象。」〔註18〕不過，礙於主題與時間斷限，未能納入宦遊文人的隱逸書寫，作較全面的討論。

　　另外蕭馳的〈問津「桃源」與棲居「桃源」—盛唐隱逸詩人的空間詩學〉〔註19〕一文，透過文學的現地考察，以「桃花源」為隱逸世界的空間詩學話語，對照地理環境與詩境，討論盛唐「山水田園詩」的兩位代表詩人孟浩然與王維的隱居空間，給了本研究相當的啟發。

　　其他尚有一些單篇論文中提及個別文人的隱避思想，如鄭用錫、陳肇興、王松、洪棄生、許南英等人，都是從個人遭遇與隱逸情志去分析，尚未有綜合論述者。

〔註17〕許惠玟，《道咸同時期（1821～1874）臺灣本土文人詩作研究》（新北市：花木蘭文化，2013），頁448。
〔註18〕同上註，頁456。
〔註19〕蕭馳，〈問津「桃源」與棲居「桃源」——盛唐隱逸詩人的空間詩學〉，《中國文哲研究集刊》第42期，2013年3月，頁1～50。

　　臺灣有關隱逸主題的博、碩士論文至 2014 年爲止約有 55 篇。（詳見附表一）除了徐清泉的《隱逸與中國傳統審美文化》（1998 博士論文）、施建中的《隱逸與中國山水畫》（1999 碩士論文），其他多以各朝代隱逸文化之研究爲主，並集中在六朝、唐代的隱逸思想、詩文及文化現象探討。

　　大陸地區的隱逸研究則相對龐大，相關博碩士學位論文有超過 1000 篇，然而議題多所重複，其中最大宗的還是陶淵明及個別隱士、隱逸詩的研究。另外各時代的隱逸文化及詩詞、書畫、園林藝術，山水詩、田園詩、閒適詩的研究論述頗多，茲列出重要的主題論文 19 篇（附表二）。以上研究資料都是本論文研究的參考。

## 第四節　章節說明

　　本研究基於過去臺灣文學與古典詩歌研究的基礎，運用文化地理學的概念，整理清領時期臺灣關於隱逸主題的古典詩歌，以文學空間切入，分析詩人隱逸情志的書寫，試圖從隱逸空間的角度，歸納、梳理出臺灣清領時期文人的隱逸文化。各章節安排分述如下：

　　第一章、緒論

　　從研究動機、議題界定與研究方法、文獻回顧到章節說明。本研究所界定的「隱逸」，包含遁迹山林的「形隱」、講究內在修爲的「道隱」、「心隱」，或與現實妥協的「朝隱」、「市隱」，及各種形態的隱逸都包含在內。臺灣詩人在空間的文學書寫中，表現個人的文化認知、情感志趣，都足以呈現具體眞實的隱逸脈絡。

　　研究方法上，本研究涉及文學地理學、文化地理學、空間闡釋學，則是希望用新的方法，從「空間」的角度，整體呈現詩人在隱逸書寫中的脈絡。而歷來許多精闢的相關研究，則是本論文最精實的基礎。

　　第二章、隱逸文化的傳承與發展

　　臺灣的隱逸文化基本上是傳承自中國的文化傳統，無論士人的隱逸是消極地抵抗時勢、逃避挫折，或是積極追尋生命價值、生活情趣，這些隱逸文化與行爲，都是承襲中國隱逸文化的傳統，因此要瞭解臺灣的隱逸文化，必須先從中國傳統隱逸文化的演變脈絡去探索。特別是近代隱逸思想情性化、

閒適化及精神化的發展之後，隱逸之思就更隱微難辨了，文學的敘寫必然需要更廣泛、更細微地分析判別，才能呈現較完整的隱逸風貌。

本章歸結臺灣文人隱逸情懷的生成，大多是面對外在環境的消極因應，包含舉業艱辛、仕途浮沉、社會動亂或改隸之痛。而臺灣社會長期接受儒學教化，哲思上亦受佛、道影響，因此，文人在面對逆境時，頗知進退之道，所呈現的是儒家式的隱避哲學。

### 第三章、幽居廬舍——詩意的棲居

隱士從「避居」、「孤獨」到「至樂」，從外在環境開始，逐步建構自我內在的精神歸宿，體現歸隱的旨趣。而在清領時期的臺灣，有許多賦閒在家的士人，有些是遂性隱逸、有些是幽居避亂，或有移居海外的棄民，皆在廬居生活中，找尋精神的安慰及生命的出口。本章將探究他們在避居的生活當中，如何透過居處空間的敘寫，表現出遂性、避禍、靜觀、養生、悟道等隱逸情態，藉以說明閒居詩人們的隱逸情志。

隱士之閒隱山居，居處空間包括書齋、居室、草廬、田園、山林，構成一個精神自足的世界。透過閒居生活意象的經營，自小小的廬室走向寬廣的山林，用以抒發生命的熱情，達到「至樂」和「逍遙」的境界。而以隱避保真為目的的亂世逸民，藏身山林、蜷居廬舍，嘗盡貧苦寂寥。他們的隱避態度，呈現收斂式的空間意識，多固著於居室之間。而為了排遣內心的孤寂感，他們讀書誦詩、看花賞月、飲酒彈琴、品茗參禪，配合著自然無爭的環境氛圍，過著優雅閒散的詩意生活。悠哉的生活集中於「習靜」、「安養」，並追求超越生命狀態，達到「樂感」的逍遙境界。

### 第四章、文人園林——人間安樂窩

本章的研究重點是臺灣清領時期的文人園林，探討園林空間作為文人理想的生活棲所及生命歸宿，在他們的文學書寫中所反映出的隱逸思想。文人園林在隱逸文化的意義是極其重要的，就空間格局而言，建築景觀的布設、山水林泉的規劃、動植物的養護，都可以見到文人仰慕自然之美，產生萬物情遷的無限感懷。而就生活情態來看，文人在園林中的遊賞，以及詩酒雅會等藝文活動，表現出追求精神至樂的心靈生活。就文化心理而言，詩人生活在充滿美感與意境的園林中，透過獨自的漫步、靜坐、眺望、泛舟、垂釣、聽泉、看花等活動，讓心靈達到沉靜，進而忘卻煩憂。而園林仿擬的詩意情境，往往饒富隱逸的趣味，這樣的空間經常使人忘記自我、跨越時空，成為

現代的陶淵明或其他隱士，讓自己成為隱逸文化的一環。不論是內在的孤獨情志、外在的歡愉享樂，在這樣的自我探尋和定義的過程中，都將進一步地轉化為生命的體悟及思想的超越。

### 第五章、官署園林——吏隱滄洲趣

延續前一章的文人園林主題，本章另外探討清領時期臺灣的官署園林空間的隱逸書寫，透過相關詩作的分析，了解官署園林的建築空間布置以及園居生活的描寫，呈現當時仕宦文人的吏隱心態。某種程度上，官署園林是為了緩和仕宦生活所產生的鬱結，設置一個暫時避離俗務的空間，因此官署園林的設計常以自然、幽隱、閒適為基調，而詩歌的描寫也常跳離現實，傾向浪漫的隱逸書寫。以空間性質而言，官署存在著仕與隱的二元空間，公堂當然是官場處理公務的空間，而園林則是官員卸下外務，身心得以自由伸展的地方。官員在公務之餘，轉身之際，在官署後方的園林中，品花賞月、飲酒歡暢，成了官員息機忘憂的樂園。而透過官署園林生活的陶冶，官員得以紓解羈旅思鄉及宦途艱苦，儼然成為仕宦文人心靈療癒的空間。

### 第六章、田園牧歌——想像桃花源

本章將從中國文化的田園書寫傳統談起，說明自古文人對田園世界的美好想像，以及臺灣文人歸返田園的生命追尋。首先，清領前期以宦遊文人為主的田園書寫，特別是「八景詩」，都指向盛世教化及上古先民的說法，是典型的「他者」觀點。而從另一個角度看，也照映出詩人內心對田園靜好的隱逸想像。再者，清領時期臺灣文人的田園書寫，在社會治亂的影響下，田園在他們眼中呈現出不同的風貌和想像。承平時，士人多求張揚本性，強調歸返自然的美好；亂世時，則退居田園，為了遠禍靜養。最後，傳統文人的「耕讀」文化，在本土文人的書寫中，仍然佔有重要的成份，不管是躬耕還是舌耕，都強調所處田園淡遠的空間氛圍與和諧的人際關係，詩人歸返田園的追求，實則是構築了一個文學的「桃花源」世界。

### 第七章、山水林泉——逍遙物外情

本章從「山水」空間來談清領時期臺灣文人的隱逸書寫，分成三個層面說明。第一個層面是臺灣的空間意象，從遊宦或移民而言，臺灣自古有著「海外仙鄉」的文化印記，因此在尚未踏上臺灣之前，心中便有一個蓬瀛仙境的想像，文學書寫上自然會將山海與仙境聯想在一起。第二個層面是山林空間

的書寫，遊走在臺灣山林之間，面對許多尚未完全開發的遠山部落、偏鄉小村、山岩洞穴，文人會將之描寫成與世隔絕的「桃源仙境」，這是中國文人普遍存在的「陶淵明情結」，特別是離鄉宦遊的文人。第三個層面則是聚焦在臺灣本土文人。臺灣特有的山水奇氣，孕育臺灣本土文人「曠放」的文化性格，因此，行走在臺灣的山水林泉之間，常有孤高淡泊之想，詩文創作也較傾向平淡高遠。最後，以臺灣縣詩人陳輝等詩人為例，探討當時詩人在遊走山林時，在迷失、問津的過程中，不斷地前行探尋心中的桃源仙境，同時成為詩人建構、強化自我的生命哲思，特別是在淡泊無求的處世哲學，呈現清領時期臺灣文人的山水詩中所特有的隱逸新風貌。

### 第八章、佛寺道觀──清靜絕塵俗

本章將探討佛道思想為隱逸文化開闢了一個新的想像空間，士人閒暇時常遊於佛寺道觀，有時不純粹是為了這類空間的想像，顯現出內心想要追求自由無礙的逍遙境界，不管是仕宦或隱逸，都成為中國士人精神生命的最高追求。特別是仕宦者，雖然在現實上他們無法遁迹山林、甘心畎畝，但是在精神上，卻可以選擇悠遊於福地洞天、神仙世界。隱逸的精神化，讓士人透過「方外」、「福地洞天」、「極樂世界」等仙境空間的想像，提供了士人另一個理想的生命情態，同時也抒發了他們隱心避世的精神需求。

### 第九章、異質空間──夢境與幻境

本章將從遊宦文人的仕宦生涯談起，無論是宦臺或本土文人，清代的文人多數都苦於離鄉任官和仕途升沉的不確定感，往往透過詩文表現「人生如夢」的開悟。當他們的憂思無從排解時，常夢入幻境，並藉著美好的空間意象，短暫地忘記憂愁，轉化內在的負面情緒，因此「夢境」成了遊宦文人最佳的休養療癒之地。其次討論的「幻境」，是一種憑空出現的想像，不同於「夢境」的出現直接而頻繁，所謂「日有所思、夜有所夢」，「幻境」必須透過更多的想像，必須有文化的根柢，並且需要有催化的因子，如修煉功夫或仙丹、鴉片之類的東西，才得以產生、進入，空間的意象比夢更瑰麗而奇妙。「幻境」的生成需要有相當大的動機，多數是文人遇到巨大傷痛和挫折時，才能激盪出更優秀的文學想像，屈原便是一典型的例子。本章以臺灣乙未世變的文人為主，探討他們如何在鼎革之際，透過「幻境」來逃離、潛養心靈。

第十章、結論

　　本章爲論文的總結，歸結清領時期臺灣古典詩中隱逸主題的空間敘寫，從「人際世界的失落與逃離」說明文人隱逸情懷的生成，大多是對人際社會的不滿意，包含遺民對改朝換代，政治文化的認同、宦遊文人離鄉背井，貶謫流亡之感、臺灣文人的曠放本質、臺地的偏遠與動亂、及乙未割臺等內外因素，進而選擇逃離城市人群。「自我世界的樂感追求」則探究士人的內在世界，自古以來的「樂感」傳統，影響到士人追求生命的最高價值，因此表現在廬居、園林的閒適安樂，甚至在仕宦的工作場域，不忘設置園林，以求短暫的悠閒。

　　「自然世界的歸返與想像」則歸納田園與山林兩節的論述，強調自然世界的平靜、和諧、與世無爭，是士人逃離人境的最佳空間，士人遊走於自然山水間，遊目且遊心，藉著想像力，士人以詩歌敘寫，構建出心中理想的虛幻世界，可供身心俱疲的士人悠遊棲息。「精神世界的騰升與墮落」是歸結第八章佛寺道觀和第九章異質空間，這是人們對應於「現實空間」所創造出來的虛幻空間。士人在現實世界遭遇困難與挫折，退而從內心做反思，有時借助宗教力量，找到慰藉。有時也會在孤獨絕望、無助的情況下，透過夢境、幻境來抒發、排解痛苦。尤有甚者，藉由醉酒、吸食鴉片，遊於迷幻之境，墮落於想像式的虛幻世界，得到自由逍遙、縱情放任、隨心所欲。

　　最後結論「幽微卻深長的隱逸文化」，隱逸文化不但未曾消失，它確實以各種不同的樣貌，存在於士人之間，幽微卻深長地發展著。

【附表一】臺灣有關隱逸主題的博碩士學位論文（至 2016 年止）

| 序號 | 作　者 | 題　目 | 畢業學校／研究所／學年／學位 |
|---|---|---|---|
| 1 | 施穗鈺 | 公與私——魏晉士群的角色定位與自我追尋 | 國立成功大學／中國文學系碩博士班／96／博士 |
| 2 | 陳恬儀 | 謝靈運仕隱曲折研究 | 輔仁大學／中文系／96／博士 |
| 3 | 林育信 | 製作隱士：六朝隱逸史傳之歷史敘事研究 | 國立清華大學／中國文學系／95／博士 |
| 4 | 林燕玲 | 唐人之隱——文學社會學角度的觀察 | 國立中興大學／中國文學系所／95／博士 |
| 5 | 蕭慧媛 | 明代官員的乞休致仕——官場困局下求退告歸的時代現象 | 中國文化大學／史學研究所／93／博士 |
| 6 | 沈禹英 | 六朝隱逸詩研究 | 國立政治大學／中國文學研究所／81／博士 |
| 7 | 宋政憲 | 陶淵明與李穡詩之比較研究——以隱逸思想為中心 | 國立臺灣師範大學／國文研究所／73／博士 |
| 8 | 蔡羽韜 | 清初「畫隱」思想研究：以王翬、惲壽平為例 | 國立暨南國際大學／中國語文學系／104／碩士 |
| 9 | 文家均 | 失意背景下的仕、隱抉擇與心態轉換——以杜牧詩作為例 | 國立清華大學／中國文學系／103／碩士 |
| 10 | 徐郁茹 | 感物懷人與仕隱遇合——魏晉歌詩中的「等待」情懷研究 | 國立中興大學／中國文學系所／103／碩士 |
| 11 | 謝承諭 | 《莊子》內篇中的隱逸人物之研究 | 國立中興大學／中國文學系所／103／碩士 |
| 12 | 周柏齡 | 仕隱嶇折的濟世文人：謝靈運詩文思想與風格析探 | 華梵大學／東方人文思想研究所／103／碩士 |
| 13 | 朱隆興 | 《小說家七等生的詩風：隱逸與邊緣》 | 國立臺灣師範大學／臺灣語文學系碩士學位在職進修專班／102／碩士 |
| 14 | 羅珮瑄 | 蘇軾和陶詩的文化詮釋 | 國立臺灣大學／中國文學研究所／101／碩士 |
| 15 | 王秀慈 | 蘇軾隱逸觀研究 | 國立高雄師範大學／國文教學碩士班／101／碩士 |
| 16 | 黃善瑞 | 孟浩然詩歌中的「仕」與「隱」——以贈別詩、登臨詩、泛覽詩為例 | 佛光大學／文學系／101／碩士 |
| 17 | 葉雅萍 | 陶淵明對元散曲「隱逸思想」之影響研究 | 國立臺南大學／國語文學系碩士班／100／碩士 |

| 18 | 蕭聿孜 | 南朝寒士仕隱心境及其詩文研究 | 國立東華大學／中國語文學系／100／碩士 |
|---|---|---|---|
| 19 | 王瑞益 | 高青丘詩歌仕隱矛盾研究 | 東海大學／中國文學系／100／碩士 |
| 20 | 游凱任 | 歸隱與入世—陳繼儒的隱逸生活與文化活動 | 東吳大學／歷史學系／100／碩士 |
| 21 | 顧明和 | 沈周詩畫的隱逸思考與空間對話 | 臺灣大學／中國文學研究所／99／碩士 |
| 22 | 曾郁琁 | 元末隱逸詞研究 | 國立中央大學／中國文學研究所／99／碩士 |
| 23 | 蘇奕瑋 | 明鄭時期臺灣遺民詩研究 | 國立雲林科技大學／漢學資料整理研究所碩士班／99／碩士 |
| 24 | 洪勝賢 | 陳冠學隱逸文學研究 | 國立中山大學／中國文學系研究所／98／碩士 |
| 25 | 王雅華 | 陶淵明思想矛盾及其超越研究 | 國立臺南大學／國語文學系碩士班／98／碩士 |
| 26 | 林靜美 | 陶潛詩文仕隱心境研究 | 玄奘大學／中國語文學系碩士在職專班／98／碩士 |
| 27 | 梁佳雯 | 兩晉隱逸賦研究 | 國立臺灣師範大學／中國文學系研究所／97／碩士 |
| 28 | 何家育 | 陸游和朱敦儒詞中隱逸思想比較研究 | 南華大學／文學系碩士班／97／碩士 |
| 29 | 林昭毅 | 陶淵明與隱逸之風研究 | 國立成功大學／中國文學系碩博士班／96／碩士 |
| 30 | 蕭雅云 | 清代雜劇中的仕隱書寫研究 | 國立中興大學／中國文學系所／96／碩士 |
| 31 | 陳逸如 | 《世說新語》呈現之隱逸風氣研究 | 國立高雄師範大學／國文教學碩士班／94／碩士 |
| 32 | 鄧怡菁 | 袁宏道仕隱心態研究 | 國立東華大學／中國語文學系／94／碩士 |
| 33 | 沈芳如 | 魏晉詩歌中的懷歸意識 | 國立臺灣大學／中國文學研究所／93／碩士 |
| 34 | 黃瑋琪 | 元代文人的隱逸態度—以建物命名記爲考察對象兼談其文學 | 國立臺灣師範大學／國文系在職進修碩士學位班／93／碩士 |
| 35 | 朱錦雄 | 魏晉「會通」思潮下之「通隱」現象研究 | 國立東華大學／中國語文學系／93／碩士 |
| 36 | 鄭文僑 | 魏晉園林之士文化意蘊 | 國立成功大學／中國文學系碩博士班／92／碩士 |

| 37 | 王秀珊 | 論東坡詞中的仕隱情懷 | 國立中興大學／中國文學系／90／碩士 |
| 38 | 潘莉瑩 | 尊隱：以東漢時期為主軸的研究與考察 | 國立清華大學／中國文學系／89／碩士 |
| 39 | 林育信 | 先秦隱逸思想論及審美意識之形成 | 國立清華大學／中國文學系／88／碩士 |
| 40 | 許尤娜 | 魏晉隱逸的內涵——道德與審美側面之探究 | 淡江大學／中國文學系／88／碩士 |
| 41 | 劉明東 | 東漢士人「仕」、「隱」衝突研究 | 輔仁大學／中文系／88／碩士 |
| 42 | 紀志昌 | 魏晉隱逸思想研究——以高士類傳記為主所作的考察 | 輔仁大學／中國文學系／87／碩士 |
| 43 | 汪柏年 | 元明之際江南的隱逸士人 | 國立師範大學／歷史學系／86／碩士 |
| 44 | 成怡夏 | 從晚明城市文化看陳洪綬畫中的隱逸人物——以《隱居十六觀圖》為中心 | 國立清華大學／歷史研究所／85／碩士 |
| 45 | 常小菁 | 周作人研究「叛徒」與「隱士」二重風貌 | 國立中正大學／中國文學研究所／84／碩士 |
| 46 | 簡隆全 | 元散曲隱逸意識研究 | 東海大學／中國文學研究所／83／碩士 |
| 47 | 王仁祥 | 先秦兩漢的隱逸——從政治史與思想史角度考察 | 國立臺灣大學／歷史學系／82／碩士 |
| 48 | 林燕玲 | 足崖壑而志城闕——談唐代士人的真隱與假隱 | 私立東海大學／中國文學研究所／81／碩士 |
| 49 | 林宏安 | 孟浩然隱逸形象重探 | 國立清華大學／文學研究所／80／碩士 |
| 50 | 魏敏慧 | 東漢隱逸風氣探析 | 國立政治大學／中國文學研究所／78／碩士 |
| 51 | 譚美玲 | 元代仕隱劇研究 | 輔仁大學／中國文學研究所／77／碩士 |
| 52 | 沈禹英 | 魏晉隱逸詩研究 | 國立政治大學／中國文學研究所／73／碩士 |
| 53 | 陳玲娜 | 六朝隱逸思想研究 | 輔仁大學／中國文學研究所／73／碩士 |
| 54 | 陳英姬 | 中國士人仕與隱的研究——以陶淵明詩文與蘇東坡之「和陶詩」為主 | 國立臺灣師範大學／國文研究所／71／碩士 |
| 55 | 劉翔飛 | 唐人隱逸風氣及其影響 | 國立臺灣大學／中國文學研究所／65／碩士 |

【附表二】大陸有關隱逸主題的博士學位論文（2002 至 2016 年止）

| 序號 | 作者 | 題　目 | 畢業學校 | 時間 | 學位 |
|---|---|---|---|---|---|
| 1 | 任聰穎 | 湖上常留處士風 | 華東師範大學 | 2015/4/1 | 博士 |
| 2 | 郭娜娜 | 魏晉南北朝隱逸現象及相關問題研究 | 南開大學 | 2014/5/1 | 博士 |
| 3 | 章輝 | 南宋休閑文化及其美學意義 | 浙江大學 | 2013/4/1 | 博士 |
| 4 | 高智 | 六朝隱逸詩研究 | 上海師範大學 | 2013/5/1 | 博士 |
| 5 | 蔣波 | 秦漢時期的隱逸現象及相關問題研究 | 西北大學 | 2012/6/30 | 博士 |
| 6 | 譚慧存 | 秦漢士人隱逸思想研究 | 河南大學 | 2012/5/1 | 博士 |
| 7 | 李巖 | 魏晉南北朝困厄文人創作研究 | 陝西師范大學 | 2011/5/1 | 博士 |
| 8 | 邵明珍 | 仕與隱：唐宋文人典型個案研究 | 華東師範大學 | 2011/4/1 | 博士 |
| 9 | 王小燕 | 魏晉隱士美學研究 | 南開大學 | 2010/5/1 | 博士 |
| 10 | 丁國旗 | 中國隱逸文學之日本接受研究 | 暨南大學 | 2010/5/1 | 博士 |
| 11 | 殷學國 | 中國詩學漁樵母題研究 | 華東師範大學 | 2010/4/1 | 博士 |
| 12 | 徐擁軍 | 唐宋隱逸詞史論 | 蘇州大學 | 2010/3/1 | 博士 |
| 13 | 於春媚 | 道家思想與魏晉文學 | 首都師範大學 | 2008/5/20 | 博士 |
| 14 | 杜覺民 | 隱逸與超越 | 中央美術學院 | 2007/5/28 | 博士 |
| 15 | 呂菊 | 陶淵明文化形象研究 | 復旦大學 | 2007/4/1 | 博士 |
| 16 | 肖玉峰 | 先秦隱逸思想及先秦兩漢隱逸文學研究 | 四川大學 | 2006/3/1 | 博士 |
| 17 | 許曉晴 | 中古隱逸詩研究 | 復旦大學 | 2005/4/20 | 博士 |
| 18 | 霍建波 | 隱逸詩研究（先秦至隋唐） | 陝西師範大學 | 2005/4/1 | 博士 |
| 19 | 李紅霞 | 唐代隱逸風尚與詩歌研究 | 陝西師範大學 | 2002/4/1 | 博士 |

# 第二章　隱逸文化的傳承與發展

　　自古以來，中國儒家講求修身正德、齊家治國，不只要獨善其身，兼濟天下才是士人的終極關懷。於是，中國的士人普遍有一種理想主義的使命，余英時如此說：

> 超越他自己個體的和群體的利害得失，而發展對整個社會的深厚關懷，這是一種近乎宗教信仰的精神。〔註1〕

這種以「道」爲價值取向的精神，使得士人凡事以「行道」爲要，不計較個人利害，即所謂「謀道不謀食」、「憂道不憂貧」，於是仕與不仕，就成了社會價值的問題，而非個人情志所能決定的。然而，當遭遇外在環境惡劣，淑世的理想無法施展時，士人如何因應？不論是悍然抗拒、悲憤於心、抑或是冷漠疏離，總不離「道」之依歸。儒家士人無論窮達，自然發展出一種尊嚴感，不爲權勢所屈，所以「仕進」固然是中國士人的生命基調，藉此可以實踐理想、印證價值，那伴隨著外在局勢而來的「隱退」，便是相對而無可避免的課題。

　　「隱逸」是中國傳統文化的一種哲思，「隱」是不尋求世俗的認同，「逸」則是自得其樂的生活態度。士人透過隱遁避世的生活方式，以追求樸實簡單及心靈平淡爲目標，表達對生命態度和處世哲學的選擇。除了反映士人內在的心理調適、人生哲理外，還對照著外在的社會情態，特別是政治動盪、時局混亂、價值模糊、人心不安的狀況之下，士人往往選擇離群索居、隱遁山林。從上古的許由、巢父，到殷代的伯夷、叔齊，漢代的嚴光、周黨，到魏

---

〔註 1〕余英時，〈古代知識階層的興起與發展〉，收入《中國知識階層史論──古代篇》（臺北市：聯經，1997），頁 39～40。

晉的「竹林七賢」、陶淵明，唐代的盧鴻、宋代的陳摶、林逋、明代的李贄，直至清代的黃宗羲，隱逸之風未曾消退。隱士們的動機，從早期對政治的漠視到避禍全身的恐懼；由發揚自我個性到追求生命的超越，「隱逸」文化雖然時隱時現，但似乎從未在中國社會中消退，形成中國士人面對社會變遷、心理調適的一種文化傳統。

臺灣的隱逸文化基本上是傳承自中國的文化傳統，從明鄭時期文人大量來臺，隨著南明的遺臣，將隱逸文化橫向移植到臺灣，當時流亡海外的遺臣，多半都是政治、文化的認同問題，因為忠君愛國、不事二主，因而選擇隱避不仕。他們把遠離中土、暫居臺灣的息影離群、沉潛隱遁，當作是對異族政權的抵抗，把悲憤的亡國之痛，寄託在自然山水、園林生活中，藉此消解內心對仕隱、出處的矛盾心理。

另一方面，臺灣以閩南移民為主，漢人文化承襲了重商趨利的風氣，以墾殖、貿易為主的經濟形態，加之渡海科考的艱苦與不確定性，以及清代不在籍任官的制度，都讓許多本土士人無心追求舉業，而選擇留在臺灣。士人不再堅守「學而優則仕」的傳統，而是偏重開墾、經商的經濟致富觀念，他們通常在通過科考之後，以士紳的身份潛居鄉里，或經營家業、或教書寫作，一般稱作「科舉士紳」﹝註2﹞。他們具有科舉功名、博雅學識外，多半擁有不錯的家世及充裕的家產，清廷並賦予一定的法定特權，具有社會領導地位。有錢有閒之際，往往詩酒讌集、淡泊世情，過著清高雅致的名士生活，「不慕名利」是他們共同的人生態度。

承平的時代，士人可以選擇仕進或隱逸，但當社會動亂，甚至是鼎革易幟時，受儒家教育的士人便不得不隱避起來。臺灣在清領前期有不少民變，導致士人為了明哲保身而隱匿起來，如康熙六十年（1721）的朱一貴事件，有鳳山卓夢采、卓肇昌父子隱避鼓山；同治元年（1862）的戴潮春事件，彰化舉人陳肇興（1831～1866）因拒絕戴潮春的拉攏，隱遁山中。到了光緒二十一年（1895）的乙未割臺，臺灣的文士掀起了一波隱避的高潮，數千文士內渡大陸避難，包括丘逢甲、許南英、施士洁、林爾嘉等人，連當時選擇留臺的洪繻、王松、林朝崧、許夢青、施梅樵等人，都以隱遁表達抗拒，他們在面對國族及文化的鉅變時，抵抗無效的情況下，選擇消極離避、流落異地成為遺民。

---

﹝註2﹞詳見蔡淵洯，《清代臺灣社會的領導階層》，臺灣師大史研所碩士論文，1970年，頁75。

在臺灣無論士人的隱逸是消極地抵制新政權，或是積極追尋生命價值、生活情趣，這些隱逸文化與行為，都是承襲中國隱逸文化的傳統，因此要瞭解臺灣的隱逸文化，必須先從中國傳統隱逸文化的演變脈絡去探索。特別是近代隱逸思想內化之後，隱逸之思就更隱微難辨了，文學的敘寫必然需要更廣泛、更細微地分析判別，才能呈現較完整的隱逸風貌。

# 第一節　中國隱逸文化的傳統

隱逸主題在先秦儒家原是「仕」與「不仕」的抉擇，牽涉到政治社會的清明與否，以及士人對時勢的判斷，並以行動對應外在環境，作為個人自處之道。儒家經典《論語》中，有不少對隱者的描寫，孔子對於這些人，是帶著尊敬之心，肯定他們的高尚人格、深厚學識。而對他們的「獨善其身」，雖然不表贊同，卻有著一份同情的理解。孔子曾說：「士而懷居，不足以為士矣！」〔註3〕，告誡弟子當有大志、不圖苟安。《孔子家語·在厄》則說：「處身而常逸者，則志不廣。」〔註4〕都明白地反對消極逃避的處世態度。但另一方面，孔子周遊列國十餘年，幾次陷於危險困厄，面對這樣的時局，他雖堅守己志，不免也有氣餒消沉之時，《論語》書中「道不行」的感嘆不知凡幾。他無奈地說：「天下有道則見，無道則隱。」〔註5〕、「邦有道則仕，邦無道則可卷而懷之。」〔註6〕這是一種對現實的妥協，為的是「蓄藏以待、審時而動」，是為求淑世，能屈能伸的處世策略。故言：「隱居以求其志，行義以達其道。」〔註7〕孔子的隱避想法，多是在世道隱晦，並對時局充滿無力感時所發出的喟嘆。

其後，孟子承繼著這樣的進退出處的看法。他說：「古之人，得志澤加於民，不得志修身見於世。窮則獨善其身，達則兼善天下。」〔註8〕都是主張知識份子應積極入世、行義澤民，不得已時，才隱居修身，存養心志。這樣的獨善其身，不是消極的逃避態度，而是一種權宜變通，等待時機東山再起，目的還是為了行義達道。

〔註3〕　《論語·憲問》，《四書章句集注》（上海：上海古籍，2001），頁175。
〔註4〕　《孔子家語通解》（臺北市：萬卷樓，2005），卷5，頁251。
〔註5〕　《論語·泰伯》，《四書章句集注》（上海：上海古籍，2001），頁122。
〔註6〕　《論語·衛靈公》，《四書章句集注》（上海：上海古籍，2001），頁192。
〔註7〕　《論語·季氏》，《四書章句集注》（上海：上海古籍，2001），頁203。
〔註8〕　《孟子·盡心上》，《四書章句集注》（上海：上海古籍，2001），頁416。

此外《易經・遯》卦：「遯：亨，小利貞。」象辭解釋云：「遯亨，遯而亨也。剛當位而應，與時行也。」〔註9〕「遯」意即避時隱退之意。天下正值小人得意時，陰弱而陽衰，君子當匿跡避時，潛身隱退，而後能得亨通。「與時行也」，意指人依情勢隨機應變，是與時而變的處世原則，故象辭曰：「遯之時義大矣哉!」這種審時度勢的處世風格，即是「儒隱」最大的特徵。

東漢時期，政治動盪、社會不安，士人每每捲入爭鬥而死於非命，致使人人自危，普遍感受到生命的威脅。如《晉書・袁宏傳》所說：「時方顛沛，則顯不如隱，萬物思治，則默不如語。」〔註10〕當時很多士人審度時局後選擇隱避，在東漢一百七十一年間，隱逸風尚達到頂點，根據統計，當時可見記載的隱逸名士高達百餘人，《後漢書》還首度將隱逸士人列入列傳中。〔註11〕范曄說明了這些隱逸者的初衷：

> 或隱居以求其志、或回避以全其道、或靜己以鎮其躁、或去危以圖
> 其安、或垢俗以動其概、或疵物以激其清。〔註12〕

這些士人隱逸山林，除少數好黃老之術外，多是受到時勢所逼，遁世避禍的「儒隱」，如逢萌、周黨、王霸、梁鴻等都為躲避王莽篡漢之亂，遁世隱居；另外漢末的黨錮之禍，亦造成韓康、陳留老父等避世山林。這些隱士都是在政治上採取不合作態度，拒絕徵辟。

先秦的隱士多是表達對現世的不滿，隱逸是保生養命的生命態度，孔子雖稱之為「賢者」，仍與儒家行義達道的聖人標準有段差距。但到了漢代亂世，那些拒絕徵辟、隱居不仕的逸民，直接被賦予清風亮節的高尚之事，其原因在於統治者有意的將之塑造為政治教化的典範，不但獲得官方的禮遇、徵辟，史家更是極力的襃揚，「舉逸民天下歸心」便是極佳的例證。隱逸之士被官方賦予德行與道術的聲名，並在有意無意間，參與了政治的清明及政權的穩固。漢代之後帝王尊隱舉賢的慣例，注定了隱士和政治構成互為因果的聯繫。

---

〔註9〕《周易今註今譯》（臺北市：臺灣商務，1984），頁217。

〔註10〕吳士鑑、劉承幹注，《晉書斠注》（臺北市：藝文印書館，1956），卷92，頁1564。

〔註11〕王先謙，《後漢書集解》（臺北市：藝文印書館，1956），卷83〈逸民列傳〉載野王二老者、向長、逢萌、周黨、王霸、嚴光、井丹、梁鴻、高鳳、台佟、韓康、矯慎、戴良、法真、漢陰老父、陳留老父、龐公等17篇，兼及同志隱遁者20餘人。

〔註12〕王先謙，《後漢書集解》（臺北市：藝文印書館，1972），卷83，頁985。

　　魏、晉隱士進一步發揮玄學思想，把「隱逸」文化轉變爲文學主題和美學意涵，將隱逸思想融鑄於詩文的藝術化表現，這樣的現象在陶淵明之後，蔚爲風潮。「隱逸」詩文成了儒士在現實遭受挫折下，自我心理調適的文藝書寫，如唐代的王維、孟浩然、儲光羲、韋應物、柳宗元、白居易等；宋代的蘇軾、王安石、黃庭堅、范成大等，他們一方面生活在不如意的現實官場中，一方面悠遊於虛無的理想世界，成就一類動人的文學譜系。此一文化、文學傳統，直至清代、近世，一直盛行而不墜。

　　然而，這股隱逸文化傳統在隋唐以後，逐漸受到玄學、佛教、禪宗、心學等各種哲理思潮的影響，融合許多哲理思考，有了本質上的改變。隱逸文化到了玄學時代，便發展成個人情性、生命價值的追求；魏晉的清談和名士風尚，成就了隱逸文化追求閒適的趨向；老莊、佛教的影響，讓隱逸文化走向精神化。這些轉變不僅不會讓隱逸文化受到侷限，反而是涵納各種形式的生活、藝術、美學、哲理，拓展出更豐富多元的文化體系。

## 一、隱逸觀念的情性化

　　儒家一向著重建構人格道德與社會倫理與秩序，強調禮樂的教化，並以人文來化成自然；而道家則著眼於保身養性與精神的自由，重視個體之本眞，要取消人文以回歸自然。這樣的基本差異，造成儒道在隱逸問題上有截然不同的判斷與標準。魏晉以來，隱逸思想開始融合道教與佛教等宗教義理，轉變成爲個人生命價值的探索，不再強調形式上的隱遁，這種由政治性因應轉變爲個人情志的追求，學者顏崑陽稱前者爲「他目的性」，後者爲「自目的性」。〔註13〕探討仕、隱觀念的「情性化」轉變，從價值根本而言，是一種個體生命的自覺，標誌著個人有意識地爲自己的人生理想、人生價值做選擇，生命議題逐漸傾向內在的精神思維，對中國隱逸文化是極爲重大的轉變。

　　《莊子・刻意》云：「就藪澤，處閑曠，釣魚閒處，無爲而已矣。此江湖之士，避世之人，閒暇者之所好也。」〔註14〕有些隱居山林江海之士，就算時局清明了，對於官府的徵辟，通常也是堅持不仕的。原因是他們對名利富貴的淡漠，並且樂於追尋生命的逍遙和自由，如《後漢書・逸民列傳》的台佟「隱於武安山，鑿穴爲居，採藥自業。」；矯愼少好黃老，「仰慕松、喬導

---

〔註13〕顏崑陽，《莊子藝術精神析論》（臺北市：華正書局，1985），頁172〜184。
〔註14〕郭慶藩，《莊子集釋》（臺北市：華正書局，2004），頁535。

引之術。」；法眞「幽居恬泊，樂以忘憂。」〔註15〕這些隱逸之行已跳脫過去的憤世避禍、潛身待時，而是具體呈現個人出處的情性，可見漢末魏晉時期，隱逸活動已從「無道則隱」的被動性，逐漸走向了「性分之隱」的自覺性，一般稱之爲「情性化」。

魏晉隱逸觀的「情性化」，與玄學的興起有極大的關聯。融通儒道的玄學，引導儒學士人在老莊學說中找到了隱逸的動機，他們逐漸拋去淑世行義的負累，追求內在精神的逍遙自在，不以外物累心，越名教、任自然。自此士人隱逸之根源，大幅展現在個人的內在情性上。過去爲避禍而隱居的情況已不復見，更少有不滿現實的反抗，隱逸成了士人高尚情志、追求逍遙的途徑。晉代的嵇康愛好自然、恬靜寡欲，雖然容姿俊美，才華出眾，卻無意仕進，喜愛自由自在特立獨行的生活。他曾說：

> 又聞道士遺言，餌朮黃精，令人久壽，意甚信之。遊山澤，觀鳥魚，
> 心甚樂之。一行作吏，此事便廢，安能舍其所樂，而從其所懼哉！
> 〔註16〕

說明了他的隱逸是基於個人情性，喜好山林生活，一旦出仕便要捨去這樣的恬淡閒適。因此，他長年隱居在河內郡山陽縣，與阮籍、山濤、劉伶、向秀、阮咸、王戎等人交遊，並稱「竹林七賢」。

隱逸的情性化，讓士人轉而追求內在的自由逍遙，不再執著於身外的名利，而是甘於平淡生活，並且體認到自然的樂趣。因此士人開始「歸返」之路，他們紛紛離俗歸家，重返自然田園，並遊走於山林。透過私密的廬舍空間、孤獨寂靜的田園與山林，士人得以靜觀自得、沉澱心靈，藉著自然的撫慰，解放被世俗禁錮的靈魂。他們在詩歌創作中充滿著對廬舍、田園、山林的愛戀傾慕，使這些地方成爲隱逸者寄託情志、追求個人情性的舞台。

## 二、隱逸觀念的閒適化

先秦儒、道兩家在隱逸思想上或許是有所差別的，但在生活的閒適化，卻有許多共通的地方。孔子盛讚顏回「賢哉回也！一簞食，一瓢飲，在陋巷，人不堪其憂，回也不改其樂。」在處於物質貧乏的情況下，仍然能保持心境的適意安樂，可見儒家追求的是一種對於悠閒人生的嚮往和安樂的生活境

---

〔註15〕 王先謙，《後漢書集解》（臺北市：藝文印書館，1972），頁 984～985。
〔註16〕 房玄齡等，《晉書‧嵇康傳》（北京：中華書局，1974），頁 1371。

界。道家所主張的亦是淡泊名利的人生，《莊子‧秋水》載莊子與惠施的濠梁之辯，點出「樂」是種主觀的感受和心境，不一定跟外物有關係，意味著莊子重視內在的精神狀態更勝於外在物質生活。儒、道二家相通處就在物質、外在條件匱乏時，強調心靈的絕對自由逍遙，亦即安樂之心。

　　魏晉時代的玄學之風，讓隱逸觀念「情性化」之後，士人以隱逸爲時尚，樂此不疲。隱士的特異情志、生活情態經過詩文、史書的渲染流傳，更加助長隱逸之風。士人棄官思退、與世外僧道交游、或遣興遠遊、或懸擬逸情，甚至助隱假隱之事，層出不窮。所謂「魏晉風流」魏晉人崇尚清談，善思辯，褒衣博帶，執塵拂扇，行容輕盈飄逸，常懷有人生無常，及時行樂的人生觀，都跟隱逸風尚脫不了關係。魏晉的名士風流，意味著隱逸的精神落實在生活情趣當中，顯示隱逸行爲不再以「孤」、「苦」、「窮」爲尚。

　　魏晉以來，士族以優沃的經濟條件，確保他們安逸的生活，因此，魏晉隱士除了超然世外、淡泊自處以外，還有以物質享樂自養者，放逸官能享受，隱士們透過閒適生活的追求，強調對生命的熱愛。基於生命追求的「樂感」〔註17〕，隱士在提到自己的隱逸生活時，大都會將一切優雅化。如左思的〈招隱〉詩：

> 杖策招隱士，荒塗橫古今。岩穴無結構，丘中有鳴琴。白雪停陰岡，
> 丹葩曜陽林。石泉漱瓊瑤，纖鱗或浮沈。非必絲與竹，山水有清音。
> 何事待嘯歌，灌木自悲吟。秋菊兼餱糧，幽蘭間重襟。躊躇足力煩，
> 聊欲投吾簪。〔註18〕

詩中有鳴琴、白雲、紅花、石泉、小魚，營造出優雅恬適的自然景象。有了自然清音，就可取代管絃彈奏；林中的花木幽吟，正等待有人嘯歌合鳴。

　　中國隱士自古隱入山林，作爲安身立命之道，山光水色、萬物生機，在隱士眼中，都充滿了生命雅趣。自然山林是客觀的載體，隱士投身其間，藉此讓人生的悲情在山林中得到排遣，受傷的心靈獲得撫慰，這種生命體驗造就了獨具特色的文藝風格。山水詩、田園詩和山水畫的創作者幾乎全都是隱

---

〔註17〕 1985 年由李澤厚提出，他指出中國人很注重世俗的幸福，「從古代到今天，從上層精英到下層百姓，從春宮圖到老壽星，從敬酒禮儀到行拳猜令，從促膝談心到擺龍門陣，從衣食住行到性、健、壽、娛，都展示出中國文化在慶生、樂生、肯定生命和日常生存中去追尋幸福的情本體特徵。」見氏著《中國古代思想史論》（臺北市：三民書局，1996），頁 326。

〔註18〕 左思，〈招隱詩〉，收入《先秦漢魏南北朝詩》（臺北市：木鐸，1982），頁 734。

逸高士，如陶淵明、謝靈運、戴逵、顧愷之等大家。此外，隱士的閒適生活也表現在與志同道合的友人間的詩文贈答。「招隱詩」即是隱士間透過詩文，互相招集訴衷，或源於心中的理想而創造的仙境傳說，都爲隱逸文學提供豐富的題材。從上古以來，成千上萬的隱士群體，爲中國文學創作詩文雜記，不可勝數。

　　士人之所以隱逸，原是爲避世脫俗，有強烈的反世俗性。然而經過魏晉士人的改造，已轉而成爲「閒逸」之情的追尋，亦即「隱」的成份淡化，「逸」的精神凸顯。這也說明隱逸觀念加入了美學的成份。對中國士人而言，「閒逸」之情是另一種精神層面的追求，在無力對抗外在環境的情況下，選擇避離世俗、自我追求舒適寫意的生活。林泉、田園、園林等典型的隱逸空間，在詩歌中充滿美感的敘述，隨之而來的山水文學、旅遊文學、田園詩歌、園林藝術等，都使隱逸文化朝向藝術美感發展。

## 三、隱逸觀念的精神化

　　魏晉時代是中國隱逸文化發展的巔峰，奠定了許多隱逸思想的基調。從儒道思想的會通，到佛教教義的引入，逐漸促使隱逸行爲「精神化」。隱士不再熱衷遁隱山林的「身隱」，而是取其中道的「隱於朝市」，而心在林泉的「心隱」，爲隱逸文化開創一條世俗之路。

　　隱逸思想在魏晉之後，發展出一種重視「常遺世務，以高尙爲情」的行爲價值，稱之爲「心隱」。它的行爲模式是對照過去隱遁山林、不問俗世的「身隱」，採取一種調和的作法，既能入世仕宦，又在內心保持隱退。早在西晉郭象注《莊子》時便說：

> 夫聖人雖居廟堂之上，然其心無異於山林之中，世豈識之哉！徒見
> 其戴黃屋，佩玉璽。便謂足以纓紱其心矣；見其歷山川，同民事，
> 便謂足以憔悴其神矣；豈知至至者不虧哉！〔註19〕

郭象處在「以隱爲高」的時代，試圖爲出仕的士人說解，倡言身居廟堂而心寄山林，已將隱逸的外在表現轉化成精神層次。正如鄧粲所說：「夫隱之爲道，朝亦可隱，市亦可隱。隱初在我，不在於物。」〔註20〕只要存有高潔之志，

---

〔註19〕郭慶藩，《莊子集釋》（臺北市：華正書局，2004），頁28。
〔註20〕房玄齡等，〈鄧粲列傳〉，《晉書斠注》（臺北市：藝文印書館，1972），卷82，頁1419。

即使在朝堂上、市場邊，只要心有隱意，亦可自外於世，可謂之「心隱」。其他如阮籍、嵇康、潘岳，到東晉的謝安、王羲之、王徽之亦懷有隱逸之思，但迫於現實，他們身不能隱於山林，只好屈身官場。

「心隱」的思維或許跟當時傳入中國的佛教的入世教義有關。佛教講「佛在心中」，佛性是人的元神，被埋藏在人的心中。而人世間就像個修煉場，人終其一生都要經過情欲、富貴、名利、生死等關卡，就是要修煉出自己心中的佛性，亦即生命的本性。因此，苦難是人生必經的歷程，若能看破超脫，就能達到「明心見性」的成佛境界。

唐代以後，隱逸思想是最多元的，儒、道、佛教都重視隱退，各有不同的詮釋理路。儒家的山林棲隱、佛道的人間潛修，都已經難以滿足士人的心志，於是白居易提出調和之說：

> 大隱住朝市，小隱入丘樊。丘樊太冷落，朝市太囂喧。不如作中隱，
> 隱在留司官。〔註21〕

白居易的「中隱」是融通前人的說法，他認為處於山林的歸隱太刻苦冷清，處於權貴的朝廷、煩囂的街市又難以修為。不如取其中道，找個閒官差，既可維持穩定的物質生活，又可保有隱逸之情。對一般士人來說，是最可行的中庸之道。

心隱的發展，將傳統付諸行動的隱逸行為最小化，取而代之的是心靈上的隱逸活動，如「遊仙」、「遊夢」，詩人透過想像，悠遊於虛幻的世界，在文學的世界中，模擬隱士的生存情境，藉此得到現實的補償和精神的慰藉。特別是在宋代儒家心學的推波助瀾下，隱逸便難以回復傳統的形隱。

## 第二節　清領之前的隱逸文化

位於高雄西南濱海的打鼓山（今名柴山），自古以來有個藏金故事。明朝末年海盜林道乾將劫掠的金銀珠寶埋藏在打鼓山深山處，傳說預備以高雄為根據地，意圖謀反，而後事機敗露，撤離不及，倉促之間埋藏了十八籃半的金銀在山中。其妹林金蓮堅持留下看守，導致延誤逃命時間，在重重追兵包圍之下，林道乾一時情急，為免其妹受辱，斬殺其妹後衝出重圍。這個故事在《鳳山縣志》是這樣記載的：

---

〔註21〕白居易，〈中隱〉，《白居易全集》（上海：上海古籍，1999），卷445，頁331。

> 相傳道乾妹埋金山上，又有奇花異果，入山樵採者或見焉，啜而啖
> 之，甘美殊甚；若懷歸則迷路，雖默識其處，再往終失矣。夫異方
> 固多異境，豈南田石洞、五黃山諸勝特擅其靈秘也耶！〔註22〕

文中引用埋金傳說，點出山中秘境，樵夫無意間闖入，再欲前往而不可得。
作者以「異境」、「靈秘」解讀這樣的傳說，後來的《臺灣通志》亦認為「疑
有山靈阿護」〔註23〕。這樣的說法，點出當時民眾探訪尋寶的態度，而山靈
保護之說，是藉由自然神秘的力量，企圖嚇阻民眾的意圖。這樣的講法也出
現在中臺灣的銀山傳說，《裨海紀遊》提到：

> 銀山有礦，產銀；又有積鎰，皆大錠，不知何代所藏。曾有兩人常入
> 取之，資用不竭。前臺廈道王公（名效崇）命家人挽牛車，隨兩人行，
> 既至，見積鎰如山，恣取滿車，迷不能出，盡棄之，乃得歸。明日，
> 更率多人，薙草開徑而入，步步標識，方謂歸途無復迷理，乃竟失故
> 道，尋之累日，不達而返。自此兩人者亦不能復入矣。〔註24〕

同樣的迷失前路，透過山靈自我保護，表達對人類貪欲的「抗拒」。故事描繪充
滿寶藏的秘境，與當時渡海來臺的移民，對臺灣有著黃金遍地的浪漫想像有關。
　　然而這樣的浪漫想像到了文人的詩歌書寫，有了不同的詮釋。打鼓山傳
說到了乾隆年間文人施陳慶詩中，有了不同的衍繹：

> 聞道山中有白金，百年遺跡卻難尋。山中寂寂金無語，惟有哀猿泣茂林。
> 哀猿鳴狖兩爲伍，怪石巉巖如吼虎。破址頹垣今尚存，埋金俠女終塵土。
> 茫茫不見埋金人，白雲來往埋金塢。須臾山上有樵來，一擔枯株一柄斧。
> 告我曾知埋金事，笑指青山爲錢虜。發光斂晦已多年，有時隱現若將覩。
> 伊昔樵夫有奇緣，採樵日暮卻忘還。山中竟遇埋金女，繡閣粧樓在目前。
> 巍峨不類人間屋，置酒張燈肆綺筵。舞劍雙鬟來勸飲，奉金爲壽醉瞑然。
> 羅幃翠被三更夢，冷露陰風一夜眠。醒來只在荒林下，何處山中有人煙。
> 挑得白金一擔歸，欲尋舊跡似登天。依稀如入桃源去，漁父樵夫可並傳。
> 世人多爲樵夫誤，欲覓白金不知路。我聞此語爲謬傳，問卻青山不能吐。
> 〔註25〕

---

〔註22〕 李丕煜，《鳳山縣志》（臺灣文獻叢刊124），卷10，頁164～165。
〔註23〕 蔣師轍，《臺灣通志》（臺灣文獻叢刊130），頁228。
〔註24〕 郁永河，《裨海紀遊》（臺灣文獻叢刊44），頁55。
〔註25〕 施陳慶，〈打鼓山〉，《鳳山縣志》（臺灣文獻叢刊124），卷9，頁154。

詩人在秘境中加入了埋金女，也舖排了繡閣妝樓、羅帷翠被、華宴侍飲，「秘境」成了令人嚮往的「仙境」，其中有了與人世對比的仙人、仙物，而再次的「尋訪」就不是簡單的財富追求，而是一種對仙境的企盼、渴望。文人在詩中追逐的，顯然不是一般人的財富利祿，而是超凡脫俗的幽隱境界。他們把桃花源故事帶進藏金傳說中，明顯是隱逸文化的接受、衍生，文人的思想企盼已然呈現在文學創作中。

在文人的詩歌中添加了「桃花源」的元素，已不再是民眾所追逐的充滿希望的樂土，而是中國文人普遍存在心中的隱逸秘境，故事把「金銀」這樣的物質層次提昇到「仙境」的精神層面，欲望層次的提升也代表著文人對另一種生命境界的想望。

康熙年間巡台御史黃叔璥有詩〈詠水沙連社〉：「湖中員嶼外重溪，三跨橫藤人自迷。此境若非番社異，武陵洞口認花蹊。」〔註26〕就曾把南投日月潭附近的邵族部落想像成世外桃源。康熙六十年（1721）來臺的藍鼎元對水沙連也有這樣的描述：

> 山青水綠，四顧蒼茫，竹樹參差，雲飛鳥語，古稱蓬瀛，不是過也。…
> 武陵人誤入桃源，余曩者嘗疑其誕，以水沙連觀之，信彭澤之非欺
> 我也。〔註27〕

藍鼎元隨堂兄南澳總兵藍廷珍來臺平定朱一貴之亂，在臺年餘，閒暇時間遍遊各地，留下許多詩文。他把這深山的美麗景色、淳樸番社，比喻為陶淵明筆下的桃花源，對比於當時恐懼番社的清廷官員而言，是很不一樣的文化想像。

乾隆二十九年（1764）修的《重修鳳山縣志》有〈古橘岡詩序〉曰：

> 邑治有岡山，未入版圖時，邑中人六月樵於山，忽望古橘挺然岡頂。
> 向橘行里許，則有巨室一座。由石門入，庭花開落，階草繁榮，野
> 鳥自呼，廊廡寂寂。壁間留題詩語及水墨畫蹟，鏡存各半。登堂一
> 無所見，惟隻犬從內出，見人搖尾，絕不驚吠。隨犬曲折，緣徑恣
> 觀，環室皆徑圍橘樹也，雖盛暑猶垂實如椀大，摘啗之，瓣有而香；
> 取一、二置諸懷。俄而斜陽照入，樹樹含紅；山風襲人，有淒涼氣。

---

〔註26〕黃叔璥，《臺海使槎錄》（臺灣文獻叢刊 4），卷 6，頁 124。
〔註27〕藍鼎元，〈紀水沙連〉，《東征集》（臺灣文獻叢刊 1），卷 6，頁 86。

輒荷樵尋歸路，遍處誌之。至家以語其人，出橘相示，謀與妻子共
隱焉。再往，遂失其室，並不見有橘。〔註28〕

這則故事樵夫誤入山中幻境，由石門進入巨室後，庭園中花開葉落、階草繁
茂、野鳥自鳴，雖不見人影，但有家犬，表示是人境。與陶淵明的「桃花源」
不同的是無人的寂靜感，像是佛道修煉的地方，營造出較屬於道隱式的空間
意象。

從這些仙境傳說來看，早期來臺的移民想像，是以浪漫奇異的「海外仙
境」為主，充滿財富享樂的現實追求；而後來的文人書寫中，則表現出超離
現實，平靜和諧的心靈境界。臺灣在地理上與中土的「隔離」，加上異於中土
的特殊文化感受，在文士的心中早已成為心靈暫棲的「世外桃源」。

這樣的隱逸文化，深深地影響臺灣本土的文人，普遍過著清逸閒適的生
活，多有隔絕塵俗、遠離名利之習。他們在學富盛年時，慣於登臨山水、吟
遊索居，傳承中國文士的「山水癖」；遭逢世變動亂時，則選擇隱避山林、獨
然樵唱，是為「避禍全身」；若遇生命困頓時，則逃禪向佛、遁入空門，則是
「心靈寄託」；即使是一生平順無虞，晚年必也隱跡園林，享受那「世間安樂
窩」，「隱避」儼然成為臺地士子面對人生、世局變化的共同趨向。

一如前文所述，唐代以後傳統形態的隱逸行為已逐漸式微，取而代之的
是逃避異族統治的遺民士群。自宋代開始，包括遼、金、元、清，中國士人
面臨異族統治的國族認同問題，傳統士人的夷夏之分，使得士人強烈地展現
遺民意志，堅持隱逸、不事異族，由於十二世紀到十四世紀間，中國產生多
次的異族政權，這些漢人遺民便成了顯性的隱逸族群，他們在中國的正史上
佔據了多數隱逸的篇幅，隱逸從此和「遺民」有密切的關聯，西元 1661 至 1683
年，臺灣的明鄭時期便是以遺民書寫為主的時代。

臺灣文獻初祖沈光文（1612～1688），是第一位避居山林的隱逸文士，是
臺灣隱逸文學之首倡者。〔註29〕清初遇颱風漂泊來臺，後又得罪鄭經，變服
為僧，入隱山間。沈光文之隱，起初是為明朝覆亡的遺民氣節，而後為避禍
而隱遁。隱居山林仍不忘家國，故有「看他儘有參天勢，只為孤貞尚寄籬。」

---

〔註28〕 佚名，〈古橘岡詩序〉，《重修鳳山縣志》（臺灣文獻叢刊 146），卷 11，頁
335。

〔註29〕 龔師顯宗，〈臺灣漢文化的播種者沈光文〉，收入《沈光文全集及其研究資料
增編》（臺南市：南市文化局，2012），頁 258。

〔註 30〕之詩句，而為番社看病、教育，更可見其入世之心。〈山居〉八首是隱逸之代表作：

> 生平未了志，每每託逃禪。不遂清時適，聊耽野趣偏。遠鐘留夜月，
> 寒雨靜江天。拯溺方乘木，才弘利涉川。（之二）〔註 31〕

沈光文的隱逸，是儒家「無道則隱」、「不事二朝」的遺民退避之心，他身隱心不隱，對時局充滿著無力感，只得遁世參禪、寄情山水。他有詩云：「隱心隨倦羽，寒夢遠歸槎。忽竟疑仙去，新嘗蒙頂茶。」〔註 32〕蒙頂茶是中國十大名茶之一，產於四川高山上，他在夢中不僅歸鄉，還進入仙境、嘗到名茶，以仙道閒逸的老鶴自比，可是卻臨池興發，憂思難解，可見他的隱逸並非道家的逍遙自在。更明確地說，他的隱逸是表現出明朝遺民的氣節與無奈。

　　清代臺灣的方志也記載了其他隱逸人物，多半都是明代在臺灣的遺民，包括鄭氏的遺老。高拱乾《臺灣府志》載王忠孝（1593～1677）：「至甲辰年，同盧若騰到臺，不圖宦達，澹如也。惟日與流寓諸人肆意詩酒，作方外人。」〔註 33〕范咸《重修臺灣府志》志則增列盧若騰（1600～1664）：「鼎革後，避跡澎湖，杜門著述，詩文甚富。」〔註 34〕兩人均屬明亡或隨鄭氏來臺的遺臣，因鼎革而不仕新朝，進而寄情詩酒，閉門不問世事，是典型的遺民之隱。

　　另外《重修福建臺灣府志》在〈人物志〉中提到隱士張士楠：

> 張士楠，惠安人也，萬曆丙辰進士，張□之孫。八歲，補弟子員，
> 登崇禎癸酉科副榜。康熙十三年耿逆之變，避難於浯、廈、漳、澄
> 之間。二十八年，遁跡來臺，居於東安坊，杜門不出。持長素，焚
> 香烹茗，日以書史自娛，飄然於世俗之外焉。辟穀三年，惟食茶果，
> 年九十九，卒。諸羅縣知縣劉作楫匾曰「期頤上壽」。〔註 35〕

張士楠同時是明代遺臣，易代後無意仕宦、杜門不出，他以道家的修行功夫，長年食素、焚香烹茗，飄然於世俗，特別是「辟穀」的修煉養生之術，三年，

〔註 30〕　沈光文，〈詠籬竹〉，收入《沈光文全集及其研究資料增編》（臺南市：南市文化局，2012），頁 48。
〔註 31〕　沈光文，〈山居〉八首之二，收入《沈光文全集及其研究資料增編》（臺南市：南市文化局，2012），頁 51。
〔註 32〕　沈光文，〈感懷〉八首之七，收入《沈光文全集及其研究資料增編》（臺南市：南市文化局，2012），頁 51。
〔註 33〕　高拱乾，《臺灣府志》（臺灣文獻叢刊 65），卷 8，頁 212。
〔註 34〕　范咸，《重修臺灣府志》（臺灣文獻叢刊 105），卷 12，頁 394。
〔註 35〕　劉良璧，《重修福建臺灣府志》（臺灣文獻叢刊 74），卷 17，頁 451。

亦即長時間不食五穀，只吃水果，因此得以近百歲高壽，顯然是道家隱士的形象。

其他，如連橫的《臺灣通史》曾記載一個隱於市里的「賣卜者」，透過一位江蘇人華氏的敘述說：

> 儀容俊偉，顏色微穎，似久歷患難者。聞其語，精奧若不可解，異之。〔註36〕

華氏認定他爲異士，雖不明其來歷，仍禮聘爲西席，教導家中子女。後來華家發生盜匪劫掠，賣卜者以奇門陣法，迷困並擒服數百盜衆，故事甚爲神通，顯見其非凡的才智見識。如此隱於教席十餘年後，直到壽終後，才以一腰間佩囊，揭曉他的身份，竟是鄭氏部將，因亡國而隱憫遁世，而終不知其姓名。連橫感嘆地說：「烏乎！成敗論人，吾所不忍。屠釣之中，儘多奇才，亦遇之與不遇而已。」〔註37〕「遇」有時是「人」的問題，是時卻是「時代」的問題，遺臣當鼎革之際，因忠烈氣節而浮沉於世，增添許多傳奇、令人動容的故事。

前引遺民之隱是迫於時勢，而眞正屬於主動隱逸的，則以李茂春（？～1675）爲代表。高拱乾《臺灣府志》載李茂春：「遯跡至臺，好吟詠，喜著述，仙風道骨，性生然也。日放浪山水間，跣足岸幘，旁若無人。」〔註38〕李茂春原爲鄭成功參軍，而後隨鄭經來臺，他好老莊佛道，人稱「李菩薩」，在府城南郊築園隱居。好友陳永華爲他的園子命名曰「夢蝶園」，取「莊周夢蝶」之意，他遁居修行，是當時臺灣最知名的隱士。

清領之前，統治臺灣22年的鄭經（1642～1681），他在永曆三十四年（1680）西征失敗後，退守臺灣，銳志盡失，而後不問政事，閒居洲仔尾（今臺南市永康）。他「築游觀之地，峻宇彫牆、茂林嘉卉，極島中之華麗，優游其間，而至卒歲。」〔註39〕詩集《東壁樓集》收錄了相當多縱情山水、清幽閒曠之作，如〈屏跡〉詩云：

> 生來性放曠，興起獨遨遊。寂寞橫漁釣，逍遙扣角牛。千峰形紫翠，
> 百鳥調喧啾。開卷聖賢侶，絕塵水石儔。空山巖谷靜，荒徑林塘幽。
> 終歲邀明月，穿窗伴白頭。〔註40〕

---

〔註36〕連橫，《臺灣通史》（臺灣文獻叢刊128），卷29，頁742～745。
〔註37〕連橫，《臺灣通史》（臺灣文獻叢刊128），卷29，頁742。
〔註38〕高拱乾，《臺灣府志》（臺灣文獻叢刊65），卷8，頁212。
〔註39〕（日）川口長孺，《東瀛識略》（臺灣文獻叢刊5），頁70。
〔註40〕鄭經，〈屏跡〉，《東壁樓集》（明永曆泉州刻本），卷5，頁283。

詩集中這類的詩不在少數，把家國大事盡拋腦後，悠遊於海濱、山林，足見他遁居隱逸之志。

其他不乏有隱士的文獻記錄，鄭經就有兩首〈隱者〉曰：

> 高人隱臥在沙洲，日暮逍遙古渡頭。市酒歸來明月偶，泛舟遠去白雲酬。
>
> 門前綠柳夾幽徑，屋後青松壓翠樓。乘興餘書隨意得，不知鴻雁幾迴秋。
>
> 〔註41〕
>
> 古木斜荒徑，幽人頻倚凭，山居數十載，不識何名姓。〔註42〕

前首是寫一位隱逸高士，潛居閒遊海邊渡頭，享受著悠哉逍遙的生活；後首是隱姓埋名的幽人，獨居山野數十載。另一首〈幽人〉「愛幽尋靜處，結草在陰崖。」〔註43〕同樣是一名結廬山居的隱士。

進入清領時期，士人的仕隱情形大致上依社會政經的狀況有所不同。社會承平，則較能顯現個人情志，或隱於官場、隱於教席，或隱於閒逸生活、花月之間；一旦遭遇動亂，則多半被迫沉潛保身，是被動的隱逸。

# 第三節　承平時的隱逸文化

清領時期的隱逸書寫，早期以來臺宦遊的中土文人居多，因離鄉遠宦之情，難免有隱逸之思；到了清領中期，則有臺灣本土文人的隱逸書寫，多半都是閒隱、教隱的形態。以下分述之：

## 一、宦遊之隱

由於清朝的地方官制有籍貫迴避的規定，在地方任官要離原籍地 500 里以上，加上三年一任制，致使地方官員的調動頻繁，文人在異地遊宦羈旅成了普遍的情形。西元 1683 年清朝入主臺灣，大量的遊宦文人來臺，他們一方面對仕途懷抱著希望，在臺任官三年，即可升遷調回內地，仕途也許可以一路顯達；但另一方面因臺灣遠隔重洋，風土異於大陸，對內地的文人而言，既陌生又恐懼。

---

〔註41〕 鄭經，〈隱者〉，《東壁樓集》（明永曆泉州刻本），卷4，頁217。
〔註42〕 鄭經，〈隱者〉，《東壁樓集》（明永曆泉州刻本），卷7，頁334。
〔註43〕 鄭經，〈幽人〉，《東壁樓集》（明永曆泉州刻本），卷3，頁173。

　　朱仕玠（1712～？），福建建寧人，乾隆二十八年（1763）來臺擔任鳳山縣教諭。他作詩提到接獲任職公文時，內心的恐懼掙扎，詩云：

> 有母嘆篤老，未敢身遠投。且虞靈胥捐，遽與蛟蜃儔。再三辭不獲，
> 乞假旋舊邱。四載闊奉侍，筋力欣尚遒。顧念春秋積，難令百歲留。
> 況將蹈不測，微軀惕自謀。存沒兩無定，肝腸紛細抽。鬖鬖垂項雪，
> 未審繼見不。別淚強抑制，恐貽白髮憂。〔註44〕

當他得知要前往臺灣任官時，心中是非常猶豫的。除了家有老母外，主要是對遠渡臺灣的擔憂及惶恐，害怕海外荒陬，稍不留意，便會葬身海底、客死異鄉。因此，在詩中不斷重複內心的恐懼，「存沒兩無定」、「未審繼見不」更是見作者對未來、生死的不可掌握。

　　然而一旦他們抵臺後，習慣於臺灣的風土民情，很快地便能尋得心理的平衡。其中最普遍的想法便是把臺灣看作是海外仙境，而自己便是乘浮槎遊於海外的仙人。且看朱仕玠的想像：

> 海上樓遲及早秋，登臺騁望思悠悠。常虞雷雨從空下，始信乾坤鎮日浮。
> 淡漫由來爲赤嵌，蒼茫何處問舟邱。乘槎便欲從茲去，憑占星文入斗牛。
>
> 〔註45〕

這是他登臨臺灣府署的「澄臺」觀海時所吟，雖心中仍不免有所慨嘆，但詩人總是以乘槎遊仙的浪漫想像，讓自己浮躁的心得到撫慰。

　　康熙四十四年（1705）來臺擔任海防同知的孫元衡（？～？），也有類似的體驗。孫元衡是安徽桐城人，才華洋溢又善理政事，因此認爲宦臺是一種貶謫失意，他在臺之初的詩作，總把臺灣想像成詭異險惡、妖魔處處的世界。他作詩云：

> 三年窮困海，瘴癘憂相磨。兩腳蹋中土，驚禽脫虞羅。環山帶靈石，
> 往往見雲窩。流水出山來，淙淙橋下過。日明楓葉岸，籟起長松坡。
> 弱鱗浮淺渚，喜鵲叫寒柯。翠竹鮮鈎棘，著手久摩挲。〔註46〕

這是他任滿回到內地，回想在臺三年，疾病纏身，臺地則是四處蠻荒、充滿荊棘，如今自己如同逃離網羅的鳥，重返樂土，額手稱慶。然而他在臺期間，仍不時有一些浪漫的想像來慰藉心靈，如〈草堂漫興〉詩：

---

〔註44〕朱仕玠，〈榕城曉發〉，《小琉球漫誌》（臺灣文獻叢刊3），卷1，頁1。
〔註45〕朱仕玠，〈澄臺觀海〉，《小琉球漫誌》（臺灣文獻叢刊3），卷2，頁20。
〔註46〕孫元衡，〈登廈門岸〉，《赤崁集》（臺灣文獻叢刊10），卷1，頁81。

天外今知樂事偏，茅齋灑掃駐三年。連林蘭本飄金粟，出屋蕉叢吐赤蓮。

棋局傍觀無我相，醉鄉漸入有仙緣。蠻煙瘴雨何滋味，八尺風游得穩眠。

〔註47〕

雖然居處簡陋的茅齋，但詩人樂在其中，他藉著棋局旁觀的角色想像，把自身抽離現實境遇，便能較灑脫地看待現在的自身處境，縱使是蠻煙瘴雨，仍能安穩好眠。這也說明唯有如此的轉念豁達，宦遊的內地士人才能得到解脫。換言之，當他們面對這類仕與隱的矛盾情緒時，往往要藉著山水之樂、開曠的想像，以尋找心靈的慰藉，在心理層面而言，仍是一種逃避。

嘉慶年間來臺的吳玉麟有詩：

野服飄飄葛履輕，登臨聊此擬蓬瀛。重陽節似春光好，三載官如秋氣清。

海霧長年迷谷口，山風盡日捲濤聲。水仙一操真高絕，無復移情客姓成。

〔註48〕

詩中表現出悠閒輕鬆的心情，徜徉在山林海濤的美景當中。多年的宦遊寓居、思鄉愁緒，在登臨的此刻都彷彿消失無蹤，取而代之的是悠遊自在、閒適曠達。

道光年間鳳山文人黃文儀，性恬淡，喜好閒詠，自稱城市「小隱」，詩曰：

小隱隱城郭，簷前竹四帷。一庵花鳥趣，雅稱閉門居。〔註49〕

他的詩作主題多是此類閒適雜詠，如〈齋中閒居〉詩：

茅屋蕭然靜不譁，幽居何物作生涯。數枝黃菊閒時酒，一炷清香醒後茶。

妙理細觀如有悟，狂吟無意學名家。尋詩寫興供吾樂，入夜梅梢桂月斜。

〔註50〕

詩中點出簡樸的幽居生活，酌酒品茶，數枝黃菊一炷清香，更顯孤高氣息。詩人常做的便是細觀外物、體悟妙理，從而感興賦詩。每每沉吟至深夜，亦有月色梅枝相隨，可謂人生至樂。

---

〔註47〕孫元衡，〈草堂漫興〉，《赤崁集》（臺灣文獻叢刊10），卷4，頁63。
〔註48〕吳玉麟，〈九日登打鼓山〉，收入《臺灣詩乘》（臺灣文獻叢刊64），頁79。
〔註49〕黃文儀，〈寄興〉，收入《鳳山采訪冊》（臺灣文獻叢刊73），頁512。
〔註50〕黃文儀，〈齋中閒居〉二首之一，收入《鳳山采訪冊》（臺灣文獻叢刊73），頁498。

## 二、教席之隱

　　相對於羈旅異地的宦遊文人，臺灣的本土文人對仕宦之途顯得較爲淡
漠。當時臺灣文人雖仍參與科考，但並不熱中仕途，一方面是鄉試以上須渡
海考試，路途艱難、所費不貲，常使士子放棄追求更上層樓。另一方面臺灣
社會重經濟而輕文教，居民大都只圖謀生、安於現狀，並不特別重視仕宦地
位。就算富裕家庭，得到舉人後多半就不再赴京會試了，而當時在臺灣擁有
科舉功名即可位列「士紳」，享有許多的政治、社會及經濟特權，是介於官、
民之間的地方領袖，有了這類出路，臺灣士子多半無意更上層樓。這樣無意
仕進的臺灣士人在清領初期是非常普遍的，如黃佺、陳輝、卓肇昌等人均是
如此。〔註 51〕這些人擁有文才學識，爲了生計，多選擇教書爲業，或執教書
院，或設帳鄉里，雖隱於里居，但作育英才，對社會文教有很大的影響。他
們教書外，有較多閒暇生活，得以遊於鄉野山林，吟詠作詩，過著閒適愜意
的生活。

　　臺灣縣人章甫（1755～1816），嘉慶四年（1799）歲貢，曾三次渡海赴試，
皆不中，遂絕意仕途、設教里中，以課兒孫自娛，時人目爲高士。他作詩曰：

> 置身若在古風初，何必華堂不草廬。尚有閒閒高士飲，謾來孑孑大夫旟。

> 莊周是蝶渾忘蝶，惠子非魚卻樂魚。火食幾人曾斷去，的應飲水讀仙書。

> 〔註 52〕

爲一償隱逸心志，詩人買山歸隱，閒居草廬。他欲效法古代高士，築屋林間，
如同莊周夢蝶、惠施樂魚，過著無憂無慮、如同神仙般的生活。另一首〈山
人笑渡行〉詩云：

> 當時結伴入山深，亂雲何處尋芳躅。不知世上有風波，煙霞以外了無欲。

> 今日出上望滔滔，毋乃旁觀笑當局。造物非以人拘拘，逸者榮兮勞者辱。

> 夫人自甘逸與勞，山水何曾分雅俗。紅塵靜處暮煙橫，山自空青水自綠。

> 〔註 53〕

詩人冷眼笑看渡口的行人倉皇，點出人我的俗雅之別，表現他淡泊名利的悠
然情懷，詩末與大自然的契合共鳴，顯示詩人物我兩歡的超然境界。

---

〔註 51〕黃新憲，〈閩台科舉考試的歷史淵源〉《教育評論》1999 年，第 2 期，頁 54～
　　　　62。

〔註 52〕章甫，〈雜詩平韻〉三十首之六，收入《全臺詩》，第三冊，頁 349。

〔註 53〕章甫，〈山人笑渡行〉，收入《全臺詩》，第三冊，頁 306。

　　另一位臺灣詩人陳輝（？～？），乾隆三年（1738）舉人，善文工詩，曾參與《臺灣府志》及《重修臺灣縣志》的纂輯工作。他夙耽風雅、淡泊世俗，不圖功名，歸鄉設帳，閒暇時遍訪鄉野、行旅吟詠。他作〈買隱〉詩云：

> 買隱山村跡已深，軒車過客莫相尋。清泉白石通幽趣，野鶴溪鷗達素心。
> 看罷晴雲峰有色，釣餘寒月水成陰。許由原有高風在，未報箕山得意吟。
>
> 〔註54〕

他買山隱居，並不強調苦行或是陋居，而是素心幽趣，追逐古人的隱逸高風之餘，頗能自得其樂。這時期的隱逸，臺灣士人有不錯的經濟條件與社會地位，隱逸的生活大都是樂感的行旅逸興與生活風尚。

　　宜蘭文人李逢時（1829～1876），咸豐十一年（1861）拔貢，同治元年（1862）曾為臺灣道兼學政孔昭慈之幕客後，因仕途不順，避居宜蘭。他一度生活窘迫，只好選擇教書維生。後擇居山野，親近自然，頗享受恬靜安逸的生活，有〈己未之春作〉詩云：

> 嗟予生不辰，白屋守貧賤。舌耕得蠅利，錙銖何足羨。褊性愛幽居，
> 立錐地未便。籬落架薔薇，小庭當芳甸。此處堪棲遲，鷦鷯一枝戀。
>
> 〔註55〕

「舌耕」意指教書為業，以滿足基本生活需求。詩中雖感嘆生不逢時，但是對於教隱山居的生活，可以悠然於花間月下，仍感到欣慰。而他也常比喻這樣每天遊於山林，吟詩寫作，是神仙般的享受，詩曰：

> 幾點秋山落日斜，此間餐慣是煙霞。詩來瀛海逢仙侶，春換桃源數落花。
>
> 〔註56〕

終日遠望山林、斜陽，餐雲宿霧，蓬萊仙侶也不過如此。這期間他的詩作平淡卻饒有逸趣，可見他對這樣的隱逸閒居的生活，樂在其中。

　　另外，淡水文人陳維英（1811～1869），49歲始考上舉人，之後便選擇回鄉教隱。曾於竹塹明志書院任教外，也創辦了噶瑪蘭仰山書院，並擔任艋舺學海書院院長，人稱「陳老師」，對當時北臺灣的教育貢獻良多。晚年築書室

---

〔註54〕陳輝，〈買隱〉，收入《續修臺灣府志》（臺灣文獻叢刊121），卷25，頁936。
〔註55〕李逢時，〈己未之春作〉，《泰階詩稿》（臺北縣：龍文，2001），頁130～131。
〔註56〕李逢時，〈贈洪燮堂司馬熙恬即次原韻〉二首之一，《泰階詩稿》（臺北縣：龍文，2001），頁93。

於劍潭畔，名曰「太古巢」。有題壁詩：「兩儀石上搜遺跡，八卦潭前隱散仙。」
〔註57〕他的詩作〈題太古巢〉說明隱逸之志：

> 山無甲子不知年，國入華胥夢枕邊。樹老豈栽盤古日，枝棲獨闢有巢天。
> 兩儀石叫驚山鬼，八卦潭澄問水仙。自笑草廬開混沌，結繩坐對屋三椽。
>
> 〔註58〕

〈太古巢即事〉：

> 小屋如舟結構新，其間信宿脫風塵。明朝歸去誇朋輩，我是羲皇以上人。
>
> 〔註59〕

「太古巢」雖只是數間小屋，然而閒隱山間、避居郊野，開倚北窗，涼風襲
人，亦稱得上是「羲皇上人」之屬。

府城進士施瓊芳（1815～1868）人，生性恬淡，在會試多次落榜後，
終於在道光二十五（1845）高中進士。之後，他未赴任就乞養歸籍，返鄉
擔任海東書院山長，潛居鄉里，吟詩教書，過著淡泊的生活。他作〈詠懷〉
詩曰：

> 榮枯各有時，誰能保厥終。春華茂桃李，搖落向秋風。憋此無情物，
> 贏縮感我躬。一朝挂簪紱，有似羈樊籠。景彼箕山操，古人有高風。
> 去矣逍遙遊，前途毋使窮。〔註60〕

詩人顯然看淡了人生的功名利祿、世事的無常，且不願一生為宦情所羈絆，
期待過的是逍遙自在的生活，故而選擇回鄉棲隱。他教書閒詠，詩中常表現
逸樂的生活情調，如〈初夏即事〉詩曰：

> 臨水高樓習靜居，銅匜篆嫋碧幃疏。庭陰啼鳥葉濃處，天氣因人梅熟初。
> 午後客稀容袒服，睡餘日永但觀書。愛他閒趣薰風解，一過南窗室自虛。
>
> 〔註61〕

閒靜的居處，居高臨水、優雅安適，午後閒暇，面對著茂林鳥啼，悠然地袒
服讀書，心情猶如那夏日穿堂的薰風，令人暢懷舒心。

---

〔註57〕 王松，《臺陽詩話》（臺灣文獻叢刊34），上卷，頁12。
〔註58〕 陳維英，〈題太古巢〉，收入《全臺詩》，第五冊，頁163。
〔註59〕 陳維英，〈太古巢即事〉十三之十三，收入《全臺詩》，第五冊，頁166。
〔註60〕 施瓊芳，〈詠懷〉二首之二，《石蘭山館遺稿》（臺北縣：龍文，1992），卷14，
頁313～314。
〔註61〕 施瓊芳，〈初夏即事〉，《石蘭山館遺稿》（臺北縣：龍文，1992），卷 14，頁
364～365。

## 三、園林之隱

　　清領中葉的臺灣，在經過經濟貿易的不斷發展，讓文士階級生活普遍不虞匱乏，他們逐漸從物質享受提升至精神層面的逍遙，在退下官場或絕意仕途之餘，構築園林，自比隱士聖賢。另外社會的動亂，讓文士傾向逃離現實，他們不再辛苦、冒險地游走於湖濱山林，苦尋與自然相契的感動。而是精心地構建想像中的山水，把自然納於眼下，試圖營造一方世外桃源。他們依舊宴飲酬酢、吟詩雅會，並無意自外於人間，然而園區的門牆，卻可以輕易地將煩人的俗事隔絕在外，過著悠哉的隱避生活，這樣與世俗若即若離的關係，亦即「武陵新避世」。

　　臺灣開臺進士鄭用錫（1788～1858），淡水廳竹塹人，道光三年（1823）高中進士，分發禮部備員行走，不久丁父憂回臺。晚年在新竹城北修建「北郭園」，用來頤養晚年、應酬官紳之所。園中取有「小壺天」、「偏遠堂」等名，以明其志。他並在〈北郭園記〉云：「余自假養歸田，屈指至今已十餘載，自顧樗櫟散材，無復出山之志，竊效古人買山歸隱，以樂殘年。」〔註62〕說明自己淡泊利祿、退隱田園之意。更有〈園居遣興〉云：

> 半畝園林景色幽，禽魚花木足遨遊。何人乘興同看竹，斯世浮名盡幻漚。
>
> 道味須從閒處玩，物情最愛靜中求。此間真趣誰能識，悟到南華蝶與周。
>
> 〔註63〕

在這百畝園林之間，他享受大自然之美，也領悟到世俗名利的空幻，透過這一方閒靜幽雅的小小天地，彷彿讓他找尋到通往逍遙境界的一條幽徑，遠離喧囂的人生。

　　歸鄉已年近七十的鄭氏，實已無力遊山玩水，他只能藉園林的咫尺山水，一解林泉之興。他說：

> 顧今已老矣，無能為好山好水之遊，而朝夕此地亦足以杖履逍遙。
>
> 仰而觀山、俯而聽泉、尋花看竹、聞鳥觀魚，豈不快哉！〔註64〕

他雖避居「北郭園」，但仍與文友雅聚、往來吟哦，以作詩為樂，留有《北郭園詩鈔》五卷。楊浚稱之曰：「其品格在晉為陶靖節、在唐為白樂天。…世比之山中宏景、介休林宗。」〔註65〕

---

〔註62〕鄭用錫，〈北郭園記〉，《北郭園文鈔》（臺北縣：龍文，1992），頁45。
〔註63〕鄭用錫，〈園居遣興〉，《北郭園詩鈔》（臺北縣：龍文，1992），卷4，頁4。
〔註64〕鄭用錫，〈園居遣興〉，《北郭園詩鈔》（臺北縣：龍文，1992），卷4，頁46。
〔註65〕楊浚，〈北郭園詩鈔序〉，《北郭園詩鈔》（臺北縣：龍文，1992），頁51。

幾乎在同時，竹塹也出現了另一座名園「潛園」。園主林占梅（1821～
1868），富商出身，雖然未曾得到科舉功名，但琴棋書畫無不精通。林占梅素
有奇才，個性豪爽，他捐建文廟，且多次協助清廷平定亂事。晚年因故退隱，
修築「潛園」，園名取自易經「潛龍在田」之意布置精巧，意境高雅，極盡山
林之勝。園中有「陶愛草廬」、「逍遙館」，並作詩曰：「自笑身如蠖，潛居稱
此園。」，都表現出他的隱逸之情。林占梅作詩道：

> 性拙薄戎算，平生輕嶠錢；言狂人竊笑，癖怪我難悛。默默囂塵減，
> 悠悠俗慮捐；有心追隱逸，無志慕騰驤。況免饑寒逼，猶兼疾痛躅；
> 曾聞唐白傅，閒散即神仙。〔註66〕

他為追求林泉之美，花費鉅資、耗時十年，構築人間的安樂窩，是嚮往隱逸
閒散之情。他提到：

> 不談吐納不參禪，間福能消便是仙。兩字平安欣報竹，六根清淨愛栽蓮。
> 書窗月朗客吟嘯，琴榻風涼恣醉眠。構得潛園堪寄跡，十年樂趣在林泉。
> 〔註67〕

他效法陶淵明，築園寄傲，地靜居偏，詠嘯林下，娛情忘憂，過著逍遙自適
的生活。

林占梅好與文士交遊，有許多隱士好友，他習慣稱之為「山人」，表示潛
居山林、不問塵事之意。如棲居山林的李山人，林占梅曾有〈曲水岩訪李山
人不遇〉詩。好友林山人則是閒居淡北的山村，幽然獨處，有詩曰：

> 峰迴流水轉，徑曲小村偏。松竹門庭外，山池几席前。高吟蟬和韻，
> 罷釣鷺同眠。賞遍幽棲處，吟懷此渺然。〔註68〕

他另有〈題林山人草堂〉、〈再題林山人齋壁〉二首，可見兩人來往密切。其
他亦有潛心修佛的隱士如楊山人〔註69〕、闢園幽居的漱石山人〔註70〕、喜好

---

〔註66〕 林占梅，〈潛園適興六十韻〉，《潛園琴餘草》（新竹市：新竹市立文化中心，
1994），頁40～42。

〔註67〕 林占梅，〈寫懷〉，《潛園琴餘草》（新竹市：新竹市立文化中心，1994），己未
庚申六，頁27。

〔註68〕 林占梅，〈過北勢內湖再訪林山人題壁〉，《潛園琴餘草簡編》（臺灣文獻叢刊
202），頁153。

〔註69〕 林占梅，〈小住楊山人棲隱處題壁〉六首，《潛園琴餘草簡編》（臺灣文獻叢刊
202），頁152。

〔註70〕 林占梅，〈遊漱石山人幽園，題壁即贈〉，《潛園琴餘草簡編》（臺灣文獻叢刊
202），頁54。

遊山玩水的戴山人〔註71〕，都在林占梅的詩中出現，可見當時隱逸山林的高士不在少數。

如同陶淵明詩所說：「結廬在人境，而無車馬喧。問君何能爾？心遠地自偏。」（〈飲酒詩之五〉）隱逸精神內在化的隱士，不再離群索居，他們混居人群，潛心修身，自然是隱而不見的。而更多的是身居魏闕、心懷山林，他們或遭遇挫折、或感時傷逝，以閒適的生活態度，時而表現隱逸之志，都算上了。總之，「隱逸」從不曾在士人間消失，只是迂迴地呈現在山林田園間、在各自的心靈裡，甚至是夢境幻覺之中。

## 第四節　動亂下的隱逸文化

自古以來，政治社會的動亂，常是造成士人隱避的重要原因。臺灣文人隱逸情懷的生成，大多是面對外在環境的消極因應，包含舉業艱辛、仕途無著、社會動亂或改隸之痛。當文人對動亂時局，內心的恐懼或失望，往往會導致隱世避亂的行為。朱一貴、林爽文、戴潮春等民變，以及移民間的分類械鬥，到後來的乙未割臺，都帶給當時文人一定程度的衝擊。深受儒化的臺灣文人，在挫折、危亂之中，慣求「隱心」，他們以詩文寄託情志，從而找到心靈的安頓，是一種儒家式「與時推移」的自處之道。

### 一、亂世之隱

臺灣在清領時期，社會時常處在動盪不安，經常發生民變，有所謂「三年一小反、五年一大反」，不管民變的原因是吏治不良或社會習亂，在文人的角度而言，最迫切的是現實的身家性命，因此一遇動亂，便隱避山林，明哲保身。

清領時期康熙六十年（1721）朱一貴起事，攻陷鳳山縣縣治，詩人卓夢采（1679～1758）因拒絕朱一貴的徵召，攜家遁入鼓山，他作詩〈避寇鼓山〉五首，訴說他避亂隱逸之志：

> 遁跡鼓山裏，艱危歷險巇。徑深巖作牖，洞曲石為楣。鑽穴眠蛇蝎，
> 愁宵伴鹿麛。干戈入夢息，醒醉寸心知。掬水常攜月，聞聲最惡鴟。
> 採薇非我志，聊以樂清飢。〔註72〕

---

〔註71〕林占梅，〈偕戴山人宿棲雲岩〉，《潛園琴餘草簡編》（臺灣文獻叢刊 202），頁 94。
〔註72〕卓夢采，〈避寇鼓山〉五首之二，收入《鳳山縣采訪冊》（臺灣文獻叢刊 73），頁 471。

詩中表明因亂事被迫隱逸，遁跡山區，倚巖而居，屋室簡陋，蛇蠍獸禽常伴左右。雖然歷經艱險，但在世道衰微時，他採薇樂饑，「高臥爲長策，孤栖是逸民」〔註73〕，維持了士人的高志亮節，頗有伯夷叔齊的風骨，一時引爲美談。

卓夢采之子卓肇昌（？～？），乾隆十五年（1750）舉人。是具代表性的隱逸詩人，他追隨父親避居山林，頗有林泉之心。他雖然考取舉人，但無意仕進，終日遊走山林，詩作大多是以山水景物爲主題，頗見超逸之情，如〈仙人對奕〉詩：

> 天公遺下石棋盤，洞裏神仙日月寬。十九路誰分黑界，幾千年自帶雲寒。
>
> 劇憐人世紛爭道，只換山中妙戲彈。乾電聲聞同玉響，不知還許採樵看。
>
> 〔註74〕

他以仙人口吻，冷眼看待世間的爭名奪利，憐惜人間愁苦。藉著這對奕的仙人，述說神仙天地的無限寬廣和美好，而得以窺見仙境，溝通仙人之間的，似乎只有山林中採樵者，實則爲隱逸山林的自己，提供了上達九天的美好想像。

另外，同治元年（1862）發生的戴潮春事變，造成當時許多士人隱避不出。彰化舉人陳肇興（1831～1866），曾拒絕戴潮春的拉攏，遂隱遁山中。雖然過的是山林隱避的生活，但他的詩中常帶著感時憂國之思，〈山居漫興〉八首：

> 一身如逐客，數日寄巖阿。世亂乾坤窄，山深雲雨多。生涯依木石，
> 時事閱兵戈。不見天邊鳥，高飛避網羅。（其二）
>
> 寂寞空山裏，無人獨掩扉。養茸麋鹿馴，分子鯉魚肥。習字妻磨墨，
> 薰香婢拂衣。憂來頻命酒，勉強學忘機。（其三）
>
> 燕去泥猶落，蟲飛雨欲來。山林饒樂趣，豺虎恕庸才。竹迸松根茁，
> 蘭穿樹腹開。桃源無處覓，雞犬漫相猜。（其四）〔註75〕

詩人一再表示隱避山林的不得已，如同詩中所說：「勉強學忘機」、「將浮沉觀變，憔悴匿林麓。」〔註76〕、「畢竟烟霞多痼疾，桃源也不活秦人。」〔註77〕，都顯示隱避是暫時性的，而吟詠山林，則是苦中作樂，消憂解悶的自處之道。

〔註73〕 卓夢采，〈避寇鼓山〉五首之四，收入《鳳山縣采訪冊》（臺灣文獻叢刊73），頁471。

〔註74〕 卓肇昌，〈仙人對奕〉，收入《重修鳳山縣志》（臺灣文獻叢刊146），卷12，頁411～412。

〔註75〕 陳肇興，〈山居漫興八首〉，《陶村詩稿》（臺北縣：龍文，1992），頁61～62。

〔註76〕 陳肇興，〈卜居〉，《陶村詩稿》（臺北縣：龍文，1992），頁68。

〔註77〕 陳肇興，〈哭張郁堂明經〉，《陶村詩稿》（臺北縣：龍文，1992），頁15。

## 二、乙未之隱

　　清領末期的乙未割臺，臺灣的文士掀起了一波隱避的高潮，數千文士憤而內渡大陸避難，包括丘逢甲、許南英、施士洁、林爾嘉、鄭毓臣等人，連同當時選擇留臺隱遁餘生的洪棄生、王松、林癡仙、許夢青等人，他們在面對國族及文化的鉅變時，無力抗拒，於是選擇消極離開或成為遺民，多數是流落異地或遁隱出世。

　　丘逢甲（1864～1912）14 歲即考取秀才，光緒十五年（1889）進士，得到巡撫丁日昌的賞識，譽為「東寧才子」。1894 年中日戰爭後，清廷訂立馬關條約，割讓臺灣，引起臺灣人民激憤，丘逢甲倡立臺灣民主國，後擔任義勇軍統領，積極參與抗日運動。民主國抗日事敗後，丘逢甲攜家眷內渡廣東，離臺前作詩：「宰相有權能割地，孤臣無力可回天。扁舟去作鴟夷子，回首河山意黯然。」他內渡後「家於嘉應州，買屋居焉，杜門不出，謝絕親友，自署為『臺灣之遺民。』」〔註78〕他有許多詩作表達隱逸之心：

> 海上歸來意愴然，石梁重自認秦鞭。一庵斜日墜紅葉，萬嶂秋空開碧蓮。
> 家近洞天宜入道，人經浩劫欲逃禪。松楸古墓枌榆社，早結仙家未了緣。
>
> 〔註79〕
>
> 浮生富貴等微塵，欲覓山林寄此身。但是故鄉歸便好，不妨衣白作山人。
>
> 〔註80〕

前首從浩劫後的愁悵離恨及思鄉之愁，轉而逃禪、隱逸、修仙，可見他逐漸將亡臺之苦，轉移到習禪修煉上。後一首更直接表達他看破紅塵富貴，寄情山林、歸鄉隱居之意。

　　府城文人許南英（1855～1917），光緒十六年（1890 年）進士。乙未之變，他參與抗日，而後散盡家產，離臺內渡。之後在內地、海外漂泊多年，宦海浮沉，讓他心生喟嘆，有向佛遁隱之意。詩云：

> 宦況蹉跎氣轉醇，隨緣五嶺看青春。不知避地依然我，始悔趨時不若人。
> 士本長貧終自好，官如此苦向誰陳。還山無處思山隱，夢斷桃源世外民。
>
> 〔註81〕

---

〔註78〕江泉，〈丘倉海傳〉，《嶺雲海日樓詩鈔》（臺灣文獻叢刊 70），頁 371。

〔註79〕丘逢甲，〈乙未秋日歸印山故居，因遊仙人橋作〉二首之一，《嶺雲海日樓詩鈔》（臺灣文獻叢刊 70），卷 1，頁 2。

〔註80〕丘逢甲，〈尋鎮山樓故址，因登城四眺，越日遂游城北諸山〉十二首之十，《嶺雲海日樓詩鈔》（臺灣文獻叢刊 70），卷 1，頁 13。

〔註81〕許南英，〈和易實甫觀察原韻之二〉，《窺園留草》（臺灣文獻叢刊 147），卷 1，頁 77。

他的詩中時常流露出世禪隱的心跡，如「從此謝絕塵間事，且道嵇康學養生。」〔註82〕、「已脫塵心平火宅，爰尋野趣憩山房。」〔註83〕、「老去逃禪觀自在，閒來證佛拜迦羅。」〔註84〕最後雖未能出家遁隱，然可見他參透人生、逃禪隱世的情懷。

王松（1866～1930），竹塹人，善詩歌，嘗入北郭園吟社與文士賢達相唱和，惟不求仕進，喜俠遊。聞乙未割臺，自號「滄海遺民」，避地泉州，後返臺歸隱鄉里，將故居四香樓舊匾曰「如此江山樓」，借用陸游詩句「恨渠生來不讀書，江山如此一句無。」（〈漁翁〉），作詩「如此江山伴索居」，可見對時局的憂憤，退守山居仍不忘家國之痛。

洪繻 （1867～1929），彰化鹿港人，光緒十年（1884）以第一名入學生員，臺灣割讓後，便絕意仕進，不再赴考，並改名棄生，潛心於詩詞、古文。他為表達國族的認同，堅持薙髮留辮，並作詩曰：

> 長嘆無天可避秦，中華遠海總蒙塵。本為海島埋頭客，更變伊川被髮人。
>
> 愧與伍間儕父輩，錯成廿載寓公身。江湖滿地供樗散，不數禪中蟻蚤臣。

〔註85〕

他抗拒日本統治的斷髮規定，堅持清代的束髮傳統，並感嘆天下之大，竟無一處可供避亂的桃花源，表達心中無限的感慨。

林朝崧（1875～1915），號癡仙，臺中人。光緒年間秀才，乙未之後兩度避居內地，1902年返臺，與林幼春、賴悔之及傅鶴亭等人倡設「櫟社」，以棄絕的朽木自比，詩社高舉漢文學旗幟，象徵棄而後生，以漢詩寄託餘生。「櫟社」聚集文友，互為唱酬，一時風靡中臺。他在霧峰築草堂潛居，號曰「無悶道人」，以詩酒自晦，抑鬱以終。他避居泉州時，曾作詩云：

> 百口飄零乍定居，刺桐花下理琴書。故人萬里無消息，日日臨江釣鯉魚。

〔註86〕

遠避異地對詩人而言，如同無根的飄零，雖然生活仍然餘裕，看似悠閒，但心繫萬里之外的故土，是遺民的共同特徵。

---

〔註82〕 許南英，〈三疊陳丈劍門見贈韻之四〉，《窺園留草》（臺灣文獻叢刊 147），卷1，頁 151～152。

〔註83〕 許南英，〈菽莊避暑〉，《窺園留草》（臺灣文獻叢刊 147），卷1，頁 158。

〔註84〕 許南英，〈和貢覺遊極樂寺用前韻之二〉，《窺園留草》（臺灣文獻叢刊 147），卷1，頁 180。

〔註85〕 洪繻，〈再為屬行斷髮詠〉，《寄鶴齋選集》（臺灣文獻叢刊 304），頁 366。

〔註86〕 林朝崧，〈避地泉州作〉，《無悶草堂詩存》（臺灣文獻叢刊 72），卷1，頁 2。

　　嘉義文士邱緝臣（1859～1927），乙未之後內渡回籍漳州，輾轉於東南亞，後僑居越南、爪哇、緬甸等地，誓言終身不回臺灣，雖顛沛流離，始終不悔。有詩曰：

> 飛鳥倦知還，杯中酒尚寬。結廬依檉柳，相契在王蘭。山蕨堪供飽，
> 秋英亦可餐。天涯游子泪，魂夢繞臺灣。〔註87〕

流亡海外、誓言不歸，是悲憤的遺民之情。但詩中可見他對故國的思念，尤其是末句「魂夢繞臺灣」，令人動容，其愛國之情，溢於言表。

　　事實上，並非所有乙未遺民都是充滿悲憤之思的，許夢青、施梅樵等便是自外於世，藉此隱逸，無所罣礙。許夢青（1870～1904），彰化鹿港人。光緒年間邑庠生，因身逢乙未亂世，自號「高陽酒徒」，寄情詩酒、不問世事。有詩：

> 把盞休須問辱榮，滿懷詩酒過平生。何修得似陶彭澤，野鶴閒雲共性情。
> 〔註88〕

詩人大有「無道則隱」的情懷，瀟灑如陶淵明，過著詩酒琴棋、閒雲野鶴的生活。

　　鹿港文人施梅樵（1870～1949），詩文俱佳，有名於時，乙未割臺時，正是拔萃出群之際，他毅然隱遁出世、寄情佛禪，有詩曰：

> 十年已淡利名心，變幻人情自古今。覓盡寰區無淨土，不期世外有禪林。
> 〔註89〕

> 紅塵莫插腳，入山訪神仙。神仙竟難遇，山中空雲煙。上有紫瓊芝，
> 下有白玉田。蒼蒼千歲松，直幹高接天。怪石懸危崖，俯臨萬丈淵。
> 我欲登絕頂，�躡屐聳吟肩。素有愛山癖，到此思慮捐。依山且結廬，
> 靜坐參詩禪。〔註90〕

---

〔註87〕　邱緝臣，〈息游〉，《丙寅留稿》（東山圖書館，1989），頁8。引自文化部「國
　　　　　家文化資料庫」http://nrch.cca.gov.tw/ccahome/poetry/poetry_meta.jsp?xml_id=
　　　　　0005502254&maintitle=%0A++++++++%E6%81%AF%E6%B8%B8&dofile=cc
　　　　　a100013-li-bp_1989kssbilgsigs_0001_01-0054-u.xml&collectionname=（2012年
　　　　　5月27日）
〔註88〕　許夢青，〈書懷〉，《鳴劍齋遺草》（高雄市：大友書局，1960），頁32。
〔註89〕　施梅樵，〈圓光寺僧妙果招隱賦此示之〉二首之一，《捲濤閣詩草》（臺北縣：
　　　　　龍文，2001），頁21。
〔註90〕　施梅樵，〈入山詞〉，《捲濤閣詩草》（臺北縣：龍文，2001），頁13。

事實上文人並非眞想遁入空門，而是希望藉著習禪入定，暫時忘卻世俗不如意者。這樣的潛心佛道，在臺灣文人階層，比比皆是，如《台陽詩話》所載郭芙卿逃禪事跡：

> 郭芙卿茂才（鏡蓉），記才敏捷，寓目成誦；胸次曠潔，不作俗儒故態。臺割後，落髮爲僧，雲游鷺江，住錫虎溪兒者數載。日以詩酒自娛，醉則痛擊同侶；群僧患焉，謀逐之。旋里，復歸儒，隱於臺北士林。與余相逢於客次；自誦其劍潭書室偶題云：『古寺藏幽僻，山房靜不譁。談經僧入座，問字客停車。隙地多栽竹，空庭半種花。書聲聽了了，此處是吾家』。詩骨甚清，肖其爲人。〔註91〕

這些文人在遭遇社會動亂和家國變易時，感感無力扭轉時局，憂憤之心無處發洩。這樣的心志，已無法藉著遊走山林來轉移，而必須要有一套人生哲思，才能讓鬱結的心得到紓解，因而普遍將情感寄託於宗教，藉著參禪悟道，化解胸中的苦悶。

# 小　結

　　臺灣原住民文化中存在一種和諧無爭的狀態，清初郁永河形容當時臺灣的原住民：「不識不知，無求無欲，自遊於葛天、無懷之世，有擊壤、鼓腹之遺風。」〔註92〕他從異文化的角度，對臺灣近乎「原始」的平埔族文化，形容是中國上古時代和諧無爭的社會。在臺灣的原住民族的生命觀中，人是大自然的產物，生存與死亡是自然的循環，如同日升日落一般。他們崇尚自然，順應與山林間和諧對應的自然法則，重視心靈更甚於身體，因此有豁達開朗的民族性格。

　　美國學者鄧津華（Jinhua Teng）曾以「原始主義修辭」討論清初文人對臺灣的書寫，他們習慣把番人比喻爲古代人，描寫臺灣的原住民簡單、簡樸的生活，是文人心中期望原始主義的生活理想。另一方面又使用「文化低落修辭」，展現種族和文化的優越感，充滿矛盾。〔註93〕誠然，清領時期宦遊文人

---

〔註91〕　王松，《臺陽詩話》（臺灣文獻叢刊 34），上卷，頁 34。
〔註92〕　郁永河，《裨海紀遊》（臺灣文獻叢刊 44），頁 33。
〔註93〕　（美）Teng, Emma Jinhua（鄧津華），《Taiwan's imagined geography : Chinese colonial travel writing and pictures, 1683～1895》（Cambridge：Harvard University Asia Center,2004），頁 492～499。

來到異鄉臺灣，難免會有化外蠻荒、窮山惡水的嫌憎與驚恐，但當他們久留臺灣，習慣此地的山水人文之後，自然會懂得欣賞自然之美，甚至融入其中，如同吳玉麟詩：「野服飄飄葛履輕，登臨聊此擬蓬瀛。」〔註94〕面對眼前山林海濤景致，除了表現出文人適意輕鬆的心情外，亦可見他們對山水的移情和想像，想像來到的是蓬萊仙境，過著飄然逍遙的生活。

不可否認的，在臺灣文化的形塑過程中，漢文化與移民想像是極為重要的，然而其後所延展成為臺灣特有的文化質性。更真切地說，這些文人本著中國儒道思想的文化底蘊，還要再加上臺灣特殊的山水逸氣，最後交疊構成臺灣仙鄉淨土的文化意象。因此，就環境因素而言，臺灣文人的曠放氣質，是因為自然山林濡染；就文化傳播而論，是宦遊臺灣的中土文人，將隱逸山水、淡泊物外的儒隱精神植根於本土文化中。從臺灣文人的隱逸情懷中，我們清楚地看到中土文化與本土文化交互構成的軌跡，而其中的文化意涵，約可歸納以下數端：

## 一、對時局的無奈與悲情

臺灣文人隱逸情懷的生成，大多是面對外在環境的消極因應，包含舉業艱辛、仕途無著、社會動亂或改隸之痛。典型的例子是大陸來臺宦遊者，初到時盡是無奈、思鄉之情，但是當他們久居臺地後，反而有種遠離塵囂的世外感，如孫元衡詩云：

> 推擠不去已三年，千首詩拋海一邊。初到似謫還似謫，即今疑幻卻疑仙。
>
> 後車何處無前轍，大國由來是小鮮。疏懶不愁魚鳥笑，刺桐城裏得安眠。
>
> 〔註95〕

多數的官員無奈地離鄉背井，有種貶謫流亡之感，但當他們漸漸融入臺灣的生活文化，卻有一種似幻似仙的矛盾與錯覺。三年的任官，他開始說服自己，依循前人的經驗，治世必須無為，對於臺地疏懶的生活步調，自然可以悠然自處、安穩成眠。詩中訴說著遠宦士人面對環境與遭遇的內心轉折與調適。

另外，當臺灣社會陷入動亂，文人對時局無力改變時，心中會有仙境幻滅般的失望，清中葉，彰化文士陳肇興在同治元年（1826）戴潮春事變中寫

---

〔註94〕 吳玉麟，〈九日登打鼓山〉，收入《臺灣詩乘》（臺灣文獻叢刊64），卷2，頁79。
〔註95〕 孫元衡，〈留滯海外倏踰三載追維所歷不無嘅焉〉之三，《赤崁集》（臺灣文獻叢刊10），卷4，頁74。

到：「從此瀛壖無樂土，荊榛塞路亂蓬飛。」〔註96〕這種文人的失落感在乙未臺灣割讓給日本時，達到最高峰。晚清秀才林朝崧曾痛呼曰：「家本蓬萊海中住，日出咸池見鄉樹。劫灰飛到仙山來，身騎白黿且西渡。」〔註97〕呼應臺灣「蓬萊仙境」的文化意象，文人表達對仙境的懷想與現實的幻滅，鋪陳了張力十足的悲劇效果。

乙未時力主抗日護臺的丘逢甲（1864〜1912），亦是滿腔的悲痛憤恨，「那有仙山樓閣在，劇憐左股割蓬萊。」〔註98〕他對臺灣的沉淪耿耿於懷，留下名詩「宰相有權能割地，孤臣無力可回天。扁舟去作鴟夷子，回首河山意黯然。」〔註99〕表明對時局的不滿，在無力回天的情況下，只得選擇避走大陸，這種情況恰與清領宦遊臺灣的文士相反。臺中文人謝道隆（1852〜1915）道出了內渡文人的無奈：

> 腥風吹到劫灰飛，海島孤懸困四圍。避地人因驚鶴唳，覓巢鳥爲戀雛歸。
>
> 重分社肉情猶洽，再整門楣事已非。無奈深山狼虎穴，夷齊難採首陽薇。
>
> 〔註100〕

文人連隱身避禍都不可得，顯見當時遺民的悲哀。

另一位有名的抗日詩人洪繻（1867〜1929）在乙未割臺後，對臺灣仙島的淪落感觸最深，〈看花感賦〉之三：

> 玉碎崑崙珠碎淵，蛾眉何處逞嬋娟。塵生閬苑難爲麗，水涸蓬萊莫問仙。
>
> 芳草美人榛莽裏，桃花明月劫灰前。天寒翠袖憐修竹，其奈豺狼在道邊。
>
> 〔註101〕

他慣以蓬萊樂園形容臺灣這塊故土，乙未之後的臺灣淪爲洪荒世界，並藉山水遊歷，表現出遺民的悲傷和憤慨。這批遭逢亡國之痛的臺灣文士，縱使懷抱著高風壯志，卻只能抑鬱消沉地流連山林，寄情詩文以終。

---

〔註96〕陳肇興，〈二十日彰化城陷〉，《陶村詩稿》（臺灣文獻叢刊144），卷7，頁91。

〔註97〕林朝崧，〈得梁子嘉書賦長句奉答〉，《無悶草堂詩存》（臺灣文獻叢刊72），卷1，頁27。

〔註98〕丘逢甲，〈秋懷五疊前韻〉之七，《嶺雲海日樓詩鈔》（臺灣文獻叢刊70），卷10，頁203。

〔註99〕丘逢甲，〈有感書贈義軍舊書記〉四首之二，《嶺雲海日樓詩鈔》（臺灣文獻叢刊70），卷6，頁128。

〔註100〕謝道隆，〈歸台〉，收入《全臺詩》，第十一冊，頁55。

〔註101〕洪繻，〈看花感賦〉，《寄鶴齋詩選》（臺灣文獻叢刊第59），頁91。

## 二、儒家式的隱避和心靈安頓

　　清領時期臺灣社會長期接受儒學教化，受理學影響，哲思上儒、佛互參。文人在面對逆境時，頗知進退之道，如《論語・衛靈公》所言：「邦有道則仕，無道則隱。」審時而動，懂得退處隱避、修身養志，以待有道之時。深受儒化的臺灣文人，在挫折、危亂之中，先求「隱心」，他們以詩文寄託情志，從而找到心靈的安頓，是與時推移的自處之道。

　　以鄭用錫為例，身為開臺第一位進士，他兼具經世濟民與隱退守身的情懷。他在晚年仕宦歸隱後，仍積極參與建學宮、修橋渡、賑飢寒、恤孤寡等公益，甚至募集鄉勇，協防外侮犯臺，並任教書院，作育英才。即便是隱居園林，也常心繫世情。如同治年間擔任臺澎兵備道的丁日健，因戴潮春之亂與林占梅、鄭用錫有所往來，後丁氏與武將曾元福、林文察不和，稱病請辭。鄭用錫感歎惜才，特地作詩慰勉之，期許他趁著年輕有才識，要以國事為重，不應輕言隱退。〈聞丁述安司馬日健郡城購園亭多植花木亦分八景書此寄之〉詩曰：

> 山房雙桂苦栽培，小山招隱非公志。榴花豔照眼中明，五月開軒應獻媚。
>
> 松生書屋帀地陰，此是公家夢所致。掃徑吾亦愛吾廬，廣廈誰作萬間庇。
>
> 惟公邱壑足胸中，不拘於吏爲仙吏。故山猿鶴不須愁，數笏石存歸岫意。
>
> 〔註 102〕

又如〈北郭園即事〉嘗謂：「愧無廣廈庇歡顏，舞鶴匡床日往還。」〔註 103〕可見鄭氏心中仍是屬儒家傳統的「窮則獨善其身，達則兼濟天下。」而他晚年的隱避，並非佛、道的「遁世」、「逍遙」那樣自覺式的、追求逍遙自在的生命情調。

　　林占梅雖亦隱身園林，然其詩文中多見社會關懷及情意感興〔註 104〕，鄭用錫曾給林占梅的〈戲贈鶴珊〉詩中窺見端倪：

> 託迹潛園宇宙寬，故鄉歲月樂盤桓。使君疑是陶宏景，既愛山林更愛官。
>
> 〔註 105〕

---

〔註 102〕鄭用錫，〈聞丁述安司馬日健郡城購園亭多植花木亦分八景書此寄之〉，《北郭園詩鈔》（臺北縣：龍文，1992）卷 1，頁 82～83。

〔註 103〕鄭用錫，〈北郭園即事〉，《北郭園詩鈔》（臺灣文獻叢刊 41），卷 3，頁 125。

〔註 104〕陸翰芬曾論其詩曰：「十年泉石常懷國，千首詞章半憶親。」見《臺陽詩話》（臺灣文獻叢刊 34），下卷，頁 46。

〔註 105〕鄭用錫，〈戲贈鶴珊〉，《北郭園詩鈔》（臺灣文獻叢刊 41），卷 5，頁 189。

可見他們的遁迹隱避是一種對應時局的自處之道，實則心中仍具有經綸世務之心。

　　臺灣文人傳承中國的隱逸文化傳統，面對內心的仕隱掙扎，外在的社會動亂，他們不若道家佛家的逍遙、超脫，而是以儒家的隱避哲學，如同張潮《幽夢影》所言：「胸藏丘壑，城市不異山林；興寄煙霞，閬浮有如蓬島。」〔註106〕，當社會動盪不安、個人遭受困阨時，詩人以「桃花源」來塑造理想的空間，讓心靈得當安慰。基本上他們是在對應外在環境的逼迫，尋找自我調適的生存之道，從園林、山林等自然環境中尋求共鳴，並且在佛道寺院中找到慰藉，甚至是藉著迷離的夢幻與仙境，以騰升、麻醉自己來超脫現實困境，可見文人的隱避行為，主動地安排了生命的律動，才能在浮世紅塵、動亂的社會中，找到自我的生命定位。

---

〔註106〕張潮，《幽夢影》（臺北市，三民書局，2010），頁175。

# 第三章　幽居廬舍──詩意的棲居

　　十九世紀德國浪漫派詩人荷爾德林（Johann Christian Friedrich Hölderlin）在貧病交加、居無定所的狀況下，寫了首詩〈人‧詩意地棲居〉，他寫道：「當生命充滿艱辛 /人或許會仰天傾訴，我就欲如此這般？ / 誠然，只要良善純真尚與心靈同在 /人就會不再尤怨地用神性度測自身。… / 充滿勞績，然而人詩意地 /棲居在這片大地上。」「詩意的棲居」是指無論在任何的生存條件下，人都要愜意地生活，重要的是有一顆良善純真的心，亦即澄明的心靈，就可以讓人得到自由和解放。荷爾德林的詩意，顯然是一種理想的心理狀態，人處在天地之間，與自然和諧共處，快意山林、仰望星月，享受心閒意適的愜意生活。不管是人生是得意或失敗，不論是身居朝市，或是棲身山野，只要澄懷靜慮，保有一顆自由逍遙的心，便能目空一切。如同哲學家海德格爾詮釋道：「作詩首先把人帶向大地，使人歸屬於大地，從而讓人進入棲居之中。」[註1] 透過想像冥思，廬居就不再狹小幽閉，而是無盡開闊的詩意天地了。

　　「廬舍」指簡樸的居室，是相對於士人仕宦所居住的華屋。古代隱居不仕的文人，常選擇接近山林幽深處，蓋一間簡單的茅廬，以避開人群，獨自生活。隱士之所以「幽居」，是帶著一種「避離」的心情，希望能避開俗世的干擾，能清靜無欲、守拙養真。《荀子‧解蔽》曰：

> 空石之中有人焉，其名曰觙。其為人也，善射以好思。耳目之欲接，則敗其思；蚊虻之聲聞，則挫其精。是以闢耳目之欲，而遠蚊虻之聲，閒居靜思則通。[註2]

---

〔註1〕（德）馬丁‧海德格爾（Martin Heidegger）著，丹明子編，《海德格爾談詩意地棲居》（北京：中國工人，2011），頁101。

〔註2〕王先謙，《荀子集釋》（臺北市：師大出版社，2012），頁89。

「避居」是爲了求「靜」，人的耳目感官，是欲望紛擾的根源，所以隱者皆選擇隱居山林中，爲的是要避開俗物雜音，以安靜清逸的生活，讓自己心思沉靜，自然能通情達道。

隱士的生活，在物質上看似簡樸，但精神層面上卻是豐富多樣的。他們選擇回到出生之地，就算是住在破落的茅廬，都是美好的。因爲對他們而言，廬舍不僅是簡單的空間概念，還包含優雅的出入起居、親密的家人互動、閒散的庭院游止等生活狀態，其中更隱含著美好的回憶、幸福的想像。如同法國哲學家加斯東‧巴舍拉（Gaston Bachelard）所說：

> 家屋是人類思維、記憶與夢想的最偉大整合力量之一。……家屋爲人類抵禦天上的風暴和人生的風暴，它既是身體，又是靈魂，是人類最初存在的世界。……人在被「拋入世間」之前，乃是躺在家屋的搖籃裡。〔註3〕

家屋是人類棲居在世界上的重要堡壘，它承載著美好的回憶和夢想，當人們遭受挫折、感受威脅、灰心頹喪時，家屋提供了母體般的安全感，重新回歸活在受庇護的記憶中，令人溫暖、安心，並成爲生命情感、心靈的重要寄託。陶淵明詩曰：「居止次城邑，逍遙自閒止。坐止高蔭下，步止華門裏。好味止園葵，大歡止稚子。」〔註4〕雖然生活在有限破落的居室空間中，沒有豐美的物質享受，但精神上卻是溫馨滿足的，特別是有家人相伴的天倫之樂，是無可比擬的幸福感受。

隱士退居山林之間的廬舍，通常是簡單樸素的，因爲奢華富麗的房舍將與山林自然格格不入，原始風貌、小而簡單的空間會帶給人溫暖，並有私密感。閒居的空間中，居室僅是其一，屋外的庭園、小徑，乃至於視線可及的山林景致，都是定義下的隱逸空間，在此隱士可以吟詩、飲酒、彈琴、奕棋、觀雲、賞花等，甚至是與自然的對話，都足以彌補現實居處的孤獨寂寞，成爲優雅高尚的生活標誌。如果說，「居室」代表的是隱者樸拙的內心世界，那「自然」則可視爲隱逸者心靈超脫、自由邀遊的天地。恬退者可在居室之內寄託身心、靜養保眞；而積極體道者則常以居家爲中心，透過動態的「觀」與「遊」，靜觀外物，遊於自然，感發而爲詩歌創作，都是對閒居生活的體會和理想的追尋。

---

〔註 3〕（法）加斯東‧巴舍拉（Gaston Bachelard）著、龔卓軍、王靜慧譯：《空間詩學》（臺北市：張老師，2003），頁 68。

〔註 4〕陶淵明，〈止酒〉，《陶淵明詩箋證稿》（北京：中華書局，2007），頁 341。

退居山林的隱逸生活，孤獨寂寞是重要的生活基調。陶淵明在〈歸去來辭〉裡敘述他家居的情形：

> 倚南窗以寄傲，審容膝之易安。園日涉以成趣，門雖設而常關。策扶老以流憩，時翹首而遐觀。雲無心以出岫，鳥倦飛而知還。景翳翳以將入，撫孤松而盤桓。

待在狹小的居室中，卻感到安心滿足，只要倚窗凝望，便有傲人出世之心，足見他恬退自適之情。看似形體處在狹窄的空間，但內心卻是自由而開闊的；相對於他任官時，身居華屋大宅，心卻是侷促狹隘。而走出屋外得以流憩、遐觀，都是空間的無限延伸，耳目所及，白雲、飛鳥、暮色、孤松等自然大化，都足以讓隱士有無限的浩瀚感，成為隱逸生活的重要元素。

縱使是孤獨幽居的生活，基於隱逸的心志，隱士們總能從中尋找到生活的情趣。唐代杜甫避亂成都時，築草堂棲隱，且看他的成都草堂的空間書寫：

> 轉枝黃鳥近，泛渚白鷗輕。一徑野花落，孤村春水生。衰年催釀黍，細雨更移橙。漸喜交遊絕，幽居不用名。〔註5〕

詩人幽居草堂，息交絕遊後，取而代之的是與自然萬物的交往，不管是枝頭鳴叫的黃鳥、遊於沙洲的白鷗、落滿小徑的野花、寂靜的村莊、圍繞著的春水，在詩人心中都產生了閒適之情。那怕是在年老不好的釀酒、細雨間移橙的農忙生活，相形之下都顯得淳樸單純，這是隱士們轉換孤獨的情境，代之以幽靜、淳真、自然的生活意境。

隱逸生活的另一項特質是「樂」，是一種令人愉悅、自在的心理狀態及生命態度。孔子稱許顏回：「一簞食、一瓢飲，在陋巷，人不堪其憂，回也不改其樂。」講的就是士人安貧樂道的人生態度，也隱含著擺落世俗功利的超脫境界。《論語‧先進》提到孔子讚許曾點「莫春者，春服既成，冠者五六人，童子六七人，浴乎沂，風乎舞雩，詠而歸。」後人認為這是無滯無累、灑落逍遙的至樂，為士人追求的理想生命狀態。這種自我調適的態度，落實在隱逸文化中，便是透過閒居修煉曠達的心性，以便達到人生「至樂」的超越境界。特別是面對無法改變外在環境的現實下，以個人內心的自我調適對抗外在處境的困頓。

臺灣新竹詩人王松（1866～1930）在乙未世變後，自號「滄海遺民」，他絕意仕進，過著閒居山林的生活。他作詩曰：

---

〔註5〕杜甫，〈遣意〉二首之一，《杜詩錢注》（臺北市：世界書局，1998），頁585。

不求名利寸心安，且把詩篇割愛刪。案有奇書消白晝，門無俗客只青山。
身爲清節衣冠後，自愛風流水石間。半世生涯渾是醉，一憑魚鳥笑癡頑。
〔註6〕

「不求名利」是心靈安適的根源，隱士的生活多半是詩酒相伴，流連於山林
泉石之間，在內在的修養上，保持知足常樂、心志和順；外在則透過遊觀活
動，在山水自然之中尋求樂感。

　　隱士從「避居」、「孤獨」到「至樂」，從外在環境開始，逐步建構自我
內在的精神歸宿，體現歸隱的旨趣。而在清領時期的臺灣，有許多賦閒在
家的士人，有些是遂性隱逸、有些是山居避亂，或有移居海外的棄民，皆
在廬居生活中，找尋精神的安慰及生命的出口。本章將從這些閒隱詩人的
詩作中，探究他們在避居的生活當中，如何透過居處空間的敘寫，表現出
遂性、避禍、靜觀、養生、悟道等隱逸情態，藉以說明閒居詩人們的隱逸
情志。

# 第一節　幽居茅廬處士家

　　明清時期的臺灣，閒隱山林的士人不再像古代隱士一樣孤高苦行，他們
擇地築屋，首重周圍環境，是否離塵遠俗，是否有自然美景，其次才是居室
的舒適與否。隱士常將自己的居所稱作「茅舍」、「草廬」，是一種簡樸原始的
生活想像，藉此表現淡泊名利、不重物質享受，相對於居室的舒適程度，他
們更在意的是心靈上的自由閒適，因此在詩中常強調的是悠閒適意、安祥和
樂的生活狀態。而缺乏人際互動的生活，通常會將大自然的雲霧風月、蟲魚
鳥獸擬人化，產生互動與對話，增添生活的樂趣。另外，隱士透過生活意境
的神仙想像，有時則是與志同道合之士的詩酒唱和，傳達一種生活的樂感，
明顯地破除了傳統隱逸的孤苦形象。

　　中國的隱士慣以「草廬」或「蓬廬」稱呼自己隱居之所，「草廬」原是原
始簡樸的屋舍，有時並非真的簡陋，只是一種簡樸的意象，以及原始自然的
生活形式。對隱士而言，回歸原始是很重要的訴求，代表本初的純真性情和
極低的物質欲望。臺灣縣文人章甫（1755～1816）絕意仕途，設教里中，過
著淡泊世事的生活。他常作詩表達理想的隱逸生活：

---

〔註6〕王松，〈山居遣興〉，《如此江山樓詩存》（臺灣文獻叢刊50），頁30。

置身若在古風初，何必華堂不草廬。尚有閒閒高士畝，謾來子子大夫旛。

莊周是蝶渾忘蝶，惠子非魚卻樂魚。火食幾人曾斷去，的應飲水讀仙書。

〔註7〕

隱逸生活不需華美的堂室，只要簡單的草廬，可以像古代高士般悠閒地在田
畝間耕讀，彷彿回到原始的淳樸社會。重要的是沒有俗務的紛擾，能斷絕塵
世的關係，就如同莊周夢蝶、濠梁游魚一般，逍遙快樂、物我兩忘。「謾來子
子大夫旛」是明白拒絕世俗功名，「火食斷去」、「讀仙書」則是清高隱逸之舉。
詩人明確地表達棲居草廬、淡泊名利的隱逸情懷。

　　他的另一首詩同樣強調山居生活輕物質而重精神的情志：

斗室百空虛，中涵萬卷書。琴棋聊與共，貧病若相於。退處生人後，

追維造物初。馬牛呼不管，吾自愛吾廬。〔註8〕

詩人對居室空虛簡陋不以為苦，對於萬卷詩書卻感到滿足，有了琴棋詩書相
娛的生活，貧病就算不上什麼苦了。這道理如同陶淵明的「飢凍雖切，違己
交病。」精神層面的滿足，遠在物質條件的需求之上。他期待退避塵俗、回
歸原始質樸的生活，可以像古代無懷、葛天氏之純樸無欲的狀態。「愛吾廬」
是欣慰自己有所歸宿和依靠，不僅是詩人對家庭廬居的熱愛，同時也是表達
對清靜自守的隱居生活的一種堅持。

　　相對於簡樸的廬舍，隱士通常會把心思轉移到戶外的自然景物上，以消
解孤獨、寄託情志。如章甫的〈買隱〉詩：

買隱入山林，雲煙密且深。松根支晚節，蘆葉淡秋心。補屋蔽風雨，

擁書羅古今。偶然天籟發，吟韻答鳴禽。〔註9〕

章甫買山隱居，住的是簡陋廬舍，為了遮蔽風雨，還得修修補補。然而，
物質上的缺乏，往往可以因精神的富足而得到彌補，書籍裡有無盡的天地，
可讓人遨遊其中，亦即借助古今書籍，排遣獨居的寂寥。而居家之外的自
然景物，雲煙、松林、蘆葉等都是生活的陪伴，「節」、「淡」同時也襯映出
詩人的情志。就連偶爾聽到的禽鳥鳴叫，都像是與人吟唱對答，彷彿一切
都是天作之合。詩人的隱居生活非但不以貧苦為意，反而在自然之間得到
生活情趣。

---

〔註7〕章甫，〈雜詩平韻〉三十首之六，收入《全臺詩》，第三冊，頁349。
〔註8〕章甫，〈草堂即句〉，收入《全臺詩》，第三冊，頁327。
〔註9〕章甫，〈買隱〉，收入《全臺詩》，第三冊，頁325。

另一位臺灣縣文人陳輝（？～？），也是性情淡泊、閒隱山林，對於破敗的廬居同樣不以爲意，他曾作詩云：

> 窮居忘我拙，涉世懶逢迎。壁破牽雲補，窗疏待月生。蓬廬天地闊，
> 塵事羽毛輕。好就杯中酒，狂歌一放情。〔註10〕

他的廬舍牆壁破損、窗戶疏漏，卻豁達地拿雲來修補、倚著破窗看月。對隱士而言，廣闊的天地可以是廬居，因此雖然窮居拙生，卻有無限寬廣的天地爲家，足以讓人忘卻貧困的現實，放懷飲酒狂歌。他的生活也強調自然之趣，詩曰：

> 買隱山村跡已深，軒車過客莫相尋。清泉白石通幽趣，野鶴溪鷗達素心。
> 看罷晴雲峰有色，釣餘寒月水成陰。許由原有高風在，未輟箕山得意吟。
> 〔註11〕

詩人入山爲隱，雖斷絕與人的交往，但生活卻充滿趣味。他徘徊於居室外的大自然中，細觀清泉、白石、野鶴、溪鷗、晴雲、青峰等美妙的景象，進而產生情意共鳴。他觀賞雲山的變化，在寒月下獨釣，生活充滿著自然的情趣。這一切的樂感並非眞由自然風物所給予，而是來自於詩人內在的情意想像，主觀上對山水鳥獸的絕妙體悟。

另外，陳輝也曾探訪一位隱士林羽叟，描述到他的生活情態：

> 羽叟先生不窳居，超然物外葛天初。青山雨度雙花塢，綠野煙消一草廬。
> 醉倚壺觴閒歲月，吟依几席樂琴書。竹橋秋水相逢處，洗滌煩襟興有餘。
> 〔註12〕

廬居名曰「不窳」，似乎暗喻著草廬雖然簡陋，主人卻非粗鄙之人，並且直接說他超然物外，如同古時的葛天氏。不窳居可以眺望青山，雨後的花塢特別清新秀麗，草廬邊雲煙散去後，一片綠野迎人。而面對如此風景如畫，隱士鎮日詩酒閒吟、琴書自娛，倘佯在自然山水間，洗盡一切塵俗煩憂，這樣的隱居生活堪稱「至樂」。

另一個山居的代表是淡水舉人陳維英（1811～1869），晚年隱居在淡水龍峒山（今臺北市圓山）的「太古巢」。陳維英曾任閩縣教諭，歸鄉後任教宜蘭

---

〔註10〕陳輝，〈自題〉，收入《使署閒情》（臺灣文獻叢刊122），卷2，頁68。
〔註11〕陳輝，〈買隱〉，收入《續修臺灣府志》（臺灣文獻叢刊121），卷25，頁936。
〔註12〕陳輝，〈不窳居訪林羽叟〉，收入《續修臺灣府志》（臺灣文獻叢刊121），卷25，頁930。

仰山書院、淡水學海書院，人稱「陳老師」。咸豐九年（1859）以 49 歲高齡中舉。後因家中親人相繼辭世，悲慟之餘，頗感人生無常，因辭官歸鄉，建「太古巢」，以爲安養之所。

　　「太古巢」之名，取「山靜如太古」之意，陳維英自喻是白燕投胎，把居處名之曰「巢」。位於龍峒山的山麓，他築了草廬兩三間，居高臨下，近鄰劍潭幽勝，並可眺望大直山、大隆同溪（今淡水河），詩情畫意，悠然宜居。他有詩曰：

　　　　小屋如舟結構新，其間信宿脫風塵。明朝歸去誇朋輩，我是羲皇以上人。

〔註13〕

他隱居的草廬簡樸，小巧如舟。而築屋山間，完全是爲了離群索居，希望能像太古之人一樣，過著無憂無慮的閒適生活。他常寫道隱居生活的情態：

　　　　山無甲子不知年，國入華胥夢枕邊。樹老豈栽盤古日，枝棲獨闢有巢天。

　　　　兩儀石叫驚山鬼，八卦潭澄問水仙。自笑草廬開混沌，結繩坐對屋三椽。

〔註14〕

他過著神仙一般的生活，不知甲子歲月，如同在夢境的「華胥國」，盤古、有巢氏的時代，可以與山鬼、水仙相通。詩人想像自己處在天地初創、原始社會之下，過著無欲無求、與世無爭的生活。這樣的想像，可以說明爲什麼隱士的家居大都是簡陋的茅廬、草堂。

　　與陳維英同榜的金門舉人林豪（1831～1918），常往來「太古巢」，作詩相和，有詩曰：

　　　　高臥羲皇不記年，巢居小築碧潭邊。眼中清淺看蓬島，世外煙霞想葛天。

　　　　境似高人忘熱惱，身從平地作神仙。古懽共領巢由趣，容膝盤桓屋數椽。

〔註15〕

他清楚地說明「太古巢」意境的營造，山谷下的劍潭讓人想像爲海外蓬島，山間煙霞使人覺得身處葛天氏時代。雖然只是幾間簡單屋舍，僅止棲身盤桓，但有如此景致和意境，讓人堪比神仙、忘卻一切煩憂。詩人把質樸無欲的原始社會和無憂無慮的神仙世界連結在一起，構成一個理想的隱逸世界。

---

〔註13〕　陳維英，〈太古巢即事〉十三首之十三，收入《全臺詩》，第五冊，頁 166。

〔註14〕　陳維英，〈題太古巢〉，收入《全臺詩》，第五冊，頁 163。

〔註15〕　林豪，〈陳迂谷同年所居怡園之西因山構屋題曰太古巢前俯八卦潭上有雞鳴石諸勝余一再過訪同年出詩索和次韻奉酬〉二首之一，《誦清堂詩集》（臺北縣：龍文，2006），卷 6，頁 106。

　　與章甫、陳輝的隱逸世界不同的是，陳維英的山居生活中，除了與自然萬物的感通之趣外，另有一種詩酒之歡的生活樂感，可以說是對應著他想像中的神仙世界。陳維英有聯句曰：

> 因思林泉幽僻地，屏嶂襟江，茵花幄樹，祇撩草安排，便成坦蕩蕩
> 境，宜酒與詩。〔註16〕

他喜好自然林泉，因此居家倚山爲鄰、納水爲院，可盡賞山光水色、自然花木。除此之外，作詩飲酒，風流雅趣，才是士人追求的逍遙生活，詩人往往藉著把酒吟詩，才能佐歡暢懷、浪漫抒情，盡顯超塵離俗的隱逸風範。

　　其實早在咸豐五年（1855）陳維英便曾在淡水觀音山獅子巖寺附近修建一處別業，名曰「棲野巢」，在他 49 歲之前一直棲居在此。他有〈西野巢山房〉聯句曰：

> 桃源小口初猶狹，蔗境倒頭入漸佳（第一重門）。到戶任題鳳字，閉
> 門且讀牛經（門旁即牛柵）。〔註17〕

「西野巢」亦即「棲野巢」，宅第的設計入口稍小，入內後逐漸寬敞，頗有「桃花源」中「柳暗花明又一村」的意境。咸豐三年（1853）一場漳泉的分類械鬥，讓陳維英在大龍峒的祖居盡被焚燬，只好避入觀音山，在此潛居讀書，遠離人世的紛擾，他作詩道：

> 漫道爲儒不解禪，此間幽隱謝塵緣。巉岩圖畫門前石，斷續琴聲澗底泉。
> 恍寓夔州峰十二，如遊瓊島界三千。浮雲無事何須問，半日清閒卻是仙。
>
> 〔註18〕

他悠遊於山林之間，奇峭山岩，和著琴聲泉鳴，想像那巫山雲雨的十二峰，恍如遊歷仙境瓊島三千界。好友鄭用錫曾賦詩形容：

> 四面青山爽氣浮，何人卜居最高頭。此墩終屬謝石安，勝地今爲陳太邱。
> 古寺鐘沉獅子吼，疏林日暮鳥聲幽。分明一幅倪迂畫，合與先生雅號留。
>
> 〔註19〕

別業四面環山，疏林秀石，日暮鳥鳴，搭配上佛寺的暮鼓晨鐘，一幅清逸淡雅的山水畫，有如元代倪瓚畫中清高絕俗的意境。詩中引用魏晉呂安與嵇康

---

〔註16〕　陳維英，〈太古巢〉三首之一，收入《全臺詩》，第五冊，頁 211。
〔註17〕　陳維英，〈西野巢山房〉聯句，《太古巢聯集》（臺北縣，龍文，2006），頁 80。
〔註18〕　陳維英，〈題西雲岩雜詠〉十首之三，收入《全臺詩》，第五冊，頁 167。
〔註19〕　鄭用錫，〈陳迂谷中翰移居獅子巖齋額曰棲野巢賦此贈之〉，《北郭園詩鈔》（臺北縣，龍文，1992），卷 2，頁 120～121。

的門上題鳳典故，是說明陳維英棲居山林，與朋友詩酒歡娛，隨喜而安之意，足見其淡泊任性。

宜蘭文人李逢時（1829～1876）曾經探訪一位隱者，提到隱居之處云：

> 隱者居何處，重巖日欲曛。杉松多古色，蘭茝自清芬。客路通紅葉，
> 人家住白雲。山深風氣別，高臥謝塵氛。[註20]

從詩文看來，這位隱士深居山林，還得費神探尋。果然居處高山崇嶺、白雲深處，而周圍多松杉古木，蘭芷香草，遠離塵氛的深山裡，別有佳氣。

這樣的山林隱士，顯然是李逢時所嚮往的。後來他在宜蘭枕頭山下尋得一片地，築建了「棲雲別墅」。「棲雲」意指棲身高山雲霧之間，具有隱逸山林的情趣。居處名為別墅，其實只是簡單的數間草廬，他在山上遍植果樹、花木，待桃李花開時，滿山風情，詩意盎然。他在詩中描述道：

> 問余何與俗塵疏，只為尋幽興未除。修竹自村半弓地，小山斜枕數間廬。
> 鳥穿紅葉聲邊過，雲占青山缺處居。真個涉園多趣事，不妨棲比狎樵漁。
>
> [註21]

詩中他悠然於遠離俗塵的幽靜生活，數間草廬，依山而建，修竹圍繞，時而有鳥兒穿梭樹間，婉轉鳴叫。白雲高居一處，像是與詩人、青山相伴，這樣的居住環境，充滿視覺、聽覺的享受，並且有優雅的自然情趣，直比隱逸不群的漁樵生活。

李逢時是在仕途不遇、諸事困頓後，選擇避居山林，雖然經濟條件不寬裕，但他毅然地從城市出走、隱入山林，採取「恬退守拙」的生命哲思，這也是中國士人面對外在險惡環境的因應之道。當他面對困頓，可以適時轉換心境，淡然處之，詩云：

> 讀盡尼山破爛書，窮年矻矻小蝸居。衡茅不改吾心樂，伴塢梅花帶月鋤。
>
> [註22]

詩中表現出他對現實條件的妥協，隨遇而安、恬淡自適的生活態度。他也常作詩與友人分享閒隱生活的樂趣，如「吟窩隨處樂，宜隱此時然」[註23]、「不

---

〔註20〕 李逢時，〈訪隱者居〉，《泰階詩稿》（臺北縣：龍文，2001），頁112。

〔註21〕 李逢時，〈暮春與同人遊棲雲別墅〉二首之一，收入《全臺詩》，第九冊，頁28。

〔註22〕 李逢時，〈漫興〉三首之三，《泰階詩稿》（臺北縣：龍文，2001），頁153。

〔註23〕 李逢時，〈贈袖海王縣佐〉之二，《泰階詩稿》（臺北縣：龍文，2001），頁61。

騎欵叚不騎羸，踏遍城南行樂窩。」〔註24〕、「終隱林泉樂幾何，名山到處是吟窩。」〔註25〕不管世事的變化如何，他總是能找到一個調適的方式，安居、吟詩、遊覽等，讓自己心理始終處在「安樂」的狀態。

　　新竹文人林占梅（1821～1868），雅好園林，他與許多當時隱居山林的隱士交遊，當時多以「山人」稱之，表示潛居山林、不問塵事之意。如樓居淡北的林山人，林占梅有詩云：

　　　　峰迴流水轉，徑曲小村偏。松竹門庭外，山池几席前。高吟蟬和韻，
　　　　罷釣鷺同眠。賞遍幽樓處，吟懷此渺然。〔註26〕

山人的居處山峰環繞流水蜿蜒，偏僻的小村，小徑曲折，門庭種植松竹，山水盡收眼前。居停之間常有鳥叫蟲鳴，一起唱和、陪伴入眠，過著安穩恬適的生活。

　　另外有幽居在曲水岩的李山人，林占梅作詩曰：

　　　　曲水縈迴入，孤村窄葺棲；綠蘿牽老屋，碧蘚淨幽溪。山斷浮雲續，
　　　　林高落日低。主人何處去，獨鶴步橋西。〔註27〕

曲水環繞，孤村傍樹、綠蘿老屋、碧蘚幽溪，鋪寫了幽深孤寂的山居生活。

　　另一位楊山人亦深居山中，他潛心修佛，透過林占梅的詩，得以勾勒出他的隱居環境：

　　　　長松無數護吟樓，一派濤聲枕上幽。讀罷黃庭經一卷，橫琴再鼓碧天秋。
　　　　雨後空山夜氣清，如銀月色遠峰明。翛然久坐雲根上，雲裡幽泉自在鳴。
　　　　藤床竹檻晚涼多，無數嵐光四壁羅。坐愛午晴新夢覺，穿窗時有白雲過。
　　　　成蹊瘦竹間寒梅，巖畔幽軒晚尚開。別有鐘聲清似水，竟隨歸鶴入林來。
　　　　抱膝長吟興不違，山居盡日掩荊扉。焚香默作楞嚴課，幾縷爐煙繞翠微。
　　　　盤根老樹倚雲煙，斗室濃陰欲暮天。一道寒流穿石出，品茶喜有自來泉。
　　　　〔註28〕

---

〔註24〕　李逢時，〈上巳日王海防小泉王縣丞袖海邀同人修禊於神農壇之葉亭適余別出不與斯會〉四首之三，《泰階詩稿》（臺北縣：龍文，2001），頁62。

〔註25〕　李逢時，〈子觀宗一兄之令甘肅詩以贈別〉十二首之四，《泰階詩稿》（臺北縣：龍文，2001），頁122。

〔註26〕　林占梅，〈過北勢內湖再訪林山人題壁〉，《潛園琴餘草》（新竹市：竹市文化，1994），卷8，頁660。

〔註27〕　林占梅，〈曲水岩訪李山人不遇〉，《潛園琴餘草》（新竹市：竹市文化，1994），卷2，頁115。

〔註28〕　林占梅，〈小住楊山人樓隱處題壁〉，《潛園琴餘草》（新竹市：竹市文化，1994），卷8，頁657。

楊山人的棲隱處所，具備有松、竹、梅、濤、泉、月、雲、嵐等豐富的自然意象，加上經書、琴音、鼓聲、鐘響、焚香、爐煙、茶水以及仙鶴，都是典型隱士的生活元素。而他沉醉自然、抱膝長吟、靜坐默想、自在喜樂，由外在的感官知覺，收攝而成內在的清淨自在，充份地體現了隱居山林的閒逸情趣。

林占梅另有一首〈過山間隱士家〉，也提到了隱士的山居生活：

> 竹籬環曲徑，茅屋傍林隈。葉積無人掃，花開引客來。煙霞招隱侶，
> 風雨老奇才。領略幽棲趣，烹茶喜共陪。〔註29〕

除了詩意的自然景色外，此處多了客人、隱侶，烹茶共話，同享幽棲的樂趣。與詩友互動酬唱，是閒居園林的特色，這也是承襲魏晉清談交游之風，隱士不再孤獨苦行，而是渴望志同道合的知音，詩酒文章、賞心晤對，過著逍遙快樂的生活。

臺灣的士人隱避山林，居住在簡陋的廬舍，卻沒有孤獨寂寞之感，反而透過與自然的互動感應，體會到和諧之樂。同時與志同道合之士往來，詩酒唱和，享受悠然自在的逍遙。他們超越現實的困境，努力建構自我內在的精神世界，逐漸走向樂感的人生，完全體現魏晉之後以逸樂為旨趣的隱逸哲學。

## 第二節　山河殊異避亂居

當士人面對政治的動盪、社會的紛亂、人生的浮沉時，生命處於朝不保夕，只能暫拋淑世之情懷，消極地恬退保身。一如老子當衰周之世，主張澹泊少欲，以保天眞；陶淵明處於晉宋易代之世，故竭力避亂以保身。臺灣在清領時期，社會時有民變、族群械鬥，特別是清末的乙未割臺之變，對臺灣的士人造成極大的衝擊。為了避亂保身，他們選擇移居郊野，或隱逸市井，甚至流落異地，潛居養志。這些被迫退隱的士人，通常仍抱著經世的情懷，只是「道不行，乘桴浮于海。」一時的隱避，是為了等待雲開天清時。因此，在心境上不若處士般曠達，他們棲居暫停山水間，卻無心於自然之美，懷抱著山河殊異的感慨，卻渴望離世索居、放懷山水。孤單無奈的情況下，時而懷憂、時而曠達，充滿矛盾的心情。

---

〔註29〕林占梅，〈過山間隱士家〉，《潛園琴餘草》（新竹市：竹市文化，1994），卷5，頁397。

　　鳳山文人卓夢采（1679～1868），字狷夫。邑庠生，性孝友，方正自持，精醫術。清康熙六十年（1721）朱一貴起事，曾慕名相招，卓氏堅辭不赴，遂舉家遁居鼓山，吟詠自娛。他自稱「高臥爲長策，孤栖是逸民。」〔註30〕鼓山亦稱打鼓山，位於鳳山縣城郊，緊臨海港。原爲平埔馬卡道族的部落，明嘉靖年間，倭寇海盜經常出沒，燒殺擄掠，橫行不去，於是平埔族人環植莿竹爲牆，以防禦賊寇侵襲。入清後，漢人逐漸遷入，在鼓山北側興隆里設鳳山縣治，康熙六十一年（1722），才正式興築土城。鼓山並非名山勝地，然近縣城，林木蓊鬱，差可藏身。他的〈避寇鼓山〉詩云：

　　　　誅茆巢栖處，逍遙物外天。蔦蘿常絆枕，狙猱欲偷筵。烽火關山隔，
　　　　咆哮夢寐連。無心看野鳥，洗耳聽幽泉。煮石堅仍在，敲詩記罕全。
　　　　夜深巖氣靜，長抱白雲眠。〔註31〕

詩中首揭躲避亂事、巢棲山林的逍遙自在，然而山居生活，並不愜意，生活常受蔦蘿、猿猴侵擾影響，加上掛心外面的戰事，縱使山間有鳥鳴泉咽，卻無心賞玩。詩人被迫隱避山間，過著煮石求仙、閒散作詩的生活，雖說逍遙物外，內心卻非絕對自在。

　　另外一位鳳山縣文人鄭應球（？～？），康熙年間恩貢生，他性情耿介，崇尙氣節。同樣面臨朱一貴事件，朱同黨欲強行召募，鄭氏不從，夜晚攜妻子遁逃而去，從此山居逍遙隱逸。他作詩曰：

　　　　淡泊無營意自寬，移家東郭近林巒。鳥吟白日春前樹，人整青山竹外冠。
　　　　張老已知成室美，淵明但取敝廬完。由來物理難齊論，聊借鷦鷯信所安。
　　　　〔註32〕

詩人以淡泊明志，移居山林以避禍，以古代張老窮居〔註33〕、陶淵明隱逸之典故，說明自己廬室雖然簡陋，但周圍有青山綠樹，充滿花香鳥鳴，足供詩意地棲居，表現逍遙安樂的生命態度。詩末並以鷦鷯自比，這種毫不起眼的小鳥，沒有美麗的羽毛，也沒有食用的價值，牠們居住簡陋，所食不過幾粒

---

〔註30〕　卓夢采，〈避寇鼓山〉五首之四，收入《鳳山縣采訪冊》（臺灣文獻叢刊73），頁471。

〔註31〕　卓夢采，〈避寇鼓山〉五首之三，收入《鳳山縣采訪冊》（臺灣文獻叢刊73），頁471。

〔註32〕　鄭應球，〈移家〉，收入《重修臺灣府志》（臺灣文獻叢刊105），卷25，頁809。

〔註33〕　張老，春秋晉大夫張孟之別稱。晉獻文子築室成，張老因其華侈，歌以諷之。《禮記・檀弓下》：「晉獻文子成室，晉大夫發焉，張老曰：『美哉輪焉！美哉奐焉！歌於斯，哭於斯，聚族於斯！』」後世以張老爲樸拙簡居之代表人物。

麥米。而就是因為牠們的「無用」，致使牠們不會招致禍害、不受外物干擾。「但取敝廬完」顯示詩人避亂保身、淡泊無求的想法。

　　彰化文人陳肇興（1831～1866），字伯康，號陶村。咸豐九年（1859）中舉，曾建古香樓作為書房及居處，以讀書歌詠自娛。同治元年（1862）戴潮春起事，陳肇興拒絕戴氏之拉攏，遁入武西堡（今南投縣集集）之牛牯嶺山中，過著山居隱避的生活。他作詩曰：

> 皇帝元年秋，閏八月初吉。我遁於內山，潛伏野番室。深林暗無光，白晝不見日。破屋兩三間，茅茨雜蓬蓽。閉戶深藏匿，逢人未敢出。…生平耽烟霞，到此暫心悅。〔註34〕

他因戴潮春亂事倉促入山，居所僅是數間破茅草屋，門戶緊閉，深恐洩漏蹤跡，驚恐之情可見一斑。其後，詩人念頭一轉，暫時放寬心情，享受自然山水之幽情。這樣的矛盾心情，常表現在當時詩作中，〈山居漫興〉詩云：

> 寂寞空山裏，無人獨掩扉。養茸麋鹿馴，分子鯉魚肥。習字妻磨墨，熏香婢拂衣。憂來頻命酒，勉強學忘機。〔註35〕

詩人被迫避居山林，內心孤寂無奈，山中生活與麋鹿、魚蝦為伍，妻兒雖在身邊，仍不免憂心亂事。只好藉著飲酒醉臥，勉強學著忘掉世俗榮辱之心，忘卻世俗紛爭。

　　西元1895年乙未割臺對臺灣士人而言，無疑是近代史上最大的傷痕。清廷的政治棄守，讓臺灣一夕之間成了棄地，士人只能被動地接受孤臣遺民的身份。面對家園成為殖民的事實，抗日無效的士人轉進內地、流落海外，在異地回望故鄉，如丘逢甲、施士洁、許南英等人；而留在臺灣的士人，許多人選擇隱避起來，消極地面對殖民政權，如洪繻、林朝崧等人。不管他們身在何處，面對家國變異的無奈，身心的疲憊與傷痛，往往需要療治。而遠離紛擾、投身自然，閒適生活、恬淡無求的生命態度，是當時最普遍的選擇。

　　丘逢甲（1864～1912），因乙未抗日失敗後，倉促內渡，他最為人熟知的〈離臺詩〉：「宰相有權能割地，孤臣無力可回天。扁舟去做鴟夷子，回首河山竟黯然。」〔註36〕表現出臺灣士人的沉痛與無奈，他自比浮海避世的范蠡，

---

〔註34〕　陳肇興，〈自許厝寮避賊至集集內山次少陵北征韻〉，《陶村詩稿》（臺北縣：龍文，1992），頁69。
〔註35〕　陳肇興，〈山居漫興〉八首之三，《陶村詩稿》（臺北縣：龍文，1992），頁61。
〔註36〕　丘逢甲，〈離臺詩〉六首之一，《嶺雲海日樓詩鈔》（臺灣文獻叢刊70），頁365。

對被離棄的山河充滿不捨。內渡後，他定居粵東，杜門不出，謝絕親友，自署爲「臺灣遺民」，將失臺、離臺的憂忿與思念化作詩篇。他的一系列閒居詩作，在自然山水的樂趣與過往痛苦的遭遇之間掙扎、擺盪。他的〈山居詩〉云：

> 我本山水人，深知山水意。卜居山水間，山水發靈秘。維水不厭清，
> 毋爲濁流累。維山不厭深，毋爲俗士至。夢中古桃源，思之輒心醉。
> 奇遭此佳境，一往快夙志。撫琴入泉韻，布席落嵐翠。靜言養生理，
> 中歲慰憔悴。平生墜世網，每憶魂猶悸。固宜古賢人，棲遲樂衡泌。
> 〔註37〕

丘逢甲悲憤無奈之餘，頗有離世脫俗的想法，他選擇了山上一處村里，作爲閒居之所，效法古人，隱居自樂。詩中回憶前事，仍梗懷在心，只好藉著桃源之想，卜居山中靜養，以自然山水療癒傷痛，效法古賢，衡門棲止、泌水忘饑，至樂而無求。「水不厭清、山不厭深」之說，脫胎於曹操的〈短歌行〉「山不厭高，水不厭深，周公吐哺，天下歸心。」是在豁達的表象下，潛藏著進取的企圖。換言之，詩人的隱避行爲，只是暫時的權宜，內心深處仍懷抱著淑世的理想。如此看來，他的山林隱居，比較像是養精蓄勢、待時而出。

此外，另有一群文士在乙未後暫避他鄉，勉力過著逸樂生活。臺灣縣進士施士洁（1856～1922），乙未割臺後攜眷內渡，避居福建晉江，往來廈門與福州之間，和林爾嘉、鄭毓臣等臺灣內渡文士，詩酒相酬。不喜仕進的他，內渡後爲了生計，短暫任職官場，晚年便辭官退隱，與汪春源、許南英等人在廈門「菽莊吟社」吟詠酬唱、終其一生。他晚年以詩隱逸，暢言安樂之道，頗得城市隱士之風。有詩云：

> 懶學牆東避世賢，邵窩安樂勝神仙。無情豈是英雄漢，有夢何妨淡定禪。
> 讀史一生關慧業，看花到老得眞詮。秋風蕭瑟秋雲薄，如此風雲亦可憐。
> 〔註38〕

詩中舉兩典故，「避世牆東」是東漢逸民王君公，遭逢亂事，唯獨他不避隱，以屠夫爲業隱於市井。「邵窩」則是北宋理學家邵雍隱居之所，他一生不求功名，耕稼自給，其居處取名曰「安樂窩」，自號「安樂先生」。施士洁以二人自比，他的隱避哲學，兼有儒家的安樂之道和禪宗的淡定心法，詩人讀史、

---

〔註37〕 丘逢甲，〈山居詩〉五首之二，《嶺雲海日樓詩鈔》（臺灣文獻叢刊70），頁17。
〔註38〕 施士洁，〈牆東〉，《後蘇龕詩鈔》（臺北縣：龍文，1992），卷3，頁63。

看花、吹風、觀雲，都是忘憂消慮的良方，而面對時局的風雲變化，無力改變之下，只好接受事實，轉而學習忘機，勉力地保持著優雅的生命姿態。

　　同樣是臺灣縣進士許南英（1855～1917），乙未時亦參與抗日，而後離臺內渡。之後他爲生計赴南洋經商，生活並不順遂，然而故鄉已淪爲異地，他被迫輾轉於內地、南洋、臺灣，晚年孑然一身，處境十分淒涼。〈移居〉詩說明了他避居海外的痛楚：

> 一廛我亦葛天民，閉戶荒山歲易淪。到此且生安穩想，向來原是寂寥身。
> 祇應皂帽尋遺老，那有烏衣識舊人。飲酒讀騷今日事，支離南北正風塵。

〔註39〕

移居，是直接轉移居住空間，許南英當初離臺是主動的避居，而之後的遷居往往是迫於現實。「一廛」是古時一個成人定居、自給自足所需的土地，詩人的家國之痛，讓他無法如葛天氏般的恬淡無憂，他「淡嘗世味與人殊，寄跡孤山伴亦孤。」〔註40〕，避居海外的生活，充滿漂泊寂寥之苦。

　　處於亂世的文士，被迫隱居山林，所居的廬室多半是簡陋破敝，生活更是困窘難耐，詩人筆下的生活環境，山谷林木已經不再是秀麗，泉石煙靄也無法幽靜，他們普遍有著深沉的孤獨和無奈，雖然感官上仍有花香鳥鳴、流水雲霞，但常感嘆「異態」、「殊色」，一種熟悉的陌生感，其實差別在於心境的不同。詩人投身山林，僅止於暫居、溷跡，並無意長久棲居山林，因此無法享受自然山水的優美。

　　雖說隱居者心思無法擴及居室外的山林美景，但是隱居的廬舍對他們而言，畢竟是棲身安養之所，詩人通常會退而將詩意聚合在寂寥的心情寫照和寒愴的居室生活，甚至是想像式的隱逸世界，都是用以強調隱居者茹苦修煉的過程，而這樣的修煉，或許是「勞其筋骨、苦其心志」，有助於未來重返世俗、承擔重任。

　　乙未之役後留臺隱居的文人，以洪繻爲代表。洪繻（1867～1929），本名攀桂，字月樵，彰化人。清廷割臺後，取《漢書》「棄繻生」之說，改名繻，字棄生。乙未割臺之役，與丘逢甲、許肇清等同倡抗戰。事敗後潛居鹿港，杜門不與世事。日人仰其聲名，屢次徵聘，皆不就，以遺民終其生。他作詩

〔註39〕　許南英，〈移居〉四首之四，《窺園留草》（臺北縣：龍文，1992），卷 1，頁184～185。
〔註40〕　許南英，〈問梅〉，《窺園留草》（臺北縣：龍文，1992），卷 1，頁 184。

云：「陸沉暫作浮沉客，花月江山似水流。」〔註41〕在他的心底，一切的挫敗、浮沉，以及風花雪月，皆是短暫而易逝，所以隱逸其實是聊且抽離的不得已作法。在他的閒隱詩作中，往往退縮至內在心情的抒發，山水花月等外在的自然景致，自然是無心賞玩。他有詩云：

> 年年閉戶賦離憂，辭謝紅塵絕應酬。千歲古書堆榻上，一春今日據樓頭。
>
> 雲開遠遠青山入，潮起茫茫碧海浮。且自逍遙人世外，不須歡樂不須愁。
>
> 〔註42〕

他的避世，是一種遺民式的憂憤決絕，所以當他面對眼下的自然景色時，有「風景不殊，正有山河之異」的感覺。他曾詩云：「蕪城廢苑遍蒿萊，萬里浮雲眼倦開。」眼下的景色全成了破敗的殘跡，故而面對萬里浮雲，是一種厭倦、遠隔的疏離感。就連一向令人開擴胸懷的潮水碧海，都產生了茫然的不安定感。因此，自然景色對他而言，難有過去的樂感。而他自外於人世，不須歡樂不須愁的矛盾說法，實則難以逍遙，反道像是苦行僧似的修行，可見他身雖自由，心卻難以自在。且看詩云：

> 萬目時艱百不宜，襄陽休醉習家池。琴高魚長輸租重，支遁鶴多困米飢。
>
> 禪海有關難泛宅，商山無路可尋芝。閉門聊作羲皇侶，長與陶潛伴菊籬。
>
> 〔註43〕

乙未世代的文人，多困於現實而無奈潛隱，實則內心仍牽掛著家國故土，他們的閒隱僅是短暫而被動的，表面閒適的生活，卻都是沉重、困頓、為難、無路般的阻礙。顯然，居處之際，只能退而想像自己如陶淵明般，彷彿蜷伏在斗室內的生活。

王松（1866～1930），字友竹，號寄生，自署滄海遺民。乙未割臺，曾攜眷內渡、避居故籍。翌年，時局稍安後返臺。將書齋「四香樓」改名為「如此江山樓」，是取陸游詩句，以寄滄桑世變之感，後不復參與政事，寄情詩酒、託志於山水，以隱士終其生。他以幽居明志，作〈偶成〉詩曰：

---

〔註41〕 洪繻，〈閒居即事〉五首之二，《寄鶴齋詩集》（南投縣：臺灣省文獻會，1993），頁365。

〔註42〕 洪繻，〈閒居即事〉五首之五，《寄鶴齋詩集》（南投縣：臺灣省文獻會，1993），頁365。

〔註43〕 洪繻，〈閒居偶詠〉二首之一，《寄鶴齋詩集》（南投縣：臺灣省文獻會，1993），頁375。

　　如此江山伴索居，濟時心力盡刪除。避人計拙驚弓鳥，戀舊情深失水魚！

　　偷活吟身竄荊棘，謀生濶跡託樵漁。但慚無肉酬黃耳，幾度煩傳卻聘書。

　　〔註 44〕

王松內渡時曾遭遇搶劫，以致囊空如洗，好不容易回到故里，發現不如期待，最後只得回到臺灣。原來想像的避世隱逸生活，卻充滿驚恐、意外和困窘，讓他不得不退回臺灣居所，聊為隱逸之處。而他的隱逸，便成了混跡人間的中隱，無法放懷山水，只能寂寥索居、寄情詩酒。他有詩曰：

　　我本田間一老農，怕提舊事話康雍！何鄉可葬煙霞骨，有酒難澆塊壘胸。

　　憂患轉疑因識字，笑啼不敢若為容！倘非桑梓真堪戀，一葉扁舟去絕蹤。

　　〔註 45〕

雖然是隱居不問世事，但他心裡仍時時掛念著世局，滿懷憂思塊壘，只是不敢表現出來。詩中表達他身為知識份子對家國的眷戀，無法如古代隱士，豁達地一葉扁舟、泛浮天地。

　　當時臺灣的文士，幾乎都是勉強避居離世，但不一定都是獨居不群的。另一種隱避形態是平時閒居鄉里，藉著詩酒聚會互為安慰取暖，因此形成了盛極一時的吟社。其中最著名的就是臺中「櫟社」。「櫟社」是臺灣日治時期三大詩社之一，1902 年由晚清秀才林朝崧與他的姪子林幼春、賴紹堯共同發起，參與者另有洪棄生、陳瑚、呂敦禮、陳懷澄等詩人，當時作詩唱和，以詩明志，極具時代意義。這類文士的隱逸生活，有了詩意的浪漫書寫，然而，潛藏在背後的，往往是無盡的家國之思。

　　林朝崧（1875～1915），臺中人，字俊堂，號癡仙，又號無悶道人。乙未後與家人內渡泉州，1899 年返臺定居。他潛居鄉里，表面上不問時政，但心思總不離家國。他作詩曰：

　　雲樹相望三載餘，幅巾就我竹林居。山中供客無兼味，別後傳情有尺書。

　　掃地花空微雨夕，啼春鶯老綠陰初。一樽何日還同把，惆悵松軒月影虛。

　　〔註 46〕

〔註 44〕王松，〈偶成〉，《如此江山樓詩存》（臺灣文獻叢刊 50），頁 18。

〔註 45〕王松，〈述懷〉，《如此江山樓詩存》（臺灣文獻叢刊 50），頁 21。

〔註 46〕林朝崧，〈次韻答槐庭寄懷之作〉其一，《無悶草堂詩存》（臺北縣：龍文，1992），頁 94～95。

詩人儒雅裝束，隱居山林，過著儉樸素雅，與白雲、綠樹、花鳥為伴的生活。
雖然是一派悠閒自在，但內心仍然充滿惆悵空虛，可以想見是鄉愁國事。另
一首詩：

> 寄居阮家林，貧賤誰記憶。多病身常閒，樂道心自得。綠樹圍村舍，
> 白水明溝洫。陰晴山異態，遠近草殊色。鳥笑春催耕，蟲吟秋促織。
> 願學於陵隱，夫妻俱食力。〔註47〕

這是詩人返臺寄居族姪家中所作，雖然有園林之盛，但眼中山河已然變色，
只得勉強學習古代隱士陳仲子〔註48〕，返歸自然，自食其力以求取溫飽。正
因為山川變易，原本殊色美好的山林美景，都失去了詩意的想像，春耕秋織
僅及於生存手段，貧病交迫，也只能勉強以樂道之心自我安慰。對詩人而言，
外在已經變調的山川景色，都不足以觸動內心的感動，只有精神上堅持氣節
的求道之心，成了唯一樂感的來源。

　　因戴潮春事件而避亂、隱居山林的陳肇興，同樣有這樣的山河殊異的感
受。他作詩曰：

> 兵氣回飛鳥，殘生隨白鷗。文章憎命達，河漢逐人流。山鬼吹燈滅，
> 鮫人織杼愁。夢歸歸未得，心折此淹留。〔註49〕

相對於外界人事的紛爭、戰亂的險惡，山林儼然是獨立於世外的桃花源。但
是隨著局勢的緊張，詩人眼中的山林生活，也跟著感染兵氣、殘生、憎惡、
逐流，就連幻境中的山鬼、鮫人都緊張愁悵起來，更何況是思歸懷鄉之人，
如何顧得上詩情畫意的自然美景？

　　然而，遭逢變世的士人仍舊有傾心隱逸之思，完全自外於世的。光緒年
間臺中秀才謝道隆（1852～1915），字頌臣。乙未之際，他募集義勇軍抵抗，
失敗後西渡避難。隔年返臺，隱於醫。晚年於大甲溪畔風景幽美處築一草堂，
稱為「小東山」。他作詩曰：

> 賣藥餘貲為買山，結廬小隱住巖間。中年衹愛幽栖好，俗慮應將次第刪。
> 芳草溪邊堪薄採，晴雲嶺上伴長閒。牧童叱犢歸村去，空谷黃昏且閉關。
>
> 〔註50〕

---

〔註47〕 林朝崧，〈寄居〉三首之一，《無悶草堂詩存》（臺北縣：龍文，1992），頁131。
〔註48〕 陳仲子，齊國貴族，隱居於陵，楚王請他為相，不願出仕，逃往別處，事見
　　　　《史記‧魯仲連鄒陽列傳》。
〔註49〕 陳肇興，〈感事述懷集杜二十首〉之十六，《陶村詩稿》（臺灣文獻叢刊144），
　　　　卷7，頁111。
〔註50〕 謝道隆，〈山居〉，《小東山詩存》（臺北市：謝文昌印行，1974），頁8。

詩人早年有家國之思，晚年則結廬山中，過著隱逸生活。詩中描寫他雅好悠哉的棲居，在溪谷間採草藥，有白雲青山長伴。而黃昏後可見牧童牽牛歸家，霎時空谷靜默，不留一絲痕跡。這樣的清靜幽棲之所，足以讓人機心盡息，俗慮皆清。

　　幽居，獨居、深居不出，代表著一種隔絕世俗，居處空間的封閉性，除了躲避戰亂的侵害、拒絕政治社會的認同外，士人透過幽居獨處、沉潛靜思，是嘗試著為生命價值尋找另一出口，達到自我消解療癒。這類詩人之隱避，多是迫於無奈，當天下無道、個人抱負無法伸展時，所選擇的變通之法。隱退是為了明哲保身，存養心志，等待時機東山再起。因此，面對山居生活，感受到的是寂寥、孤苦，自然景色在他們眼中，也不再是浪漫可人。然而這一切，都被視作是苦其心志、獨養其身的修煉過程。這樣的獨善其身，而是一種暫時的權宜之計，是為日後濟世行道做準備的沉潛。這是儒家式的隱避哲學，與前一節處士追求逍遙自由的道家式生命旨趣，自然有所不同。

## 第三節　習靜、安養與樂感

　　中國遠古傳說葛天氏、無懷氏之民，淳樸淡泊、無欲無爭，安樂詳和。如同老子所說：「甘其食，美其服，安其居，樂其俗。鄰國相望，雞犬之聲相聞，民至老死，不相往來。」〔註51〕隱逸是一種生活的姿態，從容優雅，無論外在環境優劣、物質條件豐足與否，內心都能怡然自樂、逍遙自在。如同理學家邵雍所說：「氣靜形安樂，心閒身太平。」〔註52〕不管是遂性隱居或是避亂匿跡，士人關注的都是自我生命的調適，如何才能得到心靈的恬靜安適，甚至達到精神上超越境界。

　　東漢仲長統曾作〈樂志文〉，敘述他心目中理想的棲居：

使居有良田廣宅，背山臨流，溝池環匝，竹木周布，場圃築前，果園樹後。舟車足以代步涉之艱，使令足以息四體之役。養親有兼珍之膳，妻孥無苦身之勞。良朋萃止，則陳酒肴以娛之。嘉時吉日，則烹羔豚以奉之。蹰躇畦苑，遊戲平林，濯清水，追涼風，釣遊鯉，弋高鴻。諷於舞雩之下，詠歸高堂之上。安神閨房，思老氏之玄虛；

---

〔註51〕老聃著，《老子道德經》（臺北市：藝文，1970），頁 19。

〔註52〕邵雍，〈感事吟又五首〉之一，收入《全宋詩》（北京：北大出版社，1992），卷 377，頁 4634。

> 呼吸精和，求至人之仿佛。與達者數子，論道講書，俯仰二儀，錯
> 綜人物。彈《南風》之雅操，發清商之妙曲。消搖一世之上，睥睨
> 天地之間。不受當時之責，永保性命之期。如是，則可以陵霄漢，
> 出宇宙之外矣。豈羨夫入帝王之門哉！〔註53〕

他對於隱居生活的要求，有些是基本需求，如免於跋涉及身體勞動之苦，父母、妻小均有所養，是形體上「安居」的概念。接下來的朋友聚會、飲酒歡娛，遊於園林、山林，甚至效法孔門的暮春之游，與達人論道講書、品評人物、操琴高歌，則是精神上「樂活」的概念。而專注安定心神、吐納呼吸，以道教之法求生命長壽，則是「養生」的概念。他所求最高的境界則是逍遙在天地之間，不受外在世界的任何干擾與影響。

　　隱逸是一種離避世俗的概念，隱逸者的身心需要有一個可以讓心靈安適、身體棲息之所，而對多數的隱逸者來說，心靈的需求遠超過形體的需求。

## 一、習靜

　　士人的閒居生活，最外顯的特徵就是環境的「靜」。道家強調致虛守靜的功夫，《道德經》：「致虛極，守靜篤。」就是說尋找一方淨土，篤守內心的虛靜，最後才能達到心靈空明的境界。老子主張人們應當以虛寂沉靜的心境，去面對外在事物的變化。人處在身心俱息的狀態，凝思默慮，心靈可以藉此得以沈澱，自我與萬物便能回復純真的關係。

　　陳輝〈小齋〉詩曰：

> 僻處心常靜，幽棲意自閒。種花分隙地，閉戶似深山。日湧濃煙裏，
> 風搖積翠間。不須尋酒伴，獨坐亦開顏。〔註54〕

他的隱居小齋，位於僻靜處，心靜意自閒。他閉門謝客，種植花卉，時而遊於自然山林間。詩中表達他徜徉自然的歡愉，充滿超脫塵俗的隱逸之情。

　　閒靜處幽，往往能讓詩人沉思觀物、感物應心，進而體會物我合一的妙趣。乾隆年間遊宦臺灣的朱景英有詩曰：

> 涼風入虛牖，初漏月痕皎。幽意少人會，息機惟自知。遠懷許元度，
> 願學榮啓期。何處尋真樂，清宵愜所思。〔註55〕

---

〔註53〕范曄，《後漢書》（臺北市：藝文，1962），卷49，頁1644。
〔註54〕陳輝，〈小齋〉，收入《重修臺灣府志》（臺灣文獻叢刊105），卷25，頁801。
〔註55〕朱景英，〈十一夜〉，收入《全臺詩》，第三冊，頁49。

詩人公餘閒暇，在一次清夜靜坐中，體認到偃息塵俗、忘卻機心的隱逸樂趣，直追古代隱士榮起期和許元度。

　　士人閒隱，主要是躲避世俗外務，因此，除了清靜的環境條件外，內心的「坐忘」也是重要修為。老子講究「無」的工夫，將所有感官、心理、意識層次的經驗抹除掉，最後達到「無」的境界。到了莊子更具體提出「忘」的工夫，將所有的人為造作、意念、甚至於已定的價值觀全部忘掉，以免影響當下對真理真知及大道的會通。「忘」是一種修為工夫，是契入大道之進路，唯有息心將人為的形式和意識摒除，才能回復人的本真，真正進入「道」的境界。

　　彰化秀才吳德功（1850～1924）有詩云：「習靜心多妙，無求意自閒。閉門聊獨坐，俗慮一時刪。」〔註56〕「習靜」是在清靜的環境下，學習著靜默冥心，一方面靜觀外物、一方面內觀心念，進而祛除俗慮、忘掉機心，便是「坐忘」的工夫，通過這種自我修煉的過程，讓人得以歸返生命的本真情性。

　　學者呂正惠在探討中國傳統文士的內心世界時指出，中國傳統的文人在面對不可改變的困境時，通常是選擇以「藏身」、「隱居」的方式來保持自己人格的完整。而不管是儒家的「藏身」或是道家的「無為」，都是放棄「外在的行動」，改以「內斂的工夫」來因應。他們的生命常以靜態的方式呈現，包括遊山玩水，把自己置身於幽靜之中，以「靜觀」來了悟人生。〔註57〕

　　除此之外，「靜」也是詩歌創作的有利條件。人在寂然靜心時，易與外物接觸感應，生發妙趣，對於心思細膩敏慧的詩人而言，思緒將如湧泉般汨汨不絕。《文心雕龍・神思》提到：「寂然凝慮，思接千載，悄焉動容，視通萬里。」心意一旦靈動，想像便如風一般馳騁千里。林占梅有詩云：

　　　　靜處每翛然，軒窗喜近淵。縈懷無一事，遣興有千篇。茗熟風過檻，
　　　　琴調月在天。看花兼領鶴，踟躕小池前。〔註58〕

詩人悠然於幽靜生活，自由自在，開窗臨水，面對著花鳥風月，品茗彈琴，如此優雅閒逸的生活，帶給人無限的詩情畫意，創作出許多詩篇。而從另一

---

〔註56〕　吳德功，〈村居〉，收入《瑞桃齋詩稿》（南投縣：臺灣省文獻會，1992），頁45。

〔註57〕　呂正惠，〈「內斂」的生命形態與「孤絕」的生命境界——從古典詩詞看傳統文士的內心世界〉，收入《中國抒情傳統的再發現》（臺北市：臺大出版中心，2009），頁378～380。

〔註58〕　林占梅，〈靜處〉，《潛園琴餘草》（新竹市：竹市文化，1994），卷5，頁453。

個角度看，這些悠遊樂哉的生活姿態，是恣意地消耗時光，不帶目的性的，也正是彰顯士人無欲無求、盡情享受生命的態度。

## 二、安養

　　新竹文人鄭用錫築北郭園於城邊，閒居安養，日以歌詠為事，世人比之為隱士陶宏景、郭泰。他在詩中常提到居家閒靜、曠達而疏朗的生活態度，以及尋常生活的閒逸姿態，如〈園居遣興〉詩：

> 半畝園林景色幽，禽魚花木足遨游。何人乘興同看竹，斯世浮名盡幻漚。
> 道味須從閒處玩，物情最愛靜中求。此間真趣誰能識，悟到南華蝶與周。

〔註59〕

詩人肯定處於幽靜的環境之間，能沉靜思慮，體會物情，透過對禽鳥花木的觀看賞玩，進而體認物情事理，最後領悟人生真諦的妙趣。

　　同樣在新竹築園幽居的林占梅，也喜歡在園齋中學習著靜心思悟，經常提及他閒居的生活情態。詩曰：

> 愛月心虛睡故遲，悠悠幽趣靜中知。琴聲度水清於磬，蘭氣穿窗細若絲。
> 汲井攜瓢時品茗，挑燈作草夜臨池。隱囊塵尾逍遙旦，讀易參禪事事宜。

〔註60〕

> 閒齋幽寂甚，靜處會心生。畫讀雲林譜，茶評陸羽經。開樽花影豔，
> 垂釣柳陰清。自喜忘機械，逍遙遠世情。〔註61〕

詩人閒居特別強調「靜」，在寂靜的環境中，配合著優雅浪漫的生活步調，月下彈琴、花香沁人，詩人池邊品茗、揮毫行草、讀易參禪。有時則讀畫譜、看茶經、飲酒賞花、柳下垂釣。一切閒散悠哉的生活，都是在營造一個恬淡沖和的意境，讓心靈得到沈澱清明。如同《荀子・解蔽》所言：「是以避耳目之欲，而遠蚊虻之聲，閒居靜思則通。」〔註62〕藉著幽靜的環境，讓人澄心淨慮，袪除心靈的障蔽，才能通達情性事理，真正體悟宇宙之正道。這樣的靜觀、沈思、體悟的修養過程，經常出現在他的閒居詩作中，如〈閒居雜興〉

---

〔註59〕鄭用錫，〈園居遣興〉，《北郭園詩鈔》（南投縣：臺灣省文獻會，1993），頁55。
〔註60〕林占梅，〈幽趣〉，《潛園琴餘草》（新竹市：竹市文化，1994），卷7，頁612。
〔註61〕林占梅，〈園居漫興〉之三，《潛園琴餘草》（新竹市：竹市文化，1994），卷3，頁191。
〔註62〕王先謙：《荀子集釋》（臺北市：師大出版社，2012），頁89。

詩：「天機無限誰能覺，靜極方教妙理生。」〔註63〕、〈園居〉詩：「每向靜中探道味，常於醉裡見天真。」〔註64〕

　　士人的閒居，從道家的意義來看，還是一種「抱樸守拙」的養生哲學。白居易曾作〈養拙〉詩曰：

> 鐵柔不為劍，木曲不為轅。今我亦如此，愚蒙不及門。甘心謝名利，
> 滅跡歸丘園。坐臥茅茨中，但對琴與樽。身去韁鎖累，耳辭朝市喧。
> 逍遙無所為，時窺五千言。無憂樂性場，寡慾清心源。始知不才者，
> 可以探道根。

道家的隱避觀念通常是「以無用為大用」，木以「不材」才得終年，故人之「不才」才能擺脫世俗「器用」之用，以「無用」為「大用」。白居易在謝絕名利、歸跡丘園後，以閒適靜修、去欲逍遙，直達至樂境界。因此，他體悟到「抱樸守拙」的道理，亦即堅守質樸自然的秉性，不追求世俗的價值，方能全身保安，不受侵害。從修養的角度而言，「閒居」是一種休養藏拙的處世之道。

　　章甫的〈幽居〉詩曰：

> 世味年來淡，幽居且自安。才疏驚韻險，量窄怯杯寬。守拙因成懶，
> 忘貧不覺寒。形骸知老至，小立亦憑欄。〔註65〕

詩人因心志逐漸淡泊，故而選擇幽居，以求身心平安，「守拙」是一種韜光養晦，並非俗世所稱的懶，而忘懷自己貧困的現實，是一種心性的修養。

　　臺灣士人的閒居隱逸，大多是以「養」的概念來看待自己的生活。以林占梅為例，他在閒適詩中大量使用「養拙」、「養性」、「養晦」、「養神」、「養身」等詞。舉例如下：

> 深觀事理歷時艱，**養拙**年來獨閉關。——林占梅〈閒居〉
> 從茲**養拙**潛居穩，勿啟柴門惹俗埃。——林占梅〈秋感〉之八
> 謝客杜門聊**養拙**，此心惟有彼蒼知。——林占梅〈感懷〉
> 不是茲園容**養拙**，鬢霜早已上吾頭。——林占梅〈偶吟〉
> 賴有幽居**養拙**軀，琴書花茗作良圖。——林占梅〈月夜漫興〉
> 數畝城西地，閒居**養性**真。——林占梅〈西池曉起〉之二

〔註63〕　林占梅，〈閒居雜興〉之四，《潛園琴餘草》（新竹市：竹市文化，1994），卷3，
　　　　　頁198。
〔註64〕　林占梅，〈園居〉之二，《潛園琴餘草》（新竹市：竹市文化，1994），卷4，頁
　　　　　301。
〔註65〕　章甫，〈幽居〉，收入《全臺詩》，第三冊，頁323。

處身思雁木，養性懶琴書。——林占梅〈感懷〉之三

都將風月供詩料，況有琴書養性眞。——林占梅〈寄興〉

繞廬竹木供吟嘯，列案琴書養性情。——林占梅〈寫興〉

居幽能養性，志廣易成吟。——林占梅〈漫興〉

作伴琴書堪養性，怡情花木助開顏。——林占梅〈寫興〉

養性彈一章，遣懷吟一什。——林占梅〈浣霞池泛月〉

門無車馬疏酬應，案有琴書養性情。——林占梅〈偶成〉

養性隨時能入靜，會心何物不潛通。——林占梅〈閒趣〉

祇今養晦爲良策，豈學嵇康七不堪。——林占梅〈園齋習靜〉之二

綠陰野屋幽閒地，幾載潛居養此身。——林占梅〈園居〉之二

林占梅在經歷一些社會動亂、人事紛擾之後，覓得幽靜地，闢築園林以潛居休養，悠遊自然便是他的養生之道。他作詩曰：

何如園圃養吾身，息機漢陰無窘促。亭外有山排闥青，欄前有水盈池綠。

池痕添夜雨，山光映朝旭。春來上山遊，暑至臨池浴。知足即此可行樂，

卹宵何必慕鴻鵠。〔註66〕

詩中談到藉助園林養身，園林空間自隔絕於塵囂外，可以讓人暫別俗務、靜心滌慮，而棲居此間，終日沉浸在精心佈置的自然山水間。飲酒誦詩、讀書彈琴、賞花品茗，閒來登山臨水，足以讓人休養身心、歸向質樸自然的本性。幽居其間，他「勿啓柴門惹俗埃」、「門無車馬疏酬應」，於是「養就無羈一片心」，追求純眞樸實的情性，便是所謂「抱樸守拙」的養生之道。

其他如鄭用錫、陳維英、林豪、謝道隆、丘逢甲、王松、林維朝、施梅樵等人，都有類似的養生哲學。詩作如下：

邱園養拙拜經神，敢比躬耕鄭子眞。——鄭用錫〈薦階茂才小飲北郭園贈詩和原韻之三〉

不學沉潛深養晦，恐將難免網羅愁。——陳維英〈太古巢即事十三首之九〉

偷閒兼養拙，豪氣任消除。——林豪〈春日園居雜興〉三十首之三十

世事寧堪問，閒居自養神。——謝道隆〈閒居〉

---

〔註66〕林占梅，〈西園見山池有感作示友人〉，《潛園琴餘草》（新竹市：竹市文化，1994），卷1，頁62。

> 靜言養生理，中歲慰憔悴。——丘逢甲〈山居〉五首之二
> 山妻容養拙，甘爲折葵烹。——王松〈家居漫興〉
> 安貧差喜恩仇少，養拙還欣閱歷多。——王松〈感書〉
> 琴因養性非關趣，詩爲娛情不在傳。——王松〈歲暮書懷〉
> 謝卻紛紛世俗塵，逍遙林下養閒身。——林維朝〈閒居〉二首之二
> 久養晦名山洵樂趣，桃源從古異塵寰。——施梅樵〈次韻小魯移居
> 東山〉二首之一

以上詩作，從「養身」、「養生」、「養神」、「養性」的身心安養，到「養拙」、「養晦」、的心性修煉，都是以閒居靜慮的方式，達到身心的安頓頤養，進而通達樸拙無憂的逍遙境界。

## 三、樂感

儒家講修身，道家重養心，修身是爲了身安，是就人的形體生命而言，追求形體的安康，現實生活的安穩。修心是爲了心樂，是就人的精神生命而言，追求心靈的快樂，精神生活的超脫。如此才能讓生命在感性存在中實現自我的超越，達到無限自由境界。

宋代理學家邵雍有詩云：「長年國裏神仙侶，安樂窩中富貴人。萬水千山行已遍，歸來認得自家身。」〔註67〕人的一生都是不斷探索外在事物、追求物質成就的過程，然而，一旦累積足夠的智慧後，便會進入歸求心性的悟道過程。「歸來認得」是心性的「悟」與「覺」，在經歷人間情事、走遍萬水千山，體悟到一切的滿足、安樂，只能歸返內心來探求。如同〈心安吟〉所云：

> 心安身自安，身安室自寬。心與身俱安，何事能相干。誰謂一身小，
> 其安若泰山。誰謂一室小，寬如天地間。〔註68〕

在理學的詮釋下，外在空間的意義是隨著內在心境而移轉，心靈若無罣礙，自然能超越空間形體的束縛，悠遊於天地之間，謂之逍遙自在。

---

〔註67〕 邵雍，〈風吹木葉吟〉，收入《全宋詩》（北京：北大出版社，1992），卷367，頁4516。

〔註68〕 邵雍，〈心安吟〉，收入《全宋詩》（北京：北大出版社，1992），卷 371，頁4568。

隱居「太古巢」的陳維英有詩云：

> 地僻途紆少故知，青山綠水寄遐思。執經諸子多恂謹，糾過無人惜別離。
> 病後還斟澆塊酒，閒來偶索閉門詩。書聲驚破黃粱夢，恍悟浮生盡若時。
> 〔註69〕

詩人靜修絕塵，把情志寄託在居處間的山水自然，閒居時讀書、飲酒、吟詩，身心得到澄清，進而了悟人生之大道，達到超越生命、享受自在安樂的境界。

林占梅亦有詩云：

> 夜靜碧天淨，萬籟響沉沉。捲簾佇明月，焚香調素琴。泠泠七弦趣，
> 山水始同心。聲希而味淡，俗耳無知音。願我獨樂此，摩挲情更深。
> 一彈滌塵慮，再鼓發清吟。朝遊共一輿，夜眠共一衾。晨夕永不離，
> 生死盟誠忱。興至作三弄，趺石坐松林。遠招雲間鶴，飄然落前岑。
> 攜琴騎鶴去，天風盪虛襟。汗漫九垓上，高蹤誰能尋。〔註70〕

萬籟俱寂的夜晚，碧天明月下，詩人焚香彈琴。在自然風月與琴聲和鳴的情趣中，詩人感受與山水的交融一體，逐漸拋卻俗世的聲色犬馬，返歸質樸純真之心。詩人閒居靜心，常以此洗滌塵慮，想像自己攜琴騎鶴，悠遊雲間。如此體道，類如道教的遊仙思想，並有老莊的逍遙自由之樂，都是在閒靜生活中，逐漸領會通達的。

不論山居、園居、田居或野居，詩人藉著獨處，與大自然互動，感受萬物的生命律動，進而從物我關係中，學習順應自然，進而超越生命的限制，達到逍遙自由的境界。

乾隆年間在臺任官的范咸，閒居時曾有詩云：

> 夜涼樹垂露，晨清花放香。坐覺幽意適，不知白日長。守宮鳴前楹，
> 互答怪蟬螀。機事久已息，掉臂驚螳螂。感此發深喟，世態何張皇。
> 營營名利窟，私欲羞難量。曷弗順大化，鼓腹遊虞唐。青青木蘭樹，
> 金粟同芬芳。離離頳桐枝，火燄燒扶桑。但逞顏色好，終非金玉章。
> 吾生更何求，返璞是所望。亢龍應有悔，大道歸斂藏。君子日乾乾，
> 慎守千金方。〔註71〕

---

〔註69〕陳維英，〈齋中書事〉二首之一，收入《全臺詩》，第五冊，頁171。

〔註70〕林占梅，〈撫琴〉之三，《潛園琴餘草》（新竹市：竹市文化，1994），卷3，頁232。

〔註71〕范咸，〈露香亭即事〉，收入《重修臺灣縣志》（臺灣文獻叢刊113），卷14，頁509。

詩人久居官場，歷經浮沉，偶然偷閒於齋居遊賞，細觀物色，突然驚見螳螂掉臂，而感嘆世態渾渾、人生汲汲，生命何妨順應自然，如古代之民含哺鼓腹，悠遊天地。最後，他領悟到生命應該返樸歸眞、安藏守拙，才是處世之道。

　　賴世觀（1857～1918），字士仰，號東萊，又號玄遊，嘉義人。日治後，拒絕日人寵絡，以其家財富饒，故可閒居養志，寄傲南窗，維持其文人之風骨。晚年流連詩卷，蒔花養魚，或從事宗教活動，造橋修廟，賑濟救卹，不遺餘力。他曾作〈悟道〉詩云：

　　　半積陰功半讀書，乾坤到處是吾廬。逍遙莫把塵牽住，洗滌聊將志暢舒。

　　　有酒醉眠明月窟，無吟含笑白雲居。此身曾作登瀛夢，今日閒來看太虛。

〔註72〕

詩人以詩書閒隱，可以四處爲家、逍遙自在，只求心志能清明舒暢，並不在意居處是否舒適，顯示他已跳脫物質層面的欲求，全然以心靈的自由爲依歸。他回顧一生，皆是追逐功名利祿，如今悟道歸隱，所求的是「神游太虛」，整個天地都可爲家，這是一種道教式的超越生命形體限制的修煉、靈魂無限自由的境界。

## 第四節　空間的張勢與斂勢

　　如果隱逸純然是一種生命的姿態，那無論外在環境優劣、物質條件與否豐足，只要內心保持道心，始終都能怡然自樂、逍遙自在。因此，不管是承平時期的山居處士，或是亂世易代的隱避逸民，都可以透過閒居習靜、安養修道，達到心神清明的悟道境界，就能無處而不逍遙。

　　清領時期臺灣士人山居廬舍的隱逸生活，若以空間敘寫的角度來看，「處士」與「逸民」的山居生活，確實有明顯的差異。「處士」雖獨居廬舍，卻少有孤獨寂寞之感，反而與自然風物有所互動感應，從而體會和諧之樂。或是與志同道合之士往來，詩酒唱和，享受悠然自在的逍遙。他們樂於走出廬居，游心於自然山林，享受詩友的聚會吟唱，甚至想像以天地爲家的無限自在。這種獨特的空間體驗，讓詩歌敘寫從狹小的廬舍，延伸至無限寬廣的自然和天地之間，可以稱之爲空間的「張勢」。〔註73〕

---

〔註72〕賴世觀，〈悟道〉，收入《全臺詩》，第十二冊，頁429。

〔註73〕張勢斂勢之說，係參考漆娟，〈漢魏六朝隱逸詩時空敘寫模式探究〉，《名作欣賞》，2010年12月，頁15～16。

空間敘寫的張勢，最著名的例子就是中國隱逸之宗陶淵明。中國的隱士，就屬陶淵明最常提到自己的居所，他稱之爲「草廬」、「蓬廬」、「敝廬」、「窮廬」。陶淵明筆下的「草廬」，不僅是隱居的空間，更具有「寄止」、「居住」的意涵，讓心靈有所寄託、生命有所歸宿。他在〈歸去來辭〉提到歸返家園時，先是提到「攜幼入室，有酒盈樽。」是歸家後的親情溫暖和酒食充足的感覺。而後「引壺觴以自酌，眄庭柯以怡顏。倚南窗以寄傲，審容膝之易安。」是提到居家的活動，飲酒自樂、觀樹自得、倚窗自傲，表現出廬舍雖小，卻讓人怡然自在、心靈有所依託。

接下來陶淵明寫道：「園日涉以成趣，門雖設而常關。策扶老以流憩，時矯首而遐觀。雲無心以出岫，鳥倦飛而知還。景翳翳以將入，撫孤松而盤桓。」他開始走向戶外，涉園成趣，並且游走於田園山水之間，策杖流憩、矯首遐觀。他觀察到白雲悠然飄出山谷、野鳥倦飛後歸巢，連太陽都即將歸落西方，大自然真是充滿趣味和哲理，讓人反覆思索良久。詩人從觀覽自然之美，到感物應物，觸發想像和意緒。最後說道「木欣欣以向榮，泉涓涓而始流。羨萬物之得時，感吾生之行休。」則是透過自然而體察生命至理的「悟道」過程。

陶淵明從「居室」到「庭園」，再從「田園」到「山林」，空間不斷向外延伸、開闊，這種無限擴張的空間意識，呈現出隱逸者自在逍遙的胸懷。他們的隱居生活，完全不受物質空間的拘限，在精神上得到絕對地自由。

道光年間，鳳山詩人黃文儀（？～？），喜好閒居賦詩，曾以「閒居雜詠」爲題，創作了二十四首連章詩〔註 74〕，完整地描繪他的閒居生活。從愜意的居家遊賞觀物開始，漸次地「應物」、「感物」，與自然景物互動對話，而後「體物」，從景物接觸中體悟事理，最後讓人的情思有所歸屬，進而領悟人生道理。以下列舉數首：

　　山聳千重綠，堂開一鏡明。讀來書幾卷，坐到月三更。（一）

　　明月窺窗照，清風入戶來。篆雲抽縷縷，簾霧煖如煨。（十四）

兩首詩描寫閒居觀物的活動，對生活周圍山水、風月、雲霧的觀察和描寫，基本上是採取描摹方式，透過感官接受，呈現當下所接觸的景物。

　　雨後添詩興，花前破笑顏。知音千古少，得趣一心懂。（五）

　　意可香初蒸，多情月照人。夢遊非有待，隨意上牛津。（七）

---

〔註 74〕黃文儀，〈閒居雜詠〉，收入《鳳山縣采訪冊》（臺灣文獻叢刊 73），頁 513～514。

詩人的心靈在接觸雨、花，月等外在景物，或者觀照到外物的變化推移時，觸發許多意緒感慨，成為詩文創作的泉源。而人與物的交接互動、感通融會，物我關係因感應而融為一體。

> 理緒重重折，文思縷縷開。清機相引處，悟景豁然來。（二十三）

最後詩人的心靈會進入沉澱洗滌的過程，透過自然而生發感悟，使一切思緒明朗、文思泉湧，心中澄澈豁然、無限開闊。

而如此「張揚之勢」的空間描寫，多是從居室出發，外推至戶外的自然景物，最後到達無限的想像空間。在空間意識上，詩人自內在出發，透過外物的連結感通，不斷地擴張、延伸，終至超越外物，取得了精神上的大自由。這樣的空間敘寫，不論從外在空間或內在精神，都是一種向外輻射、暢懷高遠的飛揚之勢，充滿對生命的熱情。

除了「張揚之勢」外，隱逸的另一種空間敘寫是「收斂之勢」，指的是人退守狹小的空間，將生活深深封閉起來，向內心坎陷，並透過安養修煉，去療癒、滋養心靈，進而營造自得其樂的樂園。「斂勢」通常採取的是退守策略，廬居就是最終的安居空間。如同倦鳥歸巢，將自然、人在遭遇挫折或亂世，為了明哲保身，會將自己隔絕於險惡的世界之外，退守於一方小小的居室，以安頓個體生命無比高貴的靈魂，獲取尊嚴和自由。

魏晉以前的中國隱士，為逃避詭譎多變的塵世，多半都苦隱山林或巖穴，棲身於小小的居室中，雖然孤獨困頓，但心靈總是保持寧靜、安祥與自足，外在的物質條件，已不是他們關注的重點，而是內心是否自適逍遙。另外的原因是隱士是暫時隱避棲居，心志並不在此。他們身在山林、心懷魏闕，若非為了避禍保身，不會隱居山林。因此，他們的隱逸生活，多蜷居廬舍，表現孤苦寂寥，他們無意欣賞自然美景，更不會流連於山林河海之間，空間僅及居室，大多是屬於「斂勢」的空間書寫。

臺灣乙未遺民的隱逸書寫，大抵是屬於此類的。隱居生活的書寫多集中在一室的坐臥，為排遣內心的孤寂感，會從事許多藝文活動，包括讀書、彈琴、飲酒、誦詩、奕棋等。如陳肇興詩：

> 一鐙澹對睡常遲，寂寂西窗有所思。小飲最宜冬至日，苦吟偏愛夜長時。
> 夢迴紙帳人初倦，春到梅梢蝶不知。卻怪寒蛩情似我，連宵唧唧伴吟詩。
> 〔註75〕

---

〔註75〕陳肇興，〈閒居〉四首之四，《陶村詩稿》（臺灣文獻叢刊144），卷6，頁87。

夜晚對燈無眠，日間倚窗思索，代表隱逸者心有所繫，於是以小飲、苦吟來排遣，或許是愁思縈迴，任聽深秋的蛩聲唧唧，竟渾然不知春天已悄悄到來。

此外，詩人也會運用夢境或想像，援引古代隱士相伴，並與之對話，透過超越時空的隱士相會，讓隱居者不再孤單。鹿港名士洪繻有詩曰：

> 閒齋日無事，夢足聞鳥語。坏戶卻冬寒，敞軒消夏暑。獨遊一室中，
>
> 時與羲皇處。雖異柴桑居，聊比輞川墅。〔註76〕

悠閒無事的隱居生活，詩人會隨著季節流轉而應變。常獨自遊於居室，想像與古代羲皇之人一樣的逍遙自在，這樣的生活雖不若陶淵明的曠達灑脫，但卻可比王維的閒情逸致。

不論是讀書吟詩、神醉夢迷，都發生在小小的廬居中。對於避亂保身的隱士來說，廬居是天地間的歸宿、安身立命之所，他們習慣退守其中，將所有的內在情感收斂起來。這個祥和幽靜的私密空間，成為他們居息俯仰的世界，就算是周圍的自然美景，也只是透過窗戶遙望。廬居成了涵納世界的中心，隱士棲身於此，得到一種安穩的幸福感，彷彿回到母體般。

以廬舍為中心的「張勢」與「斂勢」空間意識，有時也不是全然相反的。當士人隱退廬居，處於孤獨的寂靜狀態，會讓人陷入某種巨大、深沉而沒有界線的感受當中，進而產生浩瀚感，它可以有無邊無際的空間想像。道光年間，以教席隱居彰化的陳書，他曾說「乾坤寬大是吾廬」，將廬居的空間概念延伸至廣大的天地。詩曰：

> 湖海元龍氣未除，乾坤寬大是吾廬。身閒不必買山隱，心靜何妨近世居。
>
> 案少奇珍惟筆硯，囊無長物只琴書。螺青社裏頻開帳，瀟灑襟懷定屬余。
>
> 〔註77〕

詩人效法三國陳登的豪氣，以天地為家。當然，只要身閒心靜，何處不是隱居處。雖然他的家境窮苦，一貧如洗，物質條件極為有限，但是在精神上，他是自由自在的，擁有瀟灑的胸懷，擁有的空間便無限寬廣。

---

〔註76〕 洪繻，〈齋居偶得〉五首之一，《寄鶴齋詩集》（南投縣：臺灣省文獻會，1993），頁 262。

〔註77〕 陳書，〈螺青書屋〉，收入《彰化縣志》（臺灣文獻叢刊 156），卷 12，頁 487～488。

# 小　結

　　清領時期臺灣文人囿於科考艱難、社會動盪，選擇了退隱閒居，他們退居鄉里、避居山野、築屋閒隱，藉著獨善其身、淡泊名利來修煉自我，以孤絕的身影表現心靈的自由。在詩歌創作中，雖有時有對生命的落寞與嘆息，但強調的是悠閒安樂的生活狀態，以及淡泊逍遙的生命哲思。

　　而當時的臺灣社會，時有民變、族群械鬥等動亂，特別是清末的乙未割臺之變，對臺灣的士人造成極大的衝擊。為了避亂保身，他們選擇移居郊野，或隱逸市井，甚至流落異地，潛居養志。這其中包括躲避朱一貴事件的卓夢采、鄭應球，躲避戴潮春事件的陳肇興。他們避居山區，被迫過著採薇明志的困頓生活，有著明哲保身的委屈。

　　另一群隱避動亂的是乙未割臺的臺灣文士，他們被動地接受孤臣遺民的身份，面對家園成為殖民的事實，抗日無效的士人轉進內地、流落海外，在異地回望故鄉，如丘逢甲、施士洁、許南英等人。而留在臺灣的士人，許多人選擇隱避起來，消極地面對殖民政權，如洪繻、謝道隆、林朝崧等人。不管他們身在何處，面對家國變異的無奈，身心的疲憊與傷痛，往往需要療治。而遠離紛擾、投身自然，閒適生活、恬淡無求的生命態度，是當時最普遍的選擇。

　　處士之閒隱山居，居處空間包括書齋、居室、草廬、田園、山林，構成一個精神自足的世界。透過閒居生活意象的經營，自小小的廬室走向寬廣的山林，用以抒發生命的熱情，達到「至樂」和「逍遙」的境界。而以隱避保真為目的的亂世逸民，藏身山林、蜷居廬舍，嘗盡貧苦寂寥。他們的隱避態度，呈現收斂式的空間意識，多固著於居室之間。而為了排遣內心的孤寂感，他們讀書誦詩、看花賞月、飲酒彈琴、品茗參禪，配合著自然無爭的環境氛圍，過著優雅閒散的詩意生活。悠哉的生活集中於「習靜」、「安養」，並追求超越生命狀態，達到「樂感」的逍遙境界。

# 第四章 文人園林——人間安樂窩

　　魏晉的玄學之風，將隱逸觀念帶向「情性化」，隱逸文化從「苦隱」轉為「閒隱」，亦即「隱」的成份淡化，「逸」的精神被凸顯。對中國士人而言，「閒逸」之情是另一種精神層面的追求，在無力對抗外在環境的情況下，選擇避離世俗、追求自我，以舒適寫意的生活，來完成自我精神的肯定。園林是士人追求隱逸的典型空間，透過獨立、幽靜、自然、雅致的空間，士人得以拋開羈絆，悠遊其中，充滿自然美學的環境中，可以修養心性、療癒心靈，進而以文學創作展現個人情志。

　　中國的儒家思想中，重禮樂文化，講修性養志，都是一種優雅的傳統。而魏晉時期以個人自覺為主的雅逸風尚，更是凸顯士人文化的雅化和藝術化。士人將生活中的點滴，以詩文吟誦，一草一木皆賦予優雅的標示。如同左思的詩「何必絲與竹，山水有清音。何事待嘯歌，灌木自悲吟。」〔註1〕真正閒適優雅的生活，是來自人內在的心境，外在物質會隨著人的情感而有所轉移，這就是主體性。唐代之後，因為經濟的高度發展，文化與藝術空前繁榮，宋代李格非在《洛陽名園記》中提到，唐貞觀、開元年間，公卿貴戚在洛陽建造的邸園，總數就有一千多處，足見當時園林發展的盛況。〔註2〕唐代文人以風雅高潔自居，多自建園林，並將詩情畫意融入園林之中，從仿擬山林自然之美，到提煉自然的意境美，進而把園林空間典型化，使園林走向寫意山水。如白居易「廬山草堂」、王維的「輞川別業」等都是「文人園林」的代表。有別於富貴王公的奢華宅邸，文人通常只構建簡單的廬舍，重點是週

---

〔註1〕左思，〈招隱詩〉，收入《先秦漢魏南北朝詩》（臺北市：木鐸，1982），頁734。
〔註2〕李格非，《洛陽名園記》（臺北市：藝文，1966），頁61。

遭的園林景觀，文人多半親自參與規劃，並融入個人的自然審美、生活情趣、人生哲理，展現出清新雅致的風格。文人園林的設計，往往也爲退隱的生活預作準備，除要求賞心悅目外，也講究寄託理想、怡情養性，表現出心靈的恬淡安適與歸隱家園的高尚情志。

　　本章的研究重點是臺灣清領時期的文人園林，探討園林空間作爲文人理想的生活棲所及生命歸宿，在他們的文學書寫中所反映出的隱逸思想。文人園林在隱逸文化的意義是極其重要的，就空間格局而言，建築景觀的布設、山水林泉的規劃、動植物的養護，都可以見到文人仰慕自然之美，產生萬物情遷的無限感懷。而就生活情態來看，文人在園林中的遊賞，以及詩酒雅會等藝文活動，表現出追求精神至樂的心靈生活。就文化心理而言，詩人生活在充滿美感與意境的園林中，透過獨自的漫步、靜坐、眺望、泛舟、垂釣、聽泉、看花等活動，讓心靈達到沉靜，進而忘卻煩憂。而園林仿擬的詩意情境，往往饒富隱逸的趣味，這樣的空間經常使人忘記自我、跨越時空，成爲現代的陶淵明或林逋，讓自己成爲隱逸文化的一環。不論是內在的孤獨情志、外在的歡愉享樂，在這樣的自我探尋和定義的過程中，都將進一步地轉化爲生命的體悟及思想的超越。

## 第一節　花月下的隱逸情懷

　　隱逸思想滲透到園林文化，與白居易提出的「中隱」觀念有關。唐代的科舉制度讓一般平民有晉升士大夫階級的機會，讀書人得以施展才能、實現自我。但另一方面又常被迫遷就於政治現實，忠於國家社會的價值思考。士人爲了生存，不得不接受事實，努力地兼顧自我個性的「隱士」和屈於集體意識的「朝士」兩種角色。在這樣的社會氛圍下，道家的自然之道和儒家的仁義之道，在士人心中不僅互相融合，而且是變通的。士人在現實得志時，嚮往隱居閒適的生活，失意時，更需借助自然山水、歸隱生活來慰藉心靈。一方面是園林在空間上有隔絕作用，讓人暫時離避世俗，另一方面不用再像傳統的隱士般苦棲山林岩穴，而能以優雅的姿態棲居花月之下。

　　白居易年老時，在洛陽東南隅的履道里，購宅築園，隱居處與陶淵明的「桃花源」空間，有異曲同工之妙：

> 十畝之宅，五畝之園。有水一池，有竹千竿。勿謂土狹，勿謂地偏。
> 足以容膝，足以息肩。有堂有庭，有橋有船。有書有酒，有歌有弦。
> 有叟在中，白須飄然。識分知足，外無求焉。如鳥擇木，姑務巢安。
> 如龜居坎，不知海寬。靈鶴怪石，紫菱白蓮。皆吾所好，盡在吾前。
> 時飲一杯，或吟一篇。妻孥熙熙，雞犬閑閑。優哉遊哉，吾將終老
> 乎其間。〔註3〕

這是白居易刻意營造的「桃花源」，竹林花卉、軒堂庭園、水池館榭，雖不是
豪華宅邸，但講究精巧，船行走橋、讀書飲酒、扣弦而歌，是多麼優雅適意
的生活。他「識分知足、外無求焉」，甚至可以「不知海寬」，只求「巢安」，
並可「優哉」、「遊哉」。他心目中理想的樓居，是一個離塵安適的空間，足供
居處，再加上庭池花木的優雅設置，讓人可以自在閒遊、逍遙以終。白居易
具體地實現了「桃花源」的生活，他的園林空間即是隱逸空間，也爲後世文
人園林定下了一個文化基調。

　　臺灣的園林發展，最早可上溯到荷蘭統治時期，當時泉州人何斌擔任荷
蘭通事，負責徵收稅捐，因此累積財富，大約 1650 年左右，在府城普羅民遮
市街上，興築了一座私人公館及花園。根據《繡像掃平海氛記》所載：

> 這何斌每年亦有數萬兩銀入手，不喜娶妻，廣造住宅花園，園中開
> 一魚池，直通鹿耳門，有時尚乘小船到鹿耳門釣魚遊玩。家中又造
> 下兩座戲臺，有使人入內地買兩班官音戲童及戲箱、戲服。若遇朋
> 友到家，即備酒席看戲，或是小唱觀玩。〔註4〕

這是目前可知臺灣最早的園林。文中提及花園中有魚池、戲臺，不僅懂得休
閒自娛，還特地找來戲班唱戲，作爲交際應酬之所，《臺灣外記》有段記載他
宴請荷蘭揆一王：「於元夕大張花燈、煙火、竹馬戲，綵聲歌妓，窮極奇巧。」
〔註5〕可見他在宅邸園林中的奢靡享樂。該園林在何氏沒落後毀壞，道光七年
（1827）遺址由富商吳尚新收購，興建私人園林「吳園」。

　　進入明鄭時期，先後有寧靖王的「一元子園」和鄭經所建的「潛苑」，雖
然這些園林規模小巧簡樸，但也算是皇家園林。代表明朝在臺統治者的寧靖
王朱術桂，在府城西定坊的王府庭園名爲「一元子園」，是鄭經爲禮遇寧靖王

---

〔註3〕白居易，〈池上篇〉，《白居易全集》（上海：上海古籍，1999），卷69，頁954。
〔註4〕《臺灣省通誌》（臺北市：眾文，1980），學藝志藝術第一卷，頁1。
〔註5〕江日昇，《臺灣外記》（臺灣文獻叢刊60），頁190。

所建。入清後改爲天后宮（今台南大天后宮），庭園有亭台樓閣，並廣植奇花異草，以現有建築觀之，基地東西長約 300 公尺，南北寬約 150 公尺，規模實在難比歷代之苑圃。

另外是鄭經的「潛苑」，鄭經在永曆三十四年（1680）西征失敗，失意之際，又遭逢親信大臣陳永華、柯平、楊英等相繼去逝，因而心灰意冷。他將國政交付鄭克塽，命人造園，移居其中，縱情花酒、不問政事。康熙二十九年（1690）第一任臺灣府學教授林謙光說：「辛酉（1681）年，經預立其庶子鄭欽爲監國，退閒於洲仔尾，築遊觀之地。峻宇雕墻，茂林嘉卉，極島中之華麗。不理政務，嬉遊爲樂。」〔註6〕在鄭經的詩集中，他將園林稱作「潛苑」，自號「潛苑主人」，並以「東壁樓」爲讀書處。園林以自然景觀爲主，少有人工的雕琢，更談不上「華麗」。園林有小溪圍繞，水邊植有蓮花、柳樹、桃花，可並乘船垂釣、賞鳥觀魚，遠山落日、流水溪月，都是絕美景致，足以供鄭經潛居流連，終日歌詠，寄託餘生。

《東壁樓集》中有大量的山水風月書寫，充滿著孤獨隱逸的情志。他自號「潛苑主人」，詩集中至少有「東園」、「東樓」、「翠樓」、「容軒」、「北亭」、「南樓」、「南村」、「閱江別圃」、「西齋」、「盤龍齋」、「春園」、「水心亭」、「百花莊」、「淇園」等遊息之所，〔註7〕並有許多雅集活動，園林相關的書寫幾乎占了四分之一。〔註8〕許多詩描述他閒行園中所見的景色：

> 潛苑樓臺上，巍巍接碧天。紅蓮含宿雨，綠柳帶朝煙。歸鳥集芳樹，
> 遊魚躍紫淵。夜思還入夢，擬到白雲邊。〔註9〕

> 一苑皆春色，三洲帶晚風。青山接碧漢，翠潤落晴空。漁艇出叢綠，
> 岸花到處紅。遠峰橫落日，長渚掛殘虹。流水搖溪月，輕煙籠岸楓。
> 江波逐返棹，霞影送歸鴻。疏竹開幽徑，芳林隱澤宮。清幽無限景，
> 何必羨瀛蓬。〔註10〕

---

〔註6〕林謙光，《臺灣紀略》（臺灣文獻叢刊 104），頁 54。

〔註7〕龔師顯宗，〈初論《東壁樓集》〉，收入《臺灣文學論集》（高雄市：復文圖書，2006），頁 39。

〔註8〕黃騰德，《鄭經詩歌研究——以《東壁樓集》爲探討重點》（國立臺灣師範大學碩士論文，2011 年），頁 89。

〔註9〕鄭經，〈題潛苑景〉，《東壁樓集》（明永曆泉州刻本），卷 3，頁 150～151。

〔註10〕鄭經，〈潛苑三洲〉，《東壁樓集》（明永曆泉州刻本），卷 5，頁 293～294。

相對於一苑的春色，「晚風」、「歸鳥」、「落日」、「殘虹」、「歸鴻」似乎暗示著他內心的思慮。然而轉念間，他既然選擇了淡出政事，不妨藉著無限的清幽美景，忘卻煩憂，尋求逍遙自在的人生。

　　此外，尚有明鄭時任諮議參軍的陳永華所造的「陳氏園」。據連橫〈台南古蹟志〉稱：「陳氏園在北門外武定里，東都總制陳永華建，俗稱花園，大約二百畝。」〔註11〕園林位於城外，規模二百畝，不可謂不大。據鄭經詩集所題，園名應作「憩園」，並有〈遊陳復甫憩園〉詩：

　　　憩園桃李映杯春，滿地殘紅渾繡茵。翠竹芳林開曲徑，碧流孤棹動高旻。
　　　輕煙舟舟浮江際，飛鳥翩翩鬧水濱。醉後歸來將墜馬，霏霏細雨淨車塵。

　　〔註12〕

園中桃樹李樹繁茂、翠竹掩映，園外小溪潺潺、一葉扁舟、輕煙細雨、飛鳥翩翩，多麼悠然閒適的景像。可惜入清後廢為檨林。孫元衡曾探遊作詩曰：

　　　杪秋似初夏，和風正輕靡。從遊四五人，出郭二三里。細路入幽篁，
　　　平沙渡寒沚。羨木行行直，崇岡面面起。故葉凌冬青，新枝垂暮紫。
　　　茅店闃無人，遠望洵足美。門前百尺陰，陰此一溪水。〔註13〕

詩人遊園，距陳永華去世已近60年，景物全非，詩中提及園林殘迹尚存，可惜如今已全無蹤跡。詩中所述，園林約在府城北郊不遠，出城後，途中多竹林沙地，眼前是一片檨林，遠處則是層層山巒。寂靜無人的茅屋小店，映照著因歷史而荒廢的豪邸大院，唯獨不變的是那門前幽幽流動的鹽水溪。

　　除了上述園邸外，臺灣當時最為人熟知的莫過於「夢蝶園」。明末漳州舉人李茂春，喜吟詠擅作詩，尤好老莊之書。高志稱他「仙風道骨，性生然也。日放浪山水間，跣足岸幘，旁若無人。」〔註14〕明末同宗室遺臣依附鄭成功，隨之渡海來臺，當時年近晚暮，感慨國難之餘，選擇在府治南方城外，築草廬亭園自娛。並常與僧侶誦經、持齋念佛，隱居其中，人稱「李菩薩」。好友陳永華為園子命名「夢蝶園」，並作了一篇記：

　　　昔莊周為漆園吏，夢而化為蝴蝶，栩栩然蝶也。人皆謂莊生善寐，
　　　余獨謂不然。夫心閒則意適，達生可以觀化，故處山林而不寂，入

〔註11〕　連橫，〈臺南古蹟志〉，《雅堂文集》（臺灣文獻叢刊208），卷3，頁247。
〔註12〕　鄭經，〈遊陳復甫憩園〉，《東壁樓集》（明永曆泉州刻本），卷4，頁257～258。
〔註13〕　孫元衡，〈閒遊羨子園林〉，《赤崁集》（臺灣文獻叢刊10），卷4，頁78。
〔註14〕　高拱乾，《臺灣府志》（臺灣文獻叢刊65），卷8，頁212。

朝市而不夢。醒何必不夢，夢何必不蝶哉？吾友正青，善寐而喜莊
氏書，晚年能自解脫。擇地於州治之東，伐芳闢圃，臨流而坐，日
與二三小童，植蔬種竹，滋藥弄卉，卜處其中，而求名于余。夫正
青，曠者也。其胸懷瀟灑，無物者也。無物，則無不物。故雖郊邑
烟火之所比鄰，遊客樵夫之所闐咽，而翛然自遠，竹籬茅舍，若在
世外，閒花野草，時供枕席，則君真栩栩然蝶矣。不夢，夢也；夢，
尤夢也。余慕其景而未能自脫，且羨君之先得，因名其室曰「夢蝶
處」，而為文記之。〔註15〕

李茂春築園，意在避隱。他住的是竹籬茅舍，種的是閒花野草，雖與人煙比
鄰，卻能心曠自遠。這樣以自然田園為趣的隱逸生活，真羨煞晚年挫折不斷
的陳永華。入清後，「夢蝶園」經僧人改建，茅屋頂改用陶瓦，整修一番用以
供佛，改稱「準提庵」。康熙四十七年（1708）時鳳山知縣宋永清為祭祀火神，
又改稱「法華寺」。

　　「夢蝶園」改為「準提庵」、「法華寺」，建築雖有變動，但園林景觀仍舊
保留。宋永清並在園內設置鐘樓、鼓樓，在前後空地廣植花果。特別是鼓樓
後方建造小亭，取名「息機亭」，提供官員、民眾閒暇之餘，休憩養心。〈息
機亭小記〉曰：

予治鳳三年，民安其拙，作亭於夢蝶之園，名「息機」也。地可盈
畝，而亭不數椽，護以烟蘿、環以竹木，青蔥陰翳，森森萬木中，
幾不知有塵忙躑躅也者。或而憑欄俯仰，直瞰巨流，大小岡山如奔
目睫；澄懷滌慮，冷然如憑虛御風焉。對此栩栩初回，機心頓息；
公餘一枕，其殆訪我於羲皇之上乎！用為記。〔註16〕

宋永清原籍山東，為山左名士，來臺任官，積極提倡文教，士人亦樂從之遊。
他悉心梳理夢蝶舊園，修築「息機亭」，目的是作為文友雅聚的藝文空間。當
時不少的文人雅士會聚於此，登高望遠、憑虛御風，吟詠詩詞，藉著自然風
光以滌清思慮、頓息機心。「息機」除了符應佛家的法理之外，也呈顯出當時
臺灣士人對隱逸生活的嚮往。

---

〔註15〕　陳永華，〈夢蝶園記〉，收入《重修臺灣縣志》（臺灣文獻叢刊 113），卷 15，
　　　　　頁 541。
〔註16〕　宋永清，〈息機亭小記〉，收入《重修臺灣府志》（臺灣文獻叢刊 105），卷 10，
　　　　　頁 381。

　　不論古今中外，當知識分子面臨生命困境時，多半會有些內省活動，退而思考人生意義，如同陶淵明不適應官場，便檢視自己的心性，「少無適俗韻」、「質性自然」，於是選擇退隱。即使清領初期遊宦臺灣的士人，都把園林生活當作是精神的寄託，孫元衡有詩提到：「脫俗自成趣，園林物外閒。」〔註17〕這一方靜寂幽雅之地，足以隔絕俗慮，短暫地享受生活的情趣和精神的逍遙。同樣的新竹文人林占梅在生命遭遇困境時，試圖透過「詩意的棲居」，在歸返自然的生活中，讓失去活力、自由的生命，可以得到適當的安頓和撫慰。

# 第二節　文人園林的建置與布局

　　進入清領時期，臺灣隨著政治經濟的發展，開始有私人的園林修建。清初時，僅有少數科舉官家有能力修築園林以自娛，如雍正七年（1729）武解元李禎鎬所建的「李氏園」。乾嘉之後，臺灣經濟穩定、貿易發達。大量的農產品如米、糖、鹽等輸往大陸、日本，為民間累積龐大的財富，造就了富裕的商人階級。他們以雄厚的財力，一方面支持地方政府鋪橋造路、興建寺廟、賑災濟貧、調解紛爭，甚至組織義民、保衛鄉土。另一方面，他們也資助義塾、熱心教育、獎掖科舉，對地方文風有極大的助益。這些人後來通過科舉考試取得功名、學銜或官銜。有些富裕的墾首、商人，透過捐貲納粟，或是協助建設、平亂有功，也可獲得學銜、官銜。然後成為「商紳」或「士紳」，在清朝治理下的臺灣社會，是一股不可忽視的重要力量。他們在政治、經濟各方面享有特權，並且主導著臺灣社會。

　　這些士紳有著豐厚的經濟條件，在完成科舉功名或短暫的官宦生涯後，歸鄉潛居，過著悠閒自在的生活。他們或讀書養性、感物吟詠，或詩酒歡宴、往來應酬，對臺灣的文化藝術有一定的提升作用，特別是「文人園林」。文人園林乃是文人所建造之園林，饒富文學趣味及文化深義。著重的是文人的理想寄託，並能陶冶性情、表現隱逸精神。不同於其他形式的園林，文人園林不僅是典雅舒適的生活空間，同時也具有精神轉化的超越性意義。文人園林成為一種重要的士人文化，同時承載著物質文化及精神文化，一方面表現出優美雅緻、歡樂安逸的生活情趣，一方面又反映自然樸質、與世無爭的精神追求。

〔註17〕孫元衡，〈題林秀才池館〉，《赤崁集》（臺灣文獻叢刊10），卷3，頁47。

　　乾隆皇帝幾次下江南巡行，居停私人園林的結果，帶動民間興築私人園林的熱潮，臺灣顯然受到一些影響，據統計清領時期可考的私人園林約 20 餘處，大多是在乾嘉之後興建的，除了有些是富商園邸外，約有 10 處是屬於文人園林。〔註 18〕這些文人園林除了少數得以被保存下來外，現在大多已毀壞殆盡。因此，我們僅能從流傳下來的詩文作品中，勾勒出園林的風貌，以及當時詩酒吟會的盛況。茲參考相關的文獻記載及詩文敘寫，以一般園林的分類方式，就其建置沿革及建築布局，分述如下：

## 一、郊野園林

　　郊野園林是選在距離城市不遠的村莊郊野處，可任意往來居住，或作為短暫休憩之別業，一方面享受自然的景色，一方面不離俗世塵寰，是建築園林絕佳之地，亦即《園冶》一書所說：「古之樂田園者，居畎畝之中，今耽丘壑者，選村莊之勝者。」〔註 19〕明鄭時期許多閒隱士人都是選擇在府城郊外築園避居，如鄭經的「北園別館」、陳永華的「陳氏園」、李茂春的「夢蝶園」，以及清領初期的「李氏園」、「曾氏園」等都是這類園林。這些園林因為離開喧囂的市街，所以都有共通的特點——幽靜。如潛苑「疏竹開幽徑，芳林隱澤宮。」〔註 20〕、陳氏園「出郭二三里，細路入幽篁。」〔註 21〕曾氏園「細路逶迤入，城南訪辟疆。」〔註 22〕位於城郊的園林，一方面能避開喧囂，一方面清靜幽雅，成為士人邀約聚會、吟哦遊賞之所。此外，在社會承平、經濟發達的時候，這類的園林也會成為一般民眾出遊的熱門地點。

　　1. 李氏園：

　　雍正七年（1729）臺灣縣籍武解元李禎鎬在臺灣府治外永康里所建，父親李文奇兄弟三人高壽九十幾，因此臺灣知府倪象愷匾其園亭曰「聚星」，意謂群星會聚福地，園名又曰「聚星園」。府志載：

---

〔註 18〕詳見曾惠裏，《臺灣傳統園林的歷史發展及空間特性》，中原大學建築學系碩士論文，2001 年。

〔註 19〕計成著、陳植注釋，《園冶》（臺北，明文，1983），卷 1，頁 53。

〔註 20〕鄭經，〈潛苑三洲〉，《東壁樓集》（明永曆泉州刻本），卷 5，頁 293。

〔註 21〕孫元衡，〈閒遊羨子園林〉，《赤崁集》，卷 4，頁 77～78。

〔註 22〕朱景英，〈三月廿日邀同任伯卿施荻堂遊曾氏園林歸飲署齋即事〉十首之二，收入《全臺詩》，第三冊，頁 27。

　　李氏園近鯽魚潭，主人築小亭曰「聚星」。綠疇四繞，青嶂當窗，臺
　　地官僚省耕，皆憩於此。〔註23〕

　　該園雖屬私人園林，但地當城郊出入之道，有官員外出巡行時，常在此
停駐休息，因此也留下若干詩作。如巡臺御史張湄有詩：

　　梧竹陰森護短垣，群峰飛落聚星園。海翁九十髮如鶴，門外水田秋稼繁。
　　〔註24〕

園林中種有茂密的梧樹、竹林，外有矮牆圍護，形成一個獨立幽靜的空間氛
圍。梧與竹原是至清、至幽之物，相傳鳳凰非梧桐不棲、非竹實不食，梧竹
並茂，顯示園主的高雅清幽之意。而遠處的群山矗立平疇，彷彿自天上飛落；
身居園中的長者高壽九十，髮白如鶴。連用了兩個幻化形容，表示詩人沉浸
在虛幻的想像中，直到視覺再度回到門外的田疇莊稼，方覺醒自己身在人間。

## 2. 曾氏園：

　　曾氏園位於府城南方，為私人園邸，建於乾隆年間，常為巡察官員遊憩
之所。海防同知朱景英就多次與友人任承恩同遊曾氏園：

　　偶與任將軍伯卿聯轡城隅，得曾氏園，修竹千竿，極檀欒之致。藥
　　欄羅逕，布置逶迤，頗有清趣。相與盤桓老樹下，嘯詠良久。自此
　　遊涉日眾，竟成海外辟疆矣。〔註25〕

有關曾氏園的文獻資料有限，詩中提到園中有竹林、花圃、小徑，曲折蜿蜒，
饒富情趣。從他創作的系列詩作中，也可以一窺其風貌。詩曰：

　　細路逶迤入，城南訪辟疆。竹疎三徑闢，樹暗一扉藏。款客虛廚具，
　　譚詩賸草堂。不妨留少選，幽意引春陽。〔註26〕

　　花木邱遲媚，蓬蒿仲蔚開。尚須疏曲沼，更擬榜層臺。綠護苔痕上，
　　青延樹色來。坐深忘日暝，清話絕氛埃。〔註27〕

　　片石撐何有，孤亭縛亦宜。謁來倦投腳，小住醉搘頤。筍勿當蹊坼，
　　花煩趁雨移。囑他勤汛掃，底為後遊期。〔註28〕

〔註23〕范咸，《重修臺灣府志》（臺灣文獻叢刊105），卷19，頁544。
〔註24〕張湄，〈聚星亭〉，收入《重修臺灣府志》（臺灣文獻叢刊105），卷19，頁544。
〔註25〕朱景英，《海東札記》（臺灣文獻叢刊19），卷4，頁50。
〔註26〕朱景英，〈三月廿日邀同任伯卿施祓堂遊曾氏園林歸飲署齋即事〉十首之二，
　　　　收入《全臺詩》，第三冊，頁27。
〔註27〕同上註，〈三月廿日邀同任伯卿施祓堂遊曾氏園林歸飲署齋即事〉十首之四。
〔註28〕同上註，〈三月廿日邀同任伯卿施祓堂遊曾氏園林歸飲署齋即事〉十首之五。

詩中不斷營造隱逸意境，由城南逶迤小路造訪，便有秘境之趣。入園後脩竹林蔭，深而幽靜，園中闢出三徑，屋舍藏於幽隱之處，都顯示這是隱士居處。主人真誠簡單的留客款待，草堂中優雅陶然地吟詩，構成一幅隱逸圖畫。

## 二、城市園林

臺灣早期的園林，大都位於府縣城內，從荷據時期的何斌花園，到明鄭時期的「一元子亭」以及清領初期的「吳園」、「宜秋山館」、「潛園」、「北郭園」等，都是選擇在城市中築園，與自家宅第結合，取其生活便利，一方面可以讀書養志，一方面便於迎賓宴客。計成《園冶》稱此為「城市地」，並認為「市井不可園，如園之，必向幽偏可築。」〔註29〕以園林的幽靜特性而言，城市原是最差的建築地點，但其好處是便利性，「得閒即詣，隨興攜遊。」〔註30〕對有俗務在身的文人而言，其實是最好的安排。

之所以選擇在城市建築園林，最重要的考量是安全問題，與臺灣當時的開發程度有關。清領初期的臺灣仍屬拓墾時期，當時漢人的開墾都是以沿海港口為主，再逐漸往內陸發展，許多郊野山林，仍是荒煙蔓草、瘴癘之地，遠離城市有安全上的顧慮。為了享受自然之美，城市園林運用人工方式，在有限的城市空間中，圈圍一方，模擬山水景致，把大自然引入日常生活之中。有時園林中可以藉由樓閣登高遠望，以借景方式享受遠山流水、自然田園景色，如新竹潛園的「爽吟閣」有碧水迴環、青山遙拱，可以倚欄眺望，坐臥閣樓，盡收遠方山水景致。又如「陌田觀稼」即是從樓閣中眺望城外的阡陌莊稼，可遠眺田園美景。城市園林雖喧擾窘迫，然而掩門登眺，仍可對外取景，享受自然山野之趣，如計成所言「堂開淑氣侵人，門引春流到澤。」〔註31〕滿足文人心向自然的想望。

### 1. 吳園

吳園是府城鹽商吳尚新所建，道光十年（1830）建成，位於府治東安坊枋橋頭一帶。園主吳尚新，名麟，字勉之。父親吳春貴的「吳恒記」，自嘉慶初年即專營臺灣、嘉義兩縣鹽務，累積龐大的財富。吳尚新繼承父業，並捐官而得候補通判、補用員外郎。道光四年（1824）協助台灣知府鄧傳安，承

---

〔註29〕計成著、陳植注釋，《園冶》（臺北，明文，1983），卷1，頁53。
〔註30〕同上註。
〔註31〕同上註，卷3，頁233。

辦洲南鹽場的遷建，不僅增加官鹽產量，同時拓展個人的官場人脈，讓吳氏家業達到頂峰，成為富甲一方的「府治巨室」。道光七年（1827）因父喪參與風水堪輿，領會了自然之妙、山林之美，於是在宅第旁構築庭園，作為閒居養老之用。

　　吳園位於臺灣府城精華地區，現僅存少數遺跡，後人推估規模應該不大。據傳當初為了築園，吳尚新蒐購了北邊荷據時代何斌府第庭園的舊址，依照地勢闢建成為庭園。園中有假山流水、亭臺樓榭，其中「飛來峰」是由福州名匠徐森，仿造杭州西湖靈隱寺的「飛來峰」所建，題名「仿飛來」，是園中最具代表的景色，連橫曾如此形容：

> 枋橋吳氏為府治巨室，園亭之勝甲全臺，而飛來峰尤最。壘石為山，
> 高數丈，大二十餘丈，迴環洞達，邱壑天然，絕構也。峰下有塘，
> 水清而綠。上為作礪軒。其旁有園曰東園。樓臺花木，隨地布置，
> 高低曲折，各占其宜。雖居城市之中，饒有山林之趣。〔註32〕

目前尚存的飛來峰是以咾咕石疊成，假山中留有迂迴曲折的小徑和門洞，讓人得以穿梭其中。峰頂有平台石椅，提供俯瞰視野，峰下則是半畝大的水塘，左有小山湧泉，形成瀑布而下，經小橋注入池塘。水池上築有「六角亭」和「作勵軒」，間有遊廊連接。亭軒可供文士詩酒吟會，遊廊間可俯觀游魚，悠然自在。軒旁更闢有「東園」，種植奇花異木，春暖花開，饒富詩意。〔註33〕

　　由於吳尚新的商人身分，吳園的構築布置，並非純屬文人園林，然而以該園後來地方文人士紳的聚會唱遊來看，卻符合文人園林的標準，臺灣知府鄧傳安有一塊「漱藝流芳」的贈匾，約可證之。臺灣這種私家園林，有時兼具官員、商紳、士人交遊宴饗的功能，在美景、酒食、詩文唱和下，尋求彼此感情的交流及身份的認同。更進一步地說，吳園亦代表著一種融合階級族群、統合現實與浪漫的「樂園」。施士洁在一次春日的宴集中，與友人作了聯句詩云：

> 寄傲煙霞容我輩，偷閒泉石亦君恩。濁醪敢憚千回醉，佳句何妨一夕論。
> 文字因緣真不偶，雪泥鴻爪記今番。〔註34〕

〔註32〕　連橫，〈台南古蹟志〉，《雅堂文集》（臺灣文獻叢刊208），卷3，頁252。

〔註33〕　「吳園」修建時名為「紫春園」，位於府城枋橋頭一帶，今臺南市中西區。日治時期，因吳家家道中落，產權收歸官方。陸續興建公會堂及四春園旅館，現仍保有部份建築、假山、水池。

〔註34〕　施士洁等，〈春日同朱樹吾、楊西庚兩明府、梁定甫拔萃集飲吳家園聯句〉，《後蘇龕合集》（臺灣文獻叢刊215），頁330。

不論當時與會者的身份高低、境遇如何，一群人能有緣相聚，此刻一起在這個「人間樂園」中寄傲、偷閒、醉臥、狂嘯，盡情地醉酒狂歡、詩文酬唱。對詩人而言，每次讌集都是難得的因緣，所以要及時行樂，而這些短暫的歡愉，只能如雪泥鴻爪，永遠留存心中。詩中頗有傷時感事之嘆，而作為「人間樂園」的園林空間，顯然已是這群文人「寄傲」、「偷閒」的世外桃源，一個可以寄託心靈、抒發胸臆的安適之所。

### 2. 潛園

「潛園」位於新竹縣治西門城內，俗稱「內公館」，是新竹富紳林占梅所建，於道光廿九年（1849）竣工。林占梅，字雪村，號鶴山，又號巢松道人。林氏一族的興起，始於嘉慶年間林占梅之祖父林紹賢。林紹賢是清國學生，來臺從事拓墾，經營航務，並曾與板橋林平侯合辦全臺鹽務，善理財，因而致富。林紹賢原居南路鳳山縣，其後北上定居竹塹，建祖厝、設宗祠，成為當地豪族。而林占梅熱心公益，曾捐建文廟、倡築廳城、救助難民等，頗受地方官民敬重。

林占梅親自參與「潛園」之設計和營造，從道光十六年（1836）開始，至道光29年（1849）竣工。園內有「爽吟閣」、「師韞軒」、「涵鏡軒」、「綠榕樓」、「碧棲堂」、「浣霞池」。咸豐五年（1855）又陸續增建「香石山房」、「聽水山房」、「著花齋」、「嘯望台」、「陶愛草廬」、「綠影齋」、「逍遙館」、「拄笏樓」、「琴嘯亭」、「蘭汀橋」等。園內廣植梅花，有紅梅、白梅、綠萼梅等，為了布置梅園，他特地從江南購入特殊品種的梅花及怪異的太湖石。咸豐十年（1860）又建「梅花書屋」、「聽春樓」、「虹貫月樓」等。「潛園」是北臺灣第一座園林建築，與後來建於北門的鄭家「北郭園」（外公館）相互輝映，同列臺灣四大名園。光緒二十年（1894）《新竹廳志》將「潛園探梅」列為新竹八景之一。可惜這樣的一座精緻園林，在日本統治之後，幾乎被破壞殆盡。

常年客居幕下的林維丞（1822～1895）有一首詩，將潛園中的建築景物一一勾勒：

> 此間小住即成仙，景物撩人別樣妍。使酒連番開笑口，尋詩竟日聳吟肩。靜編籬落栽紅槿，斜倚闌干釣綠煙（釣月橋）。涵鏡軒迷楊柳岸，鬧春樓醉杏花天。愛廬雅癖懷陶令（陶愛草廬），拜石閒情慕米顛（香石山房）。棲鳳碧梧堂爽朗（碧棲堂），盤螺幽境路迴旋（小螺墩）。臺凌書舫通香榭（嘯望臺、鄰花書舫、掬月弄香之榭），

閣接蘭汀繫畫船（爽吟閣、蘭汀橋、吟月舫）。菡萏池環三徑曲（浣
霞池），芭蕉牆護一亭圓（宿景圓亭）。窗中梅影庭中月（二十六宜
梅花書屋），檻外嵐光閘外泉（留香閘）。留客竹鳴新雨後（留客處），
迎風萍約彩虹前（雙虹橋）。源添水活饒清趣（清許橋），垣借篁圍
結淨緣。差喜逍遙林下樂（逍遙館、林下橋）。潛園勝迹許流傳。
〔註35〕

從這些景觀的設置與命名，不難看出林占梅嚮往平淡曠達的情志。「陶愛草廬」
和「香石山房」是以陶淵明和米芾命名，兩位都是隱逸不群的名人，說明他
效法前人清隱之心。「碧棲堂」則是引用李白「問余何意棲碧山」的典故，同
樣是淡泊隱逸的喻意。而「逍遙」、「林下」是直指他心中自由逍遙、退隱之
情。其他如「釣月」、「浣霞」、「聽水」、「著花」、「嘯望」、「扶筇」、「琴嘯」、
「聽春」、「留香」、「清許」等用詞，無一不在鋪陳一種清閒淡雅的生活意境，
展現他對適意人生的追求。臺澎道徐宗幹就曾以「和靜清遠、古淡恬逸」〔註36〕
來評譽林占梅，可謂至論。

　　「爽吟閣」是園中最早的建築，也是全園的重心，爲二層式樓閣，臨「浣
霞池」，是園主宴客吟詩之處，據《大屯山房譚薈》稱：爽吟閣「在百花深處，
宏敞幽寂，倚欄眺望，碧水迴環，青山遙拱。」〔註37〕閣樓上視野極佳，可
俯看園景，並可眺望遠山。「涵鏡閣」在對面相望，閣前築有「涵鏡軒」，三
面臨水，四周通透，原是林紹賢在鳳山的舊居名。「棲碧堂」在池畔之北，爲
訪客等候，主人會客之處。「梅花書屋」是林占梅讀書、文會之所，書屋四周
遍植梅樹。與之比鄰的「著花齋」則是取王維詩句「來日綺窗前，寒梅著花
未。」可見林占梅愛梅之深。他有詩：「富貴繁華功甫記，橫斜樹影老逋詩。
擬向孤山栽百樹，空林母使鶴來遲。」〔註38〕是以北宋林逋爲典，林逋是北
宋隱士，隱居於杭州西湖孤山，終身不仕，未娶妻，與梅花、仙鶴作伴，稱
爲「梅妻鶴子」。林占梅爲仿傚林逋，特意在竹城西南隅築一小山，種植梅樹，

〔註35〕　林維丞，〈潛園紀勝十二韻〉，收入《新竹縣志初稿》（臺灣文獻叢刊 61），卷
　　　　6，頁 252～253。
〔註36〕　徐宗幹，〈潛園琴餘草簡編序〉，《潛園琴餘草簡編》（臺灣文獻叢刊 202），頁
　　　　4。
〔註37〕　蛻庵老人，《大屯山房譚薈》，《臺北文獻直字》，第 1～4 期合刊（臺北市文獻
　　　　會，1968），頁 153～154。
〔註38〕　林占梅，〈園中梅花盛開作詩賞之〉，《潛園琴餘草》（新竹市：竹市文化，1994），
　　　　卷 6，頁 484。

名之爲「孤山」，並構築「放鶴亭」、「梅鶴書屋」。他也曾作詩道：「讀易參禪趣默通，琴詩梅鶴是家風。莫嗤冷況孤山客，長在清閒兩字中。」〔註 39〕自比林逋隱居孤山，彈琴吟詩、種梅養鶴，過著清高隱逸的生活。

　　「潛園」是北臺灣第一座園林，除了巧心的建築設計外，常延請賓客、詩酒文會盛極一時。他在〈築園池歌學白傅體〉詩中，深刻地表達了對於園林生活的看法，詩云：

> 爲人須得中，偏好皆爲病。所好在博戲，傾家兼敗行。所好在盃觥，
> 過醉能亂性。所好在床幃，縱慾如陷阱。未若好園池，隨時資遣興。
> 層巒列畫屏，漾水矖明鏡。花木成蔥蘢，松篁互掩映。晨光夕照時，
> 鳥語添清聽。或趁柳風涼，或煮荷露淨。或撫月下琴，或擊林間磬。
> 或時履巉岩，撥雲歷危嶝。…如此足一生，無爭亦無競。如此到百
> 年，不衰亦不盛。此好見天眞，何勞窮究竟。〔註40〕

詩人表現對園林生活的喜愛，園林中有山巒、流水、花木、松竹、晨光、夕照、鳥語、涼風、露水、彈琴、擊磬等可供娛興，不管是自然景物或是人文活動，都表現優雅的生活情調。而他修築園林，無非是想以淳樸天眞的生活形態，遠離那塵俗的爭名奪利，過著一種與世無爭、詩情畫意的人生。

　　另一首〈夏齋遣興〉詩云：

> 繁華何必羨公卿，四壁圖書勝百城。得趣常思尋蝶夢，偷閒最愛結鷗盟。
> 塵襟盡滌心原淡，世味深嘗氣已平。獨自焚香消永晝，南薰風裡一琴橫。
> 〔註41〕

林占梅的隱逸是在嘗盡世味後，特別是經歷了戴潮春事件，晚年又因佃農私鬥，與竹塹外城顯赫的鄭家對簿公堂，甚至鬧上了北京，讓他陷入困境，並對世俗有更多感慨。因此，當他在建築潛園時，處處鏤刻著隱逸的語彙和典故，身居其中，時時提醒自己的情志。而藉著隱身園林、寄情詩書，他可以洗盡塵心、思索人生意義，這也是中國傳統士人面對困境的紓解之道。

---

〔註39〕 林占梅，〈述懷〉，《潛園琴餘草》（新竹市：竹市文化，1994），卷 6，頁 497。
〔註40〕 林占梅，〈築園池歌學白傅體〉，《潛園琴餘草》（新竹市：竹市文化，1994），卷 5，頁 374。
〔註41〕 林占梅，〈夏齋遣興〉二首之二，《潛園琴餘草》（新竹市：竹市文化，1994），卷 5，頁 453。

### 3. 北郭園

　　「北郭園」位於新竹縣治北門城外，俗稱「外公館」，是開臺進士鄭用錫所建。鄭用錫，字在中，號祉亭，官名用錫，是清代第一位本土籍進士。他樂善好施，熱心地方公益及文化教育，曾督辦建城，組織義民，對抗英軍，備受官民尊崇。「北郭園」於咸豐元年（1851）始建，當時他已 64 歲，由次子如梁出資籌劃，費時四年，花費十餘萬金。鄭用錫將此園當作招待親朋好友的遊憩之地及個人晚年隱居靜養之所。他作園記曰：

　　　　顧今已老矣，無能爲好山好水之遊，而朝夕此地，亦足以杖履逍遙；
　　　　仰而觀山，俯而聽泉，尋花看竹，聞鳥觀魚，豈不快哉！〔註42〕

並因地處城北，可眺望遠山，翠如列屏，與李白詩「青山橫北郭」意境相仿，故以「北郭」爲名。

　　鄭用錫官至禮部鑄印局員外郎，晚年歸養，著有《北郭園全集》。他曾作詩云：「十年難學到詩翁，少不如人老豈工。只爲村居無一事，聊將晚景付吟筒。」〔註43〕他作詩爲怡情養性，不計工拙。王松則認爲他的詩是「宋儒擊壤一派也。」〔註44〕意指他的詩味薄意淡，但深富哲理。王國璠則認爲：「雖有令人繁雜之譏，卻具『帝力於我何有』之樂。」點出他平淡簡樸的詩風。楊浚爲他的詩集作序稱：

　　　　先生自家居奉養，託跡郊坰，日以歌詠爲事，世比之山中宏景，介
　　　　休林宗。所築精舍曰北郭園，萬峰環峙，秀甲瀛壖，宜其得江山之
　　　　助，不求工而自工矣。〔註45〕

把他比作南朝的道教隱士陶宏景、東漢善於清談的郭泰一類避世人物。

　　「北郭園」興建之初，僅建有廳堂及兩側門廊、書舍，堂後鑿有池塘，池中栽植荷花，並築有橋亭，規模小巧。到了咸豐二年（1852）再行擴建，將內園種植莿竹、梅、柳及各式花卉、果樹。花園外圍則增建「時鏡樓」，作爲出入門樓。東廊增建「八角樓」，和「聽春樓」兩相對立。方志稱園中有「小樓聽雨、歐亭鳴竹、陌田觀稼、浣花居、環翠山房、帶草堂諸景。」〔註46〕鄭用錫曾作詩自訂八景，並爲之說明：

〔註42〕鄭用錫，〈北郭園記〉，《北郭園文鈔》（臺北縣：龍文，1992），卷1，頁45。
〔註43〕鄭用錫，〈十年〉，《北郭園詩鈔》（臺北縣：龍文，1992），卷5，頁177。
〔註44〕王松，《臺陽詩話》（臺灣文獻叢刊34），下卷，頁234。
〔註45〕楊浚，〈北郭園詩鈔序〉，《北郭園詩鈔》（臺北縣：龍文，1992），頁51。
〔註46〕《新竹縣志初稿》（臺灣文獻叢刊61），卷5，頁195。

「小樓聽雨」足登臨，「曉亭春望」堪遊憩；「蓮池泛舟」荷作裳，「石橋垂釣」香投餌；「深院讀書」一片聲，「曲檻看花」三月媚；「小山叢竹」列算籌，「陌田觀稼」占禾穗。〔註47〕

他特別向朋友介紹自己的園林美景道：

> 莫言撮土此三弓，亦足引人入深邃。玻璃戶牖生虛白，四序能延清爽氣。巡簷索笑頗復佳，顧影獨酌真成醉。座客聞言各歡呼，妙諦可挾南華秘。非魚子豈知魚樂，看花我更得花意。此是平生安樂窩，他時當入淡廳誌。
>
> 〔註48〕

他強調園林雖不算大，但精巧幽深，足以引人入勝。園中借助戶牖，營造虛白之意境美，四季皆得清爽之氣，他常常徘徊在門廊間吟詠玩賞，一人獨酌醉臥，安享閒適之情。

鄭用錫晚年常感嘆人生在世，轉瞬成空，因此，「北郭園」成了他的安樂窩，他嘗言：「最愛安閒樂晚年，人生何事被塵牽！」〔註49〕道盡他隱居園林、避世逍遙的心聲。

### 4. 宜秋山館

宜秋山館是府城舉人吳尚霑在咸豐七年（1857）所建，位於府城磚仔橋。供家人讀書修養之用，園中景致以秋天最為宜人，故名。

吳尚霑，名鼇，官名雪堂，字潤江，號秋農。咸豐九年（1859）舉人。據連橫所述，該園約五畝大，「花木幽邃，饒有泉石之勝。」四時怡人，尤以秋天為最。故稱「宜賞月、宜聽雨、宜掏泉、宜伴竹、宜彈琴、宜對奕、宜讀畫、宜詠詩，無往而不宜也。」〔註50〕這些都是文人在園林中經常從事的藝文活動，可見其高雅閒逸、悠然自得的生活情態。

吳氏家族沒落後，該園在光緒十七年（1891）為連橫家族收購，當時「館外有亭，繞以欄，旁鑿塘，種荷其中。花時清香入戶，讀書其間，饒有悠遠之致。」〔註51〕可見清末時園林大致保持完整。

---

〔註47〕鄭用錫，〈北郭園新成八景答諸君作〉，《北郭園詩鈔》（臺北縣：龍文，1992），卷1，頁80。

〔註48〕同上註，頁81。

〔註49〕鄭用錫，〈安晚〉，《北郭園詩鈔》（臺北縣：龍文，1992），卷5，頁177。

〔註50〕連橫，〈台南古蹟志〉，《雅堂文集》（臺灣文獻叢刊208），卷3，頁252。

〔註51〕同上註。

## 三、自然園林

約莫咸豐之後，臺灣的政治社會漸趨穩定、地方有一定程度的開發，園林便開始築建於山林之地。這類園林最大的特色是以自然景物為主，略以人工建築點綴，一反城市園林的全然造景布置，而是採用現成的山水林木，自成天然之趣的園林景觀。《園冶》提到這類園林曰：

> 閒閒即景，寂寂探春，好鳥要朋，群麋偕侶。檻逗幾番花信，門灣一帶溪流，竹里通幽，松寮隱僻，送濤聲而鬱鬱，起鶴舞而翩翩。階前自掃雪，嶺上誰鋤月。千巒環翠，萬壑流青。欲藉陶輿，何緣謝屐。〔註52〕

自然園林的特色是閒、寂、幽、僻，身處其間，除了有山巒、溪水圍繞，古木繁花為蔭，連自然界的禽魚鳥獸都自動與人親近，這樣的生活空間，即是古代隱士所居，陶淵明、謝靈運所追求的自然環境。

### 1. 萊園

「萊園」位於彰化縣阿罩霧（今台中市霧峰區），是清末舉人林文欽在光緒十九年（1893）所建，園林佔地二甲三分多，主要為娛親，供母親羅太夫人閒居養老用，取老萊子娛親之典故而命名。

林文欽（1854～1900），字允卿，號幼山。祖父林甲寅以小販為業，後購地開墾，逐漸致富。族兄林文察曾任福建陸路提督，因平息戴潮春事件有功，賞賜福建全省的樟腦專賣權。其子林朝棟也參與討番，屢有戰功。官位顯赫、商務興隆，使林家躍升臺灣豪族之列。林文欽自幼習文，後參與經營樟腦生意，往返福州、泉州各地，多方遊歷，光緒十九年（1893）中舉後，便選擇在祖厝東南方山林地中建萊園以娛親。園中建有「五桂樓」供母親起居，建戲台為娛親表演用，「考槃軒」為讀書待客之所，並有天然小習池，池上築荔枝島及柳橋。後山闢「凌雲磴」及「望月峰」，可登高眺望，與遠山相應，是臺灣難得的自然園林。

可惜，萊園初建，臺灣即割予日本，林文欽並於1900年因病辭世。長子林獻堂繼承後，於1906年再行擴建，增建「木棉橋」、「虹橋」、「夕佳亭」、「萬梅崦」、「環翠廬」、「觀稼亭」、「飛觴醉月亭」等，完整呈現文人園林的文藝與美學特性。

---

〔註52〕 計成著，陳植注釋，《園冶》（臺北市，明文，1983），卷1，頁51。

　　「萊園」，在日治之後，成爲民族主義詩社「櫟社」活動的場所，該詩社
以「風雅道義相切磋、實用之學相勉勵」，是日治時代臺灣最活躍且最具批判
性的詩社。林獻堂曾於日本結識梁啓超，1911 年邀請他來臺作客，對於萊園
的美景，梁啓超讚賞不已，並以萊園的十個勝景作詩，成〈萊園雜詠〉十二
首，後人稱爲「萊園名勝十二絕句」〔註53〕：

> 人物自是徐孺子，山林不數何將軍。稍喜茲遊得奇絕，萊園占盡月三分。
> （萊園）

> 娟娟華月霧峰頭，汜汜風光五桂樓。傳語王孫應好住，海隅景物勝中州。
> （五桂樓）

> 久分生涯託澗薖，鹺鹽送老意如何。奇情未合銷磨盡，風雨中宵一嘯歌。
> （考槃軒）

> 一灣流水接紅牆，自憩圓陰納午涼。遺老若知天寶恨，新詞休唱荔枝香。
> （荔枝島）

> 小亭隱幾到黃昏，瘦竹高花淨不喧。最是夕陽無限好，殘紅蒼莽接中原。
> （夕佳亭）

> 溪紗浣罷月華明，荇帶蒲衣各有情。我識蓬萊清淺水，出山原似在山清。
> （擣衣澗）

> 一池春水干誰事，丈人對此能息機。高柳吹綿鴨穩睡，荔枝作花魚正肥。
> （小習池）

> 春煙漠漠雨蕭蕭，劫後逢春愛寂寥。誰遣蜀魂啼不了，淚痕紅上木棉橋。
> （木棉橋）

> 澹霧籠黐月上陂，曉來春已滿南枝。君家故事吾能記，可似孤山鶴返時。
> （萬梅崦）

> 綿綿列岫煙如織，曖曖平疇翠欲流。好是扶筇千步磴，依稀風景似揚州。
> （千步磴）

> 望月峯頭白露滋，南飛烏鵲怨無枝。不知消瘦嫦娥影，還得娟娟似舊時。
> （望月峰）

---

〔註53〕 梁啓超，〈萊園雜詠〉，收入《臺灣詩鈔》（臺灣文獻叢刊 280），卷 14，頁 248
　　　　～249。

鶯吒鳳靡送年華，頗識吾生信有涯。惆悵無因成小隱，賣書猶欲問東家。

（留別）

梁啓超是中國近代政治、思想、文學巨擘，活躍於中國、日本，因緣際會下造訪當時受日本統治的臺灣，引起不少的注意，「萊園」因為梁啓超的造訪，以及詩歌的題詠，一時聲名大噪。可見園景的詩化、藝術化，是一種高雅的文化活動，園林景觀透過詩文的題詠，脫離俗艷之美，代之以藝術美、意境美，居游其間的文人灌注了心中對人生的理想、期盼，使園林充滿了人文的精神。

## 第三節　園林空間與隱逸生活

中國士人的詩意生活，源自於社會階層意識，透過生活的情趣和品味，得以強調他們高雅的社會地位，這是一種集體的文化意識和價值的追求。不管是旅行在外或是樓居宅院，他們總是努力撇開財富、名位、利祿，乃至於日常生活的瑣碎「俗物」，進而將生活提升至藝術化、精神化。

苗栗舉人吳子光對當時臺灣盛行的私人園林，有一段深刻的敘述：

> 余自光緒紀年後，車塵僕僕彰、淡間，每見一邱一壑，雞犬桑麻，皆含畫意，謂此處人家，何修而獲居福地也。又遊歷園林，見園中樓臺花木極盛，一水一石，隨處俱徵巧思，意甚羨之。問所與居停，半勢利場中熱客、一二齷齪小儒，又無能為園林生色；猶柴桑藝菊之夫、孤山植梅之叟，僅為群花作僮僕耳。此事於淵明、和靖二公無與也。董應舉謂富商大賈只逐繁華，山人韻士絕無實興；以若所云，孤負名園多矣。〔註54〕

這一段話先是肯定了臺灣中部的山水景色，透過詩人的眼睛，無論是一丘一壑的自然風光，或是雞犬桑麻的人文風情，都帶著詩情畫意，居住在如此的福地洞天，真是令人稱羨。他進一步遊歷到精雕細琢的園林景致時，對其中的樓臺流水、花木奇石等意境之美，更是讚嘆不已。然而當他知道居停其間的，都是逐利縱慾的庸俗之人、愚陋士子，再華美的園林也只是剩表象的華美，談不上藝術文化的內涵。這種追求浮誇的感官享受，就如同種菊植梅的園丁一樣膚淺俗氣。可見，不論是自然山水或是私家園林，淡泊高雅的情意才是使園林生輝的靈魂，也是文人園林可貴的地方。

---

〔註54〕吳子光，《臺灣紀事》（臺灣文獻叢刊36），卷1，頁250。

　　文人構築園林的目的，除了要提升生活的精神享樂外，深層的寓意是在建構一個與塵世不同的空間，隔著圍牆，內外呈現不同的世界，「心靈」和「外務」、「自我」和「社會」、「自然」和「名教」、「雅」和「俗」、「樂」和「憂」、「閒」和「忙」、「靜」和「噪」、「養生」和「毒害」等等一系列對舉的概念。士人不必遠離都市、跋山涉水，只要走入自家園林，那山水景致、一花一木，便能沉浸在恬淡清幽的自然氛圍，身心得到安慰和寄託。重要的是，士人不需要跋山涉水、費時傷神，只要走出屋外，立即可以享受擬真的自然山水，如此兼顧仕隱，如同白居易所說「似出復似處，非忙亦非閒。」〔註 55〕，且對於那些認為隱逸「丘樊太冷落，朝市太囂喧。」的人而言，實在是一個最適切的折衷之道。

　　文人園林的空間，經過精巧的布局安排，借景寓情，表達著文人自我的個性和人生意趣，包含了對理想世界的追尋。因此，單就園林的空間命名，就可知道他們的志趣和文化取向。林占梅的「潛園」取《易經‧乾卦》「潛龍勿用」之意，他作詩曰：「自笑身如蠖，潛居稱此園」。大有古人「道隱則蠖屈」，不得志時，選擇屈身隱退之意。另外，李逢時的「棲雲別墅」、陳維英的「棲野巢」、「太古巢」的命名，都有隱士棲居之意。

　　臺灣在清領中期以後，社會經濟發達，許多經商致富的豪族開始注意經營他們的生活，希望可以和傳統士族一樣，享受優雅的生活情調，於是有許多園林興築起來，如府城有吳姓三大家族，分別闢建了「吳園」、「宜秋山館」和「歸園」，除了彰顯富商豪族的財勢與地位外，也成為他們與官員、士紳交際應酬的場所，藉此得以連結起人際脈絡，並以詩文酒會，提升自己的文化地位。不過，真正的園林的文化底蘊，還是要以文人的詩心雅興為核心，才能全幅體現。以道光、咸豐年間竹塹地區林占梅的「潛園」和鄭用錫的「北郭園」為例，可看出文人如何寄情於園林，並且透過詩文讓園林蓬蓽生輝。

## 一、空間命名與意象設計

　　文人園林中的空間與景觀命名，都體現了文人的詩意生活的追求。如北郭園八景「小樓聽雨、曉亭春望、蓮池泛舟、石橋垂釣、深院讀書、曲檻看花、小山叢竹、陌田觀稼」，即是鄭用錫取園中勝景八處，結合人文的遊觀活

〔註 55〕 白居易，〈中隱〉，《白居易全集》（上海：上海古籍，1999），卷 445，頁 331。

動，賦予優雅的文藝形象。「小樓」、「曉亭」、「蓮池」、「石橋」、「深院」、「曲檻」、「小山」、「陌田」作為客觀存在的建築或景觀，必須通過詩人主觀的詩心，才能將觀遊的活動藝文化，如「小樓聽雨」：「南樓凭几坐，過雨又瀟瀟。有味青燈夜，為予破寂寥。」〔註56〕聽雨自古是文人雅事，透過亭外的雨聲，打破寂寥的心情，為當晚的夜色增添趣味。「小山叢竹」：「有山兼有竹，宜夏亦宜秋。絕似篔簹谷，新封千戶侯。」〔註57〕則是透過《史記‧貨殖列傳》的典故，遙想若是漢代在渭川擁有千畝竹，其經濟地位可比千戶侯。「石橋垂釣」：「且理釣魚絲，石橋獨坐時。一竿遺世慮，最愛夕陽遲。」〔註58〕想像自己是個遺世獨立的孤獨釣者，遠離塵囂、長伴夕陽。

　　另外林占梅的「潛園」中的，「陶愛草廬」和「香石山房」是以陶淵明和米芾命名，兩位都是卓逸不群的名人，是林占梅欽羨的對象。其他如「釣月橋」、「碧棲堂」、「浣霞池」、「聽水山房」、「著花齋」、「嘯望臺」、「逍遙館」、「林下橋」、「扦笏樓」、「琴嘯臺」、「聽春樓」、「留香閣」、「清許橋」等命名，都表現園主對生活的講究，任何普通的亭臺樓閣，一經文人的題詠，立刻神靈活現。同樣的賞花看鳥、登臺眺望，簡單的園中散步，詩人亦可點染鋪陳為高雅的生活意境。

　　古代士人有山水之癖，但有時因年老體弱而無法徧遊名山，轉而以欣賞山水畫代替，稱之為「臥遊」，滿足嚮往山林之心。同樣地，園林空間的布置，大多是士人為滿足感官上的山林之美，而將自然山水縮移到生活週圍，因此園林之布置便以營造自然意象為主，頗有咫尺之內遊徧山水之意。

　　傳統的園林造景有所謂五大要素，山石、水、花木、建築及布局，在咫尺之內仿照自然山水，是園林追求自然之趣的基本特徵。臺灣的文人園林承繼了中國園林的傳統，基本上著力於這五大要素的營造。

### 1. 山石造景

　　「山石」造景，是將山岳的形象以石堆疊，以縮移營造高聳峻拔的山勢。中國人對山岳有神秘難測、高聳莊嚴、遠離塵囂及超拔堅毅的想像。因此，

---

〔註56〕　鄭用錫，〈新擬北郭園八景‧小樓聽雨〉，《北郭園詩鈔》（臺北縣：龍文，1992），卷5，頁173。

〔註57〕　鄭用錫，〈新擬北郭園八景‧小山叢竹〉，《北郭園詩鈔》（臺北縣：龍文，1992），卷5，頁174。

〔註58〕　鄭用錫，〈新擬北郭園八景‧石橋垂釣〉，《北郭園詩鈔》（臺北縣：龍文，1992），卷5，頁174。

士人總喜歡山居生活，以便享受山林的幽靜，而無法親身履歷的，便以假山造景的方式，將山景複製在居家園林當中，營造山林幽居的氛圍。吳園的「飛來峰」便是一典型的山石造景，仿傚西湖靈隱寺的飛來峰山勢，以咾咕石堆砌而成，上有崢嶸崆峒的石壁，下有潺緩漱玉之飛泉，山內設有山洞幽迷。飛來峰是道教濟公的傳說，將山景引入園中，營造一種神秘幽深、超然塵世的意境，置身此奇秀景色，彷彿親臨蓬瀛，能暫離塵俗喧囂。

倚山借景又是另一種方式，明鄭時期的鄭經「潛苑」及「李氏園」的「青嶂當窗」，都是典型的例子。鄭用錫的「北郭園」則是近山築園，借用遠方山景，如同鄭鵬雲詩所言：「半村半郭日閒遊，一抹山光眼底收。」〔註59〕，借景以營造山居氣氛。而像中部「萊園」這樣的自然園林，營建在具有山林湖水之勝的山區，自然隨處可觀景、借景，享受山川之美。又如林占梅的「潛園」有詩：「捲簾山色入堂來」〔註60〕、「當窗山色半藏雲」〔註61〕都是巧妙地將遠方山水盡納眼前，以便隨時可以臥遊遠山，享受那自然山林之樂。

## 2. 池水造景

水景同樣在園林佔有很重要的地位，古代的園林多半有流水、池塘的布置，故有「有水園亭活」〔註62〕的說法。

園林水景中可分動態和靜態兩種，動態的流水，如泉、澗、瀑、渠、溪等，水流通常配合地形設計曲折的流水，以產生視覺上的變化和美感。如林占梅的「潛園」，園中有流水蜿蜒，水上並築有「釣月橋」、「蘭汀橋」、「雙虹橋」、「清許橋」、「林下橋」，並設管制流水的「留香閘」，林占梅作詩曰：「繞樹開三徑，迴塘架十橋。」（〈園居漫興〉）「橋多修澗繞，路杳隔牆連。」（〈潛園適興六十韻〉）可見園中布置重點都圍繞著流水。

靜態的「池」則另有一番風情，「潛園」有「浣霞池」，林占梅作詩曰：

> 園亭無限趣，最樂是連漪。影入樓臺倒，光搖斗宿移。風刀裁綺縠，
> 月印徹琉璃。荷落紅花浣，菱生翠帶垂。夢添春草句，宴愛夜珠詩。

---

〔註59〕鄭鵬雲，〈北郭煙雨〉，收入《全臺詩》，第十四冊，頁20。

〔註60〕林占梅，〈園池閒興〉，《潛園琴餘草》（新竹市：竹市文化，1994），卷2，頁81。

〔註61〕林占梅，〈雨後即景〉二首之二，《潛園琴餘草》（新竹市：竹市文化，1994），卷3，頁228。

〔註62〕邵雍，〈小圃睡起〉，收入《全宋詩》（北京：北京大學，1998），卷361，頁4467。

　　鼓鬧聽蛙聚，絲垂覺鷺窺。放船新雨後，罷釣夕陽時。最好風萍約，

　　天開鏡一涯。〔註63〕

池水可說是園林中最富藝術形象的空間，水面上的光影倒映，微風吹拂、明月照耀，加上池中的荷花菱角，伴隨著蛙鳴鳥叫，特別是新雨後、夕陽下的泛舟垂釣，饒富詩情畫意。悠閒靜謐的空間氛圍，讓人洗心滌慮，彷彿進入幽夢幻境。林占梅就是喜歡流連池畔，有不少詩作，如〈園池夜泛〉詩：

　　園池秋色好，靜夜景彌幽。攜客登舟去，烹茶泛月遊。波清雲影浸，

　　風定露華浮。久坐思酬詠，聯吟慕白劉。靜處神多暇，扶欄復短吟。

　　〔註64〕

相對於動態曲折的流水，池水是平靜無波的，很容易讓人聯想平靜的內心。池上可泛舟、垂釣，都是悠閒清閒的生活表徵。

　　另一方面，池水養魚，也是觀賞的對象，林占梅有詩云：

　　萍動曉風清，波澄初日照。臨流忽羨魚，持竿坐垂釣。簑笠學漁翁，

　　形骸宛然肖。得魚手持歸，入門姬妾笑。〔註65〕

臨水之觀，會讓人產生「濠濮觀魚」的閒逸之樂、「滄浪濯足」的隱逸之想。詩人時而臨流羨慕魚兒的悠游自在，時而穿簑戴笠，學漁翁垂釣，都顯現出詩人優雅淡泊的生活情懷，而這一切都發生在自家園林之中。

### 3. 建築造景

　　在園林中為了增加遊賞趣味，常在主要的觀景點和風景點上，用人工造作的方式，設置亭、臺、軒、榭等建築。園林景致構成，通常以廳堂建築為主，再安排布置其他亭臺閣榭等附屬建築。計成《園冶》提到：「築垣須廣，空地多存，任意為持，聽從排布。擇成館舍，餘構亭臺。格式隨宜，栽培得致。」〔註66〕這些附屬建築的布置雖無一定的規則，但仍須巧心安排，以便串起園林的各個地景，以點延伸為線、面，構成園林的整體景觀。特別是亭榭之類的建置，可說是園林的精髓，計成說道：

---

〔註63〕 林占梅，〈詠池八韻〉，《潛園琴餘草》（新竹市：竹市文化，1994），卷3，頁
　　　　195～196。

〔註64〕 林占梅，〈園池夜泛〉，《潛園琴餘草》（新竹市：竹市文化，1994），卷5，頁
　　　　461。

〔註65〕 林占梅，〈西池即事〉二首之一，《潛園琴餘草》（新竹市：竹市文化，1994），
　　　　卷2，頁86。

〔註66〕 計成著、陳植注釋，《園冶》（台北，明文，1983），卷1，頁63。

花間隱榭，水際安亭，斯園林而得致者。惟榭祇隱花間，亭胡拘水
際，通泉竹里，按景山巔，或翠筠茂密之阿、蒼松蟠鬱之麓，或借
濠濮之上，入想觀魚，倘支滄浪之中，非歌濯足。〔註67〕

亭榭建築是園林的重要構成，原則上，花木之間設置「榭」、水流之際安置
「亭」，主要都是做為賞園時停留休息所設。園林中景美之處，需要長時間佇
足停留，因而需要亭榭倚坐休息，以便在舒適自在的狀態下進行觀覽，甚至
飲酒誦詩。在園林意境的布局中，亭榭建築的安排巧妙，可以有「點景」的
效果。除了提供耳目之聲色外，所營造的情趣意境，能讓人暫時拋開現實煩
憂，進入到閒逸自得的生命情境當中。

以潛園為例，園中勝景與建築頗多，計有「爽吟閣」、「師韞軒」、「涵鏡
軒」、「綠榕樓」、「碧棲堂」、「浣霞池」、「香石山房」、「聽水山房」、「著花齋」、
「嘯望台」、「鄰花書舫」、「陶愛草廬」、「綠影齋」、「逍遙館」、「拄笏樓」、「琴
嘯亭」、「蘭汀橋」、「梅花書屋」、「聽春樓」、「虹貫月樓」等多達二十處。各
式建築都有不同的用途和安排，分述如下：

### （1）堂、軒、館

「碧棲堂」是潛園主要建築，棲碧之名來自於唐代詩仙李白的〈山中問
答〉詩：「問余何意棲碧山，笑而不答心自閒。桃花流水窅然去，別有天地非
人間。」〔註68〕可以想見林占梅對李白棲居山林、淡泊灑脫的隱居歲月深深
嚮往。事實上，他在堂中的生活亦是如此。有詩云：

讀罷南華日尚長，餘情一曲奏瀟湘。簷垂桐露琴書潤，窗襲荷風筆硯香。
映水殘霞呈暮霽，過牆修竹抹斜陽。呼童移榻雕欄畔，看月清宵愛薄涼。
〔註69〕

「棲碧堂」是林占梅讀書寫字之所，詩中描寫讀書彈琴，伴著桐露、荷風、
殘霞、暮霽、修竹，一幅悠雅閒適的景象。

另外軒、館也是廳堂的一種類型，同時具有會客聚友的功能，只是格局
比較小，布置於較次要的位置。潛園中有三座軒館，「師韞軒」、「涵鏡軒」、「逍
遙館」，是林占梅同家眷起居，或友人琴棋閒話之所。有〈涵鏡軒夜吟〉詩云：

---

〔註67〕 同上註，頁 68。
〔註68〕 李白，〈山中問答〉，《李太白集》（臺北市：世界書局，1962），卷 19，頁 944。
〔註69〕 林占梅，〈季夏碧棲堂即事〉，《潛園琴餘草》（新竹市：竹市文化，1994），卷
1，頁 55。

> 近水軒窗淨，空明一鏡涵。池光星歷歷，花氣露醱醱。琴曲彈秋思，
>
> 茶經供夜談。茗餘風雨夜，客去舌猶甘。〔註70〕

「涵鏡軒」因臨水為鏡而得名，詩人在秋夜裡，月光照映、星光點點，與友人品茗彈琴，在這風雨過後的夜晚，如同茶韻甘美，格外令人回味。

### （2）書屋、齋、書舫、山房、廬

齋、室、房、屋多附屬於主體建築之旁，作為輔助性空間。由於不拘形式，這一類建築在園林中最為常見，變化也最多。齋室為齋戒修行之居，山房書屋則屬書房之類，此類建築，也是潛園設置最多的，可見林占梅族家書香之盛。因齋戒讀書要清靜，通常設於園中偏僻處，《園冶》提到：

> 擇偏僻處，隨便通園，令遊人莫知有此。內構齋、館、房、室，借
>
> 外景，自然幽雅，深得山林之趣。〔註71〕

潛園共八處讀書之處，其中「陶愛草廬」將草廬取名「陶愛」，是懷想陶淵明的雅興。「香石山房」以宋代書法家米芾的字命名，是傾慕米芾的閒逸之情。「梅花書屋」則是借庭園中的月光梅影，營造幽雅靜謐的氣氛。

### （3）樓、閣

閣是指園林建築中的高層建築，於此可觀賞景致，因此建築華麗精緻，造型變化多端，是園林中的重要景點。樓閣的設置，主要是藉建築的高度，達到遠觀眺望的視覺享受。潛園中有五座樓閣，分別是「綠榕樓」、「挂笏樓」、「虹貫月樓」、「聽春樓」、「爽吟閣」。

由林占梅的詩歌創作來看，許多都是登樓遠眺的書寫，並寄寓生命感慨和曠達情懷。如〈綠榕樓雨中暮望〉詩云：

> 獨上危樓望，蒼茫暮色迷。雨驅流水急，雲壓遠山低。崖穩舟爭泊，
>
> 林昏鳥亂啼。漁翁簑笠冷，猶坐板橋西。〔註72〕

登樓是藉著高處觀覽，讓人領略自然園林之美，體現其中的物妙玄理，進而通曉人世之道。如此園居生活，登樓成為一種沉靜心靈，甚至消解鬱結的良方，對身心有怡養陶冶的作用。

---

〔註70〕 林占梅，〈涵鏡軒夜吟〉，《潛園琴餘草》（新竹市：竹市文化，1994），卷2，頁94。

〔註71〕 計成著、陳植注釋，《園冶》（臺北市，明文，1983），卷2，頁67。

〔註72〕 林占梅，〈綠榕樓雨中暮望〉，收入《全臺詩》，第七冊，頁16。

（4）亭、臺

亭是園林中供人佇足停坐的重要觀賞點，雖然潛園僅有一處「琴嘯亭」，但從他的詩歌中還可發現「北亭」、「圓亭」、「小亭」、「竹亭」等，可見潛園中不只一處亭子。林占梅相當喜歡夜裡獨坐亭中，相關主題詩作頗多，有時閒逛尋逸趣，有時獨坐苦思量。下引兩首林占梅的詩：

> 林深穿徑遠，地僻構亭幽。碎竹篩疏雨，迴渠拗急流。哺雛看宿燕，
> 喚婦聽鳴鳩。不作簪纓慕，身閒趣易留。〔註73〕

> 晚色蒼茫日影西，小亭獨坐思增淒。燭因烈燄偏多淚，酒爲深愁不到臍。
> 世事獺肝新換舊，人心象膽幻難齊。閒中默記前行事，參錯何堪復一提。

〔註74〕

前首主要是寫遊觀之趣，將亭子建在幽深僻靜處，周圍的一草一木、一絲聲響，都盡收耳目。細竹、疏雨、迴渠、急流，搭配著屋頂上的哺育雛鳥的家燕以及遠處鳩鳥的鳴叫，讓人有身處物外天地的閒適之趣。第二首則全然是感懷之作，在蒼茫夜色中，詩人獨坐園亭，藉酒澆愁，感傷時局人事，並希望透過獨自沉靜，得以忘卻煩憂。

臺則是高出地面的平面建築，供人眺望呼嘯吟唱之處。潛園雖只一處「嘯望臺」，林占梅卻創作了 15 首詩，有遠望、晚眺、夜吟、曉望、春望、秋望等主題。他的〈嘯臺晚眺〉詩云：

> 晚眺危臺上，憑欄茗自烹。嘯因排悶起，吟爲感懷成。遠水涵虛白，
> 微雲抹太清。蔥蘢天際樹，遙接暮煙平。〔註75〕

登臺望遠，內心的感懷可以透過呼嘯來排解，或是以吟詩來抒發，都是文人心情調適或紓解壓力的自我療癒方式。

## 4. 空間佈局

臺灣的文人園林普遍不大，以精巧取勝，故而空間的安排上，講究藝術與詩情的表現。通常在遊賞的動線上設計爲蜿蜒曲折，營造出幽靜深遠的空

---

〔註73〕 林占梅，〈新構小亭〉，《潛園琴餘草》（新竹市：竹市文化，1994），卷4，頁299。

〔註74〕 林占梅，〈北亭感懷〉，《潛園琴餘草》（新竹市：竹市文化，1994），卷1，頁32。

〔註75〕 林占梅，〈嘯臺晚眺〉，《潛園琴餘草》（新竹市：竹市文化，1994），卷6，頁488～489。

間感。除了上述蜿蜒的流水外，彎曲轉折的步道，搭配間隔布設的廊廡、臺榭和亭閣，讓人在遊園時，每個轉彎處都有意想不到的景色，富於變化，藉此展現園林主人的生活品味與情趣追求。

北郭園從詩歌意象爲園景命名，園主鄭用錫自訂「北郭園八景」：「小樓聽雨」、「曉亭春望」、「蓮池泛舟」、「石橋垂釣」、「深院讀書」、「曲檻看花」、「小山叢竹」、「陌田觀稼」。〔註76〕八景的觀覽視角，多從園中重要的建築、地點出發，小樓、曉亭、蓮池、石橋、深院、曲檻、小山都是園林設計的重點。因此，在這些重要景點上安排優雅的文藝活動，聽雨、看花、觀稼、望春，都是園中的觀覽活動，文人慣以平靜的心對待萬事萬物，並從中獲得心靈的陶冶和慰藉。泛舟、垂釣則是悠閒的娛樂，表現出一種淡泊無爭的生命情態。透過園林八景，具體地呈現了鄭用錫心中所追求的隱逸生活。

另外，文人園林是私人空間，帶有心性修養的功能，寧靜、幽深的環境氣氛，能使人平和適意、沉靜安逸，以符合士人追求雅逸的生命情調。臺灣的文人園林普遍都以幽深的路徑，營造出這樣的環境特徵，如：

潛苑：疏竹開幽徑，芳林隱澤宮。（鄭經〈潛苑三洲〉）

陳氏園：細路入幽篁（孫元衡〈閒遊羨子園林〉）

曾氏園：細路透迤入（朱景英〈三月廿日邀同任伯卿施祓堂遊曾氏園林歸飲署齋即事〉十首之二）

林氏園：幽徑香聞遠（劉家謀〈林氏園見梅花〉）

潛園：盤螺幽境路迴旋（林維臣〈潛園紀勝十二韻〉）

北郭園：僻地無塵留靜境（鄭用錫〈再和蔭庭之一〉）

自古園林的空間設計都以「曲」爲要，不同於宮室廳堂的對稱和均衡，園林多求曲折變化，如曲水中見蜿蜒秀美、曲廊見進路綿延、曲徑則探前行之幽微，從曲折變幻中，可以悟見天地萬物的生息不已。而所謂「曲徑通幽」則是園林的美感要求，園林路徑設計爲彎彎曲曲的羊腸小徑，是要營造山重水複、柳暗花明的新奇感，尤其是小型園林，在有限空間中要避免一覽無遺的視覺穿透。「幽」成了園林追求的美學意境，境幽則心生閒情，園林空間曲折有法，幽隱婉約，漫步其間，心境也隨之安然靜遠。

---

〔註76〕鄭用錫，〈北郭園新成八景答諸君作〉，《北郭園詩鈔》（臺北縣：龍文，1992），卷1，頁80。

　　林占梅的「潛園」幽深雅致，每以蜿蜒小徑串起各式景致，觀覽時隨著腳步，常出其不意地展現各個美景，林維丞曾有「盤螺幽境路迴旋」〔註77〕句形容。而在行走在園林中，隨時會有意想不到的感官趣味，林占梅有詩云：

　　　　最欣池一帶，曲院趁縈紆。柳鬧鶯呼友，梁喧燕哺雛。哦詩行彳亍，

　　　　垂釣坐跏趺。幽趣隨心賞，悠悠此自娛。〔註78〕

不管是自然或是人工的布置，園中的一景一物，都能隨著詩人的心境相映成趣，產生無窮的生活情趣。

　　事實上，園林環境的布置，僅是點染士人生活情境的外在條件，更重要的是內在的情志趨向。如同《世說新語》所說：

　　　　會心處不必在遠，翳然林水，便自有濠濮閒想也，覺鳥獸禽魚自來親人。

〔註79〕

只要心靈靜穆澄澈，觸物皆有會心處，故而不需遠求自然山林，遊於園林的寫意山水，仍然能體會自然的意境，進而興發、體悟超越性的生命意義。

## 二、花月下的孤獨想像

　　不管園林位於山野或城市，那慣常以圍牆隔絕外界，是有意識地將自我生命孤立，獨絕於世俗之外。文人在園林的生活，大多時間是處於孤獨的狀態，至少精神層面上是如此。他們在園中閒坐、高臥、漫遊、夜泛，這些活動看似孤寂，但觀覽賞玩之間，實則內心充滿靈動及豐富想像，有時是生活機趣和生命哲思，這些靈動和想像往往都是文藝創作的養份。詩人在園林中孤單的身影，置放在自然萬象中，有時也凸顯一種遺世獨立、曠放自然的風流，如林占梅詩曰：

　　　　閒齋幽寂甚，靜處會心生。畫讀雲林譜，茶評陸羽經。開樽花影豔，

　　　　垂釣柳陰清。自喜忘機械，逍遙遠世情。〔註80〕

---

〔註77〕林維丞，〈潛園紀勝十二韻〉，收入《新竹縣志初稿》（臺灣文獻叢刊61），卷6，頁252。

〔註78〕林占梅，〈園池偶興〉之二，《潛園琴餘草》（新竹市：竹市文化，1994），卷3，頁177。

〔註79〕劉義慶，《世說新語·言語》，《世說新語校箋》（臺北市：文史哲，1989），頁67。

〔註80〕林占梅，〈園居漫興〉四首之三，《潛園琴餘草》（新竹市：竹市文化，1994），卷3，頁191。

　　獨自開簾出，徘徊小院西。池星魚誤唼，林月鳥同棲。萬籟此俱寂，

　　孤吟若忽低。更闌猶不寐，入耳訝鳴雞。園圃經搖落，雲山漸莽蒼。

　　胸中多壘塊，消向黑甜鄉。〔註81〕

詩人在園林的生活，習慣讓自己處在孤獨、寂寥的狀態，這種孤獨感並非是淒苦寂寞，而是有意追求心靈的沉靜，以純淨的姿態，來面對自然萬物，讓自己能超脫世俗，更接近天地。在此，詩人可以悠遊自在，與花鳥對話，隨四時流轉，將自己置身於大自然，進而與自然合而為一。如同《莊子·齊物論》所說：「天地與我並生，而萬物與我為一。」〔註82〕詩人一旦抽離俗世的位階，煩人的俗務、心中塊壘便不是問題，這種心靈向上提升、摒除雜念的過程，近乎道家「心齋」、「坐忘」的修練工夫。

　　多數的文人習於讓自己處在孤獨的情境，一方面為了獨立思考，方便詩文創作，另一方面也為了凸顯自我意識，以區別那些隨世浮沉的庸俗之人。然而，迎向孤獨並非真的寂寞孤苦，相反地，他們熱愛生命、生活精彩，與花鳥星月為友，與自然為伴，將滿腔的情愛傾注於自然萬物。如同唐代元結所說：

　　鄉無君子，則以山水為友；里無君子，則與松竹為友；坐無君子，

　　則以琴酒為友。〔註83〕

雖然看似被動無奈，但詩人將情感轉移到山水、松竹、琴酒之中，不啻是情感最佳的寄託和調節。而對一個淡泊世事的隱士來說，徘徊於花鳥星月之下，與之對話交流，不僅是情感的寄託，也是人際關係的一種補償。

　　文人園林中，植物是極為重要的組成，代表著園林的精神。就隱逸文化而言，包含梅、菊、柳、竹、蘭等植物，大都有清高、純潔、孤傲的隱喻，如眾所皆知陶淵明愛菊、種菊、賞菊，因此菊花就成為花中隱逸者，自古凡意在隱逸者，家園中必定種植菊花，以為明志。當園林主人選擇植栽清高一類花木，便是在營造一個幽然意境，讓自己處在虛擬的情境中，想像自己是陶淵明、林逋等古代隱士。

---

〔註81〕 林占梅，〈園中夜坐〉，《潛園琴餘草》（新竹市：竹市文化，1994），卷2，頁118。

〔註82〕 郭慶藩，《莊子集釋》（臺北市：華正，2004），卷1下，頁79。

〔註83〕 元結，〈丐論〉，收入趙翼《陔餘叢考》（臺北市：世界書局，1990），卷43，頁508。

### 1. 菊花

沈光文閒居臺灣山林時，在庭院中種菊以自娛，他有五首以菊爲題的詩，並常以菊自喻，曾詩曰：「孤芳獨出絕纖塵，冷向閒中老此身。」〔註84〕頗能訴說他孤身在臺的寂寥心情，「絕纖塵」表面是寫菊花一塵不染，但也說明了自己脫離塵俗已久，閒散的生活卻有「冷」的感覺，特別是對年華老去的傷時之感，道盡了沈光文被迫隱居山中的無奈。另有一首〈菊受風殘又復無雨潤纍纍發花雖不足觀亦可聊我慰也〉詩云：

> 天風吹不盡，憔悴復舒英。似有催詩意，還多望酒情。會當枯亦發，
> 是乃困而亨。愛惜饒眞賞，休將境遇評。〔註85〕

菊花爲隱者之象徵，詩人吟誦的是受風摧殘又無雨水滋潤，花容憔悴的菊花，但它並未因此而枯敗，反而在困境中用力開花，突顯出生命力，與詩人的處境相似，因而成爲一種心靈的慰藉。這種以花爲喻，自比身世，常見於中國古代不得志的文身上，他們往往孤高於世，無可依託，最後只能寄語自然花月，藉此得到認同與慰藉。

而徘徊園林中的逸士，通常是獨立於世的雅致生活，沒有那類儒生的孤苦悲愴，反而較像道家超然灑脫。他們以欣賞的角度看待這個花中隱者，把園林中的菊花，想像成古代隱士摘採賞玩的那把清香。如鄭用錫〈賞菊〉詩：

> 有菊當有詩，有詩當有菊。無菊詩何工，無詩菊亦俗。采采南山隈，
> 清香願盈掬。不見古高人，吟詩三往復。柴桑處士家，隱者花爲族。
>
> 〔註86〕

賞菊向來是優雅的園林生活情趣，詩人從菊花產生聯想，想像陶淵明「採菊東籬下」的情景，自己雖非古人，但是學著吟詩採菊，反覆再三，竟有幾分陶醉，可見在這清香菊花之間，古今隱逸詩人的共感共鳴。

鄭用錫另有一首〈對菊〉詩：

> 物候催移歲月忙，繁英代謝感風霜。人誇老圃秋容淡，我愛疏籬傲骨香。
> 晚節幾同韓相國，孤標此即魯靈光。平生何處尋知己，五柳門前隱士鄉。
>
> 〔註87〕

---

〔註84〕沈光文，〈和曾體仁賞菊分得人字〉，收入《沈光文全集及其研究資料增編》（臺南市：南市文化局，2012），頁63。

〔註85〕沈光文，〈菊受風殘，又復無雨潤，纍纍發花，雖不足觀，亦可聊我慰也。〉，收入《沈光文全集及其研究資料增編》（臺南市：南市文化局，2012），頁50。

〔註86〕鄭用錫，〈賞菊〉，《北郭園詩鈔》（臺北縣：龍文，1992），卷1，頁63。

〔註87〕鄭用錫，〈對菊〉，《北郭園詩鈔》（臺北縣：龍文，1992），卷3，頁42～43。

詩中藉著與菊花的對談，清楚地表明他鐘情於淡雅、冷傲、孤高的氣節，對
他而言，富貴功名如同浮雲，唯有淡泊的菊花與柳樹明白他的心志。

　　鄭用錫的姪子鄭如蘭（1835～1911），亦愛園林，詩風頗有陶淵明風格。
有〈林維丞賞菊索和原韻〉詩曰：

　　　　黃花泛酒跡非陳，陶令相逢分外親。籬畔蕭疏猶故我，坐中雅淡恰宜人。

　　　　名園到晚誰堪冷，老圃經霜倍有神。知己如翁真灑脫，幾時賞識出風塵。

　　〔註88〕

　　　　鍼芥相投榻下陳，一番談笑一番親。孤芳本不諧流俗，冷豔偏宜伴老人。

　　　　花到濃時爭嫵媚，我從淡處見精神。園中獨作群芳殿，凡卉何從步後塵。

　　〔註89〕

兩首詩都運用了擬人法，把菊花當作對話的對象，詩人花前月下，享受清福，
如同籬邊的菊花，甘於孤寂冷清，灑脫且孤傲，對話當中詩人彷彿覓得知音，
同時也展現了淡雅清高的情志。

### 2. 梅花

　　在中國園林植栽中，梅花原本不受重視，一直到了宋代隱士林逋的梅妻
鶴子典故之後，中國文士們對梅花有了特殊的情感認同。梅花淡雅清香，沒
有濃烈的顏色香氣，特別是不畏霜寒的特性，符合士人堅毅傲然的形象追求。

　　臺灣的園林中，以林占梅的「潛園」栽種梅樹最為著名。林占梅愛梅，
他曾作詩：「園林臨水絕纖埃，處士家風合種梅。」〔註90〕但「潛園」始建時，
欲栽梅樹而不可得，終於在尋訪十年後的咸豐八年（1858）從江南購得百株
梅花，經由海運運抵臺灣。為此他闢建「梅花書屋」，四周遍植梅樹。他作〈購
花難行〉詩，寫到購得梅花的喜悅：

　　　　從此群芳解語迎，一水毋須長脈脈。抱鶴攜琴任徜徉，烹茶覓句供游息。

　　　　坦腹篷窗鼓柂時，夾岸飛英落吟席。〔註91〕

---

〔註88〕　鄭如蘭，〈林維丞賞菊索和原韻〉二首之一，《偏遠堂吟草》（臺北縣：龍文，
　　　　　1993），頁57。

〔註89〕　鄭如蘭，〈林維丞賞菊索和原韻〉二首之二，《偏遠堂吟草》（臺北縣：龍文，
　　　　　1993），頁57。

〔註90〕　林占梅，〈賞梅〉，《潛園琴餘草》（新竹市：竹市文化，1994），卷5，頁425。

〔註91〕　林占梅，〈購花難行〉，《潛園琴餘草》（新竹市：竹市文化，1994），卷5，頁
　　　　　388。

自從購得梅花，他不需遠隔大海思念，可以終日彈琴觀鶴、烹茶覓句，在書屋中悠閒地欣賞落花繽紛。當梅花盛開時，他常作詩吟詠：

> 清賞微吟刻不離，廣平一賦古今知。種非土產難求矣，句本天成偶得之。
>
> 富貴繁華功甫記，橫斜樹影老逋詩。擬向孤山栽百樹，空林母使鶴來遲。

〔註92〕

文人之所以愛梅，很多是因為北宋隱士林逋的典實，林逋是北宋隱士，隱居於杭州西湖孤山，終身不仕，未娶妻，與梅花、仙鶴作伴，稱為「梅妻鶴子」。林占梅多次作詩提到林逋，可見他對隱逸生活的欣羨。另一首〈梅塢行樂吟〉則寫出了他對隱逸生活的想像：

> 四圍修竹如環堵，道人喜作潛園主。花石林泉怡我情，排闥群峰青可睹。
>
> 清閟亭外水迴縈，繞屋梅花數十樹。樹樹橫斜徑欲迷，宛轉通幽入廊廡。
>
> 數筍嶙峋石犬人，蘚苔斑剝如龍虎。迴欄坐憑絕纖塵，花外泉鳴若春雨。
>
> 石鼎香浮琴靜張，片片飛花落無數。逸韻悠悠三疊成，白鶴一雙旋起舞。
>
> 道人顧之倍脩然，法曲洞天重按譜。復汲寒泉煮露芽，枝頭碗面香吞吐。
>
> 此時俗慮盡驅除，步向花間揮玉麈。奚奴攤下青氍毹，安排文具依花塢。
>
> 自然意到筆亦隨，風格無論今與古。近來作詩多長句，微笑拈花師李杜。
>
> 何必庾嶺與羅浮，重洋遠涉空勞苦。當時約齊玉照堂，富貴驕人奚足取。
>
> 若論所稱廿六宜，逋仙較勝張功甫。人生有此自可樂，花時璀璨同瑤圃。
>
> 吟罷中天月正佳，霜鐘斷續和遙浦。〔註93〕

詩中先寫潛園、梅塢的佈置，將迴流的水與繞屋的梅相結合，似可聽聞迴流的水聲，更可嗅到梅林的清香。走入橫斜的梅樹自然形成的似有若無的蹊徑，令人彷彿進入迷途；再寫由人工所造蜿蜒的曲徑廊廡，則可通往幽境。自然的小徑與人工的廊道，搭配園中的奇石聳立、青苔斑剝，都是人造與自然的巧妙的結合。

園中的生活，充滿感官的享受，有花外泉鳴聲、石鼎茶香搭配著琴聲悠揚，一旁有梅花片片飛落，一雙白鶴翩然起舞。漫步梅花林間，所有的俗慮都一掃而空。想起當時為了栽種梅花，四處尋訪名品，想像著可以像張功甫

---

〔註92〕 林占梅，〈園中梅花盛開作詩賞之〉，《潛園琴餘草》（新竹市：竹市文化，1994），卷6，頁484。

〔註93〕 林占梅，〈梅塢行樂吟〉，《潛園琴餘草》（新竹市：竹市文化，1994），卷5，頁424。

一樣，約集各界品梅高手，品評梅花之高下。如今反而羨慕在西湖孤山幽隱的林逋，可以徜徉在花開璀璨的園圃仙境中，與梅妻鶴子同享人生之樂。

　　林占梅不僅種梅、賞梅、品梅，後來更仿傚林逋「孤山」，另外在新竹城南郊區的青草湖附近覓得一座小山，種梅同時養鶴，並構築「放鶴亭」、「梅鶴書屋」，名之爲「孤山別業」，徹底仿擬林逋隱逸生活的情境。他作詩曰：

　　　　山水未深猿鳥少，幽清人境便爲居。雖睽天竺三千里，此亦孤山可結廬。
〔註94〕

雖然未若深山幽林，但清靜幽遠的人境也是宜居之處；雖離西方極樂世界有千里之遙，然在孤山梅園結廬，也算是人間仙境了。

　　鄭用錫的北郭園也同樣種植梅樹，有時秋菊、冬梅同時開花，景致更勝春天的繁花盛開。他作詩云：

　　　　世人競羨春花早，我說秋花遲更好。春花從無百日紅，惟有秋花偏耐老。
　　　　花花相對換新年，觀者一時齊稱妍。當筵不惟菊度歲，寒梅一樹相比肩。
　　　　此物何爲同位置，老圃孤山爭獻媚。留此孤標傲世姿，化工指點非無意。
　　　　君不見西湖處士家，水邊籬落枝橫斜。又不見五柳先生宅，葛巾大醉歡
　　　　今夕。撫時且共霜中守，乘興看花兼把酒。勸君暢飲延齡盃，勸君小試
　　　　調羹手。〔註95〕

比起春天百花，詩人更愛菊花的耐老、梅花的孤高，特別是像古代林逋處士家和五柳先生宅，雖遠離世俗，但卻可以盡情地賞花吟詩、把酒歡醉，這樣的生活才是人生至樂。

### 3. 柳樹

　　柳樹姿態婀娜、柳條纖細、柳絮紛飛，自古是文人題詠謳歌的對象。柳諧音「留」，古人折柳贈別，有離情別意的文學意象。但到陶淵明以「五柳先生」自號後，柳又另外有了「隱士」的象徵意涵。唐代以後，中國園林植柳成風，王維晚年在他的輞川別業中，種柳造景，有「柳浪」之名。柳樹特有婀娜柔美的特性，種植在河湖水岸，垂柳與水面相映成趣，極富詩意，是中國南方園林重要的植物。

---

〔註94〕林占梅，〈讀家和靖公書孤山隱居壁次韻題青草湖孤山別業〉，《潛園琴餘草》
　　　　（新竹市：竹市文化，1994），卷6，頁524。
〔註95〕鄭用錫，〈和汪韻舟少尉呈元日詠梅菊作〉，《北郭園詩鈔》（臺灣文獻叢刊41），
　　　　卷1，頁17。

　　新竹的潛園、北郭園皆有植柳，以增添園中逸趣，林占梅曾詩曰：「竹外有山皆蘊藉，柳邊得水倍風流。」〔註96〕他的園居吟哦，經常把柳放進詩歌中，如：

> 盧堂寂靜俗塵蠲，心遠應知地自偏。最愛園東初雨後，柳陰深處聽吟蟬。
> （〈園中消夏〉）
>
> 蝴蝶西園對對飛，輕羅小扇久停揮。纖腰弱柳渾疏懶，故倩西風脫舞衣。
> （〈西園秋柳〉）
>
> 閒居方苦雨，開牖喜晴光。霽日明花塢，和風蕩柳塘。（〈園居〉）
>
> 亭臺隱映柳陰迷，嫋嫋東風起復低。度過板橋盤石坐，落花如雨亂鶯啼。
> （〈園中即景〉）
>
> 弱柳拖風披塵尾，微雲蘸水縐魚鱗。…乘興獨來還獨往，莓苔留得屨痕頻。（〈初秋西園即景〉）

吟詠的多是閒居所見柳樹及其他景致，直覺讓人聯想陶淵明宅院綠柳環繞的情景，頗有離群隱居的感覺。而柳樹輕盈搖曳的姿態，可以襯托士人悠閒雅致的生活情態，更顯詩情。

　　其他如〈詠春柳之二〉詩：

> 風流當日舊知名，細葉如眉畫不成。走馬章臺傳府尹，繞門栗里號先生。
> 常臨池水情尤淡，得傍桃花色倍明。會到春深金縷變，交交隄畔聽機聲。
>
> 〔註97〕

詩中將柳樹擬人，一個年輕時追求功名、走馬章臺的士人，而後情轉淡泊、隱逸里巷，過著臨水賞月、聽雨弄花的閒適生活，彷彿在述說自己的情志。

　　另外，鄭用錫也有〈詠柳〉詩云：

> 長條細拂午風輕，添得園林景色清。滿地夕陽誰繫馬，一庭細雨每藏鶯。
> 隨花掩映饒佳勝，與竹高低互送迎。若便柴門招隱去，也應五柳號先生。
>
> 〔註98〕

---

〔註96〕　林占梅，〈南園即景〉，《潛園琴餘草》（新竹市：竹市文化，1994），卷1，頁16。

〔註97〕　林占梅，〈詠春柳〉三首之二，《潛園琴餘草》（新竹市：竹市文化，1994），卷5，頁364。

〔註98〕　鄭用錫，〈詠柳〉之一，又題〈小齋柳樹數株未及三四年遂爾日新月盛暢茂已極喜而生感末章藉以自諷〉，《北郭園詩鈔》（臺北縣：龍文，1992），卷4，頁168。

本詩以送別的情景想像切入，在繁花的勝景中，夕陽下飄著細雨，垂柳修竹彷彿在爲誰送行。而眼前柴門五柳的景象，想必應該招來陶淵明之類的隱士居住吧！從詠柳到書寫園景，進而到空間的想像，最後跨越時空連結到陶淵明，顯露詩人內在潛藏的隱逸情志。

### 4. 竹

中國式的園林大多種植竹子，有時作爲圍牆使用，有時則以竹林造景。竹子之所以成爲園林必備的植物，是跟它有節、高挺、虛心的特質有關，往往比附人的心性氣質。如沈光文有〈詠籬竹〉詩：

> 分植根株便發枝，炎方空作雪霜思。看他儘有參天勢，只爲孤貞尚寄籬。〔註99〕

竹子特別適合臺灣炎熱的氣候，竹林下可以帶來涼爽的體感。再則竹子生長直挺朝天，可達數十尺，有高聳參天之勢，孤高的特性讓文人以此自比。

在園林之中，竹林有幽靜、雅潔、閒靜等美感特色，常營造一種清涼快意的意境，適合幽雅清靜的隱居生活。古代以竹林隱逸聞名者，有魏晉「竹林七賢」、唐代「竹溪六逸」等，因此，追求隱逸風情的士人，時常栽植竹林，特別是書院前，常以竹影伴書聲，營造幽然閒雅之趣。

竹具有特別的視覺美感，在園林中雖然稱不上是主要景物，但往往扮演著烘托的作用，使得園中景色生色不少，正如清代畫家蔣和曾說過：「一幅數竿，有賓主、有掩映、有補綴、有襯貼、有照應、有參差、有烘托。」〔註100〕如同卓肇昌〈牆竹〉詩云：「閒來寄傲倚窗南，牆外蕭蕭竹映藍。」〔註101〕詩人起居間，時時透過窗戶欣賞到屋外的竹子，除了視覺上對牆面、窗景的補綴、掩映效果外，也彷彿提醒自己內心的清高有節。

臺灣文人園林中不乏種竹爲雅趣者，鄭用錫的北郭園便有「小山叢竹」一景，「小山叢竹」是源自於北宋朱熹在泉州講學時，在書院中種竹建亭，並以此爲名。他作詩曰：「有山兼有竹，宜夏亦宜秋。絕似箕籌谷，新封千戶侯。」

---

〔註99〕 沈光文，〈詠籬竹〉，收入《沈光文全集及其研究資料增編》（臺南市：南市文化局，2012），頁48。

〔註100〕 蔣和，〈寫竹雜記〉，收入《中國古代畫論類編》（北京：人民美術，2000），頁1180。

〔註101〕 卓肇昌，〈書院即景六詠・牆竹〉，收入《重修鳳山縣志》（臺灣文獻叢刊146），卷12，頁413。

〔註102〕有山有竹是園林追求自然風雅的要件，夏天暑熱，竹林帶來涼風爽朗、秋天則風吹翠竹，颯颯作響，清妙動人。而這小山叢竹讓人聯想到北宋畫家文同愛竹而盤桓於洋州「篔簹谷」，有詩句「千畝翠羽蓋，萬鑄綠沈槍。」〔註103〕將竹林想像成冠蓋千軍的壯盛場面。而鄭用錫園中的「小山叢竹」也有修竹千竿，就好像新封千戶侯般，享受無盡繁華美好。他在〈鄰花居即事〉詩提到：

> 日月雙丸彈，春秋一草廬。寄身無別業，退老此幽居。庭靜花添韻，
> 窗陰竹補虛。有時成午夢，亦自到華胥。〔註104〕

詩中描寫自己退老幽居，庭院中種花來增添風韻，窗外則是借竹子身影補足空虛，以此加強環境的幽韻，營造一種詩意的想像空間。

另外林占梅也愛竹，他有〈竹間偶成〉詩，則更明白地描繪竹林幽境：

> 竹深不見日，珍禽時一鳴。偃息虛亭上，清風兩腋生。境闃晝沉沉，
> 綠陰清似水。揮手弄冰絃，悠悠泉韻起。〔註105〕

幽深不見日的竹林，只聽到的是禽鳥鳴啼，詩人在小亭中偃息，清風徐徐吹來，綠蔭下清涼似水，讓人感覺深隱沉靜。於是心生逸興，撥弄古琴，讓悠揚的琴聲，迴盪在竹林之間，多麼幽雅閒適的生活。

如果說書寫是一種情感的寄託，那麼詩人便是以菊、梅、柳、竹、月等物象作為樞紐，把過去拉回到現代。他們慣用時空脈絡來聯結情感，透過文化上的集體記憶，喚起或營造一種自我定位與文化認同。學者鄭毓瑜曾如此定義文人自我的詮釋脈絡：「文學現象中常見的仿擬和用典，正是透過對於過往經驗的借代與解釋所起的一種情感上的認同作用。」〔註106〕亦即透過現有的情景、花物，讓詩人聯想到採菊南山、梅妻鶴子、五柳先生、王家種竹等典故，於是心中仿擬了古代隱士的生活情境，進而與隱逸產生聯結。這是一種詩人自我定義的過程，透過情境的選擇、意境的營造，讓自己置身在隱逸的情境氛圍當中，然後確認隱逸的身份。

---

〔註102〕鄭用錫，〈新擬北郭園八景・小山叢竹〉，《北郭園詩鈔》（北縣：龍文，1992），卷4，頁168。

〔註103〕文同，〈守居園池雜題・篔簹谷〉，收入《全宋詩》（北京：北京大學，1998），卷445，頁5417。

〔註104〕鄭用錫，〈鄰花居即事〉，《北郭園詩鈔》（北縣：龍文，1992），卷2，頁22。

〔註105〕林占梅，〈竹間偶成〉，《潛園琴餘草》（新竹市：竹市文化，1994），卷8，頁721～722。

〔註106〕鄭毓瑜，《文本風景──自我與空間的相互定義》（臺北市：麥田，2005），頁19。

### 三、雅集時的集體樂感

　　將私密的居處開啓，成爲眾人聚遊的地方，是隱逸文化發展很重要的轉折。在魏晉時代的竹林七賢，隱士便已開始群聚，《晉書・劉伶傳》：「放情肆志，常以細宇宙齊萬物爲心。澹默少言，不妄交遊，與阮籍、嵇康相遇，欣然神解，攜手入林。」〔註107〕《世說新語・任誕》載竹林七賢「常集於竹林之下，肆意酣暢」。〔註108〕士人群聚飲宴，清議時政、臧否人物，他們抗俗放達，崇尙獨立人格，形成士人風尙，對後世影響極大。

　　而文人園林作爲飲酒宴會、賞花垂釣，並且詩文吟詠、清談析理的場所。建安時期有西園宴集，成就了許多詩篇。東晉的蘭亭之會，而有了《蘭亭集》。園林的構築，本就有隔絕俗世的意涵，在這圍牆內的咫尺山水，多半是文人精心營造的人間仙境，除了園主獨自居處其間，享受山林野逸之趣。更多的是邀集同好讌飲，文人們在饒富意趣的園林空間中，透過詩友的雅集吟詠，展現集體的生命情趣。有時彼此傾吐、撫慰對現實的不滿，尋求精神上的認同，並藉由醉酒歡愉，紓解人生的苦悶。對他們而言，在這咫尺山水間、杯觥交錯之際，人生的仕途進取，早已拋諸九霄，此時「恬退」是他們唯一的共同想法。

　　清朝政府爲鞏固政權，規定功名尙屬低階的文士，如生員、監生、童生，禁止私自成黨，甚至臧否時政與人物，即使詩文作品，也不可妄自刊刻。因此，臺灣早期僅有康熙二十四年（1685）沈光文、季麒光等人成立的「東吟社」，參加者則多是流寓文人，而私人的文酒聚會則不多見。

　　嘉慶之後，整體政治社會安定，規定也就不那麼嚴格。加上經濟條件提高，臺灣文人之間開始有許多詩會雅集，特別是以園林爲中心的詩文聚會，如「潛園」、「北郭園」，都是名噪一時的名園，並成立詩社相互唱和。園主的個人詩文集，如林占梅的《潛園琴餘草》、鄭用錫的《北郭園全集》、鄭如蘭的《偏遠堂吟草》，都有不少園林詩、唱和詩作。

　　林占梅性豪邁慷慨，他修築潛園「士之出入竹塹者無不禮焉，文酒之盛冠北臺。」〔註109〕他潛居園林，詩酒琴歌，並與幕賓林豪、林亦圖共創「潛園吟社」，從之者四十餘人，並有《潛園唱和集》，可惜書已亡佚。林占梅的

---

〔註107〕房玄齡，《晉書》（臺北市：鼎文書局，1987），卷49，頁1375～1376。
〔註108〕徐震堮，《世說新語校箋》（臺北市：文史哲，1987），頁390。
〔註109〕連橫，〈林占梅列傳〉，《臺灣通史》（臺灣文獻叢刊128），頁904。

園林生活，不脫行吟作詩、烹茶伴鶴，一派悠閒。但他更愛招文友唱和清談，他曾詩曰：「身閒詩思靜，妙境許搜尋。踏月宜花徑，烹茶愛竹陰。行吟常伴鶴，坐嘯不離琴。更喜招佳客，清談愜素心。」〔註110〕與花木鳥獸交心，雖然詩情畫意，但總是孤寂難消，若是有同志知己者，則能同歡共樂，談論詩文、清言相酬。林占梅作詩〈潛園適興六十韻〉〔註111〕提到園中的詩文酒會：

> 避暑賓攤箪，嬉春女落鈿。奚奴隨倜儻，侍史列嬋娟；阮籍遊而嘯，
> 嵇康懶與眠。茶甘烹雀舌，香靄爇龍涎；古劍求三尺，名琴操七絃。
> 詩觀辭駱什，帖檢換鵝箋；妙筆揮毫素，寄書問太元。錦韜裝玳瑁，
> 繡襪記娜嬛；鐘鼎周陶鑄，圭璋漢泅鐫。

可見當時詩文宴會的歡愉場景，自比如阮籍的嘯遊避世、嵇康的縱酒任誕，有歌妓女僕陪侍，文士們飲酒烹茶、舞劍彈琴、揮毫寄書、把玩珍寶，極盡閒逸歡享之事。酒酣意興之時，便開始吟詩清談。詩云：

> 愛根何日了，吟債幾時填？思苦陳無已，脾幽孟浩然。論文憑隻眼，
> 索句聳雙肩。枕上逍遙傳，床頭內外篇。師坡常說鬼，學晉每逃禪。
> 交摯相傾蓋，謳和共扣舷。南皮從葉後（松潭廣文），北面事曾先（籟
> 雲先生）。射覆詞壇立，猜枚酒令宣；笙簫分雅部，醞釀醉華筵。釀
> 厭中山困，車乘下澤便。

吟會之時，眾人絞盡腦汁，苦思佳對，有如陳師道的閉門覓句、孟浩然的秉性幽然。彼此論文索句、清談老、莊，時而漫談鬼怪、說玄論禪。眾人推舉葉松潭、曾籟雲爲詞宗，玩射覆遊戲、猜枚、行酒令，笙簫喧鬧、華宴醉酒，頗似魏晉風流。接著引用典故：

> 衷懷希魏野，氣概仰張顛。性拙薄戎算，平生輕嶠錢；言狂人竊笑，
> 癖怪我難悛。默默囂塵減，悠悠俗慮捐；有心追隱逸，無志慕騰騫。
> 況免饑寒逼，猶兼疾痛躝；曾聞唐白傅，閒散即神仙。

詩人表示所追求的是唐代草聖張旭的狂顛之態、北宋隱士魏野的恬退逸興，而自己資質拙劣、言狂癖怪，一時難改正。透過如此的詩酒歡愉，彷彿回到古代處士的隱逸生活，以此標幟了自己隱逸的心志，隔絕塵囂、棄捐俗慮，並以白居易的閒散生活爲最高理想。

---

〔註110〕林占梅，〈遣興〉，《潛園琴餘草》（新竹市：竹市文化，1994），卷3，頁236。
〔註111〕林占梅，〈潛園適興六十韻〉，《潛園琴餘草》（新竹市：竹市文化，1994），卷5，頁444。

文人園林，特別是築建在城市間，隱含著文人無法真正脫離人群的心思，特別是逢年過節、遠行送別等特別的日子，總是會邀宴詩文同好，在園中「游憩」、「賞花」、「泛舟」、「眺望」等歡聚活動。這樣高雅清逸的文化風尚，已不涉縱情萎靡，而是成為文士間清談交心、另類的社交場合。換言之，過去隱士獨自享受的閒逸生活，已成為士人共同的集體意識，集體歡娛、集體清談、集體逃避。

## 第四節　從感興到體道

東晉王羲之與謝安、孫綽修禊於蘭亭，眾人曲水流觴、飲酒賦詩、暢抒情懷，王羲之詩曰：

> 三春啟群品，寄暢在所因。仰望碧天際，俯磐綠水濱。寥朗無厓觀，寓目理自陳。大矣造化功，萬殊莫不均。群籟雖參差，適我無非親。
> 〔註112〕

詩中表達對大自然的感知，「寄暢」是想藉由寓目山水，擺脫世俗雜務、化解生命悲感，獲得身心的輕鬆愉悅。末四句是詩人所悟之道，山林鳥獸雖有所不同，但都屬自然，事實上它們都是齊一平等的。詩人深受老莊思想的影響，感受到「萬物與我為一」的道理，這就是對大自然生命律動的切實感受了。

園林對文人的意義，是一種追求閒適生活和詩意人生的選擇。作為文人的活動空間，不管是個人的生命省察，或是集體的樂感活動，〔註113〕都有一種安逸自得的生活樂趣，是魏晉以後隱逸思想所強調的精神逍遙，是人處在自然之間，與之互為感應的狀態。《世說新語‧棲逸》載康僧淵在精舍園林間，「芳林列於軒庭，清流激於堂宇，乃閒居研講，希心理味。」〔註114〕過著怡然自得的生活。不管是佛教的「明心見性」或是道家的「澄懷虛靜」；儒家的「天人相應」或是道教的「天人合一」，莫不是在追求人與天地、自然的和諧關係。

文人身居園林之中，除了想要逃避外在塵俗的干擾和羈絆外，更積極的意義在向內心探索自我，當他們長時間沉浸在自然懷抱中，往往與花木鳥獸

---

〔註112〕王羲之，〈蘭亭詩〉六首之三，收入《先秦漢魏晉南北朝詩》（北京市：中華書局，2013），頁895。

〔註113〕柯慶明，〈從「亭」、「臺」、「樓」、「閣」說起——論一種另類的遊觀美學與生命省察〉，《臺大中文學報》第11期（1999年5月），頁127～183。

〔註114〕徐震堮，《世說新語校箋》（臺北市，文史哲，1989），頁660。

有所感通，從而得到人生的啟示。如林占梅息居「潛園」，嘗詩云：「萬物靜觀多妙趣」〔註115〕，他喜愛園中春草生氣盎然，有時甚至不忍修剪，導致雜草叢生，「庭變荊棘林」、「栽梅難發華，放鶴難展翅。」於是由此體會人生道理。「始知婦人仁，不可與成事。姑息禍之媒，優柔害之使。」〔註116〕是一種體道的過程。

同樣的，林占梅也曾透過種植松、竹，體會到人生的道理，他在詩中提到：

> 種松幾樹低，種竹成林廣。松高歲數寸，一紀未盈丈；何時成老龍，
> 朝夕勞夢想。卻言綠簀籬，百竿抽芽上；夜靜解籜時，籟籟聽幽響。
> 昨日纔比肩，今朝已過顙；凌雲志氣高，遙遙如立仗。隔別三日間，
> 刮目堪企仰；迴顧幾株松，雲霄與土壤。同受雨露滋，其故難明朗；
> 忽然得元奧，理如指諸掌。若問意如何？虛心故易長；凡我為學人，
> 此理真堪傲。〔註117〕

同樣是承受雨露，松、竹的生長速度，卻有天壤之別，詩人的體會是「虛心」，竹子因中虛而易長，人不也是要謙虛才能長成，這是詩人感於物的體道經驗。

關乎此，林占梅顯然一生都在追求著，他作詩曰：

> 嘯傲閒身已十年，百花深處擁書眠。琴心漸會中庸道，詩學難參上乘禪。
> 白眼銜杯茶當酒，青絲繞屋柳如煙。藜床抱膝渾無事，重檢蒙莊「內外篇」。〔註118〕

他一生都在書中、心中、生活中思索人生的真諦，不管是儒家的中庸之道、禪宗的「此心即佛」，或是道家的「大道」，恐怕是吾人一生追尋的目標！在他的空間意識中，「園林」是大的生活空間，然而在「百花深處」、「柳絲間」、「藜床上」等細微之處，甚至在「書卷」、「詩詞」、「莊子」等抽象空間中，都是他悠然閒逸之所，從身之所處，到心之所向，無處不是閒適之地。

---

〔註115〕 林占梅，〈園樓偶興〉，《潛園琴餘草》（新竹市：竹市文化，1994），卷2，頁94。

〔註116〕 林占梅，〈會心處不在遠，晉簡文語也。余入西園，有觸而作〉二首之一，《潛園琴餘草》（新竹市：竹市文化，1994），卷2，頁98。

〔註117〕 同上註，〈會心處不在遠，晉簡文語也。余入西園，有觸而作〉二首之二。

〔註118〕 林占梅，〈閒興〉四首之三，《潛園琴餘草》（新竹市：竹市文化，1994），卷2，頁88。

　　文人對外物的感應，是「神與物游」的過程，最終還是要對應內心的思維和想像，回到心靈的感悟。對此，晚年築園隱居的鄭用錫深有感悟，他作詩曰：

　　　　半畝園林景色幽，禽魚花木足邀遊。何人乘興同看竹，斯世浮名盡幻漚。

　　　　道味須從閒處玩，物情最愛靜中求。此間真趣誰能識，悟到南華蝶與周。

〔註119〕

他認為園林不止是提供邀遊賞玩之用，而是須從閒情生活中體會人生道理，靜觀物象是將主體的自我暫忘、不沾不滯，玩賞之間，不忘從物象的角度領略自然之道。詩人內在的情與外在的景，相互牽引激盪，心靈與「仙境」的片刻遇合，便已達到「神與物遊」。而所謂「真趣」，便是從看竹賞鳥之樂，進一步參透浮名似幻、人生如夢的人生之道。

　　當然，返歸內心的探索，是文士歸隱潛居的一項修煉，這樣的企盼經常出現在詩歌的吟詠中，特別在閒適生活當中，隱息塵俗機心後，心靈便逐漸寬闊朗豁，如同鄭用錫給林占梅的詩中所言：「託跡潛園宇宙寬，故鄉歲月樂盤桓。」〔註120〕

　　另一種體道感悟，則是在園林因時間發生變遷後，由後人在遊覽園林歷史陳蹟下所產生的。這時候的感知，亦是一種寓目體道的過程，只不過加上了物換星移的時空轉變。典型的例子是李茂春「夢蝶園」，幾乎所有相關的詩作，都提到由園林的變遷，體會到人生如夢，進而領悟所謂「成、住、壞、空」的生命循環法則。陳文達〈蝶園朝雨〉云：

　　　　鄉晨趨野寺，泉籟共幽清。法雨敲仙唄，疏煙濕磬聲。蟲吟物外想，

　　　　蝶夢幻中生。頓覺無塵礙，道心處處明。〔註121〕

本詩由景生情，從勝景到衰頹，物換星移、人事全非，直指「空幻」之結果，並由誦經聲頓然去除塵俗罣礙，內心澄明曉悟。

　　宋永清在夢蝶園舊址附近建「息機亭」，便是透過人生如夢的空幻，勸喻世人暫息機心，他說：

　　　　地可盈畝，而亭不數椽，護以煙蘿、環以竹木，青蔥陰翳森森萬木

　　　　中，幾不知有塵忙躑躅也者。或而凭欄俯仰，直瞰巨流，大小岡山

〔註119〕鄭用錫，〈園居遣興〉，《北郭園詩鈔》（臺灣文獻叢刊41），卷4，頁55。
〔註120〕鄭用錫，〈戲贈鶴珊〉，《北郭園詩鈔》（臺灣文獻叢刊41），卷5，頁77。
〔註121〕陳文達，〈蝶園朝雨〉，收入《臺灣縣志》（臺灣文獻叢刊103），頁268～269。

如奔目睫。澄懷滌慮，冷然如憑虛御風焉，對此栩栩初回，機心頓
息。〔註122〕

因爲文人在園林的生活中，不斷透過「物色」感應、觸發內在對生命的哲思，
在獨居潛想之時，特別容易引發人生感觸。

　　鄭用錫晚年潛居「北郭園」，經常一人獨坐、獨遊，藉此澄懷靜心，醒悟
人生之道。他在詩作中經常有此類敘述：

鎮日無閒事，蕭齋獨坐宜。茶香消世慮，書味話兒時。門戶持全局，
河山戒漏巵。盛衰原定數，息息簡中知。〔註123〕

成陰林木同名節，垂暮光陰等幻漚。富貴浮雲隨分好，微軀此外復何求？

〔註124〕

且理釣魚絲，石橋獨坐時。一竿遺世慮，最愛夕陽遲。〔註125〕

也許感觸仍然是一種俗慮，鄭用錫仍不時提醒自己，必須「乘興」，畢竟日月
無待、春時難留，人生當趁良辰美景，即時爲歡。他道：

小築三間安樂窩，蒲團坐破老頭陀。呼牛世上吾能答，旋馬廳前地豈多。
幸可消閒搜典籍，有時乘興託吟哦。園丁爲報春光到，如夢鶯花一剎那。

〔註126〕

在園林中，詩人可以在春暖花開下，悠閒讀書、乘興吟哦，有了這個安樂窩，
那管官場世事的變化。

　　觀察文人在園林居遊的體認，不管是對自然景色的「寄暢」，或是對景物
的「寓目體道」，最後得到的結論仍是「恬退」，是一種淡泊、淡定、淡漠的
人生態度，他們在經濟無虞、精神暢明的情志下，隱入園林，選擇了閒逸生
活，並持續著魏晉文士的風流，走入自我、理想化的想像世界中。

---

〔註122〕宋永清，〈息機亭小記〉收入《重修臺灣府志》（臺灣文獻叢刊66），卷10，
　　　　頁381。
〔註123〕鄭用錫，〈獨坐〉，《北郭園詩鈔》（臺北縣：龍文，1992），卷2，頁96。
〔註124〕鄭用錫，〈述懷〉，《北郭園詩鈔》（臺北縣：龍文，1992），卷3，頁125。
〔註125〕鄭用錫，〈新擬北郭園八景・石橋垂釣〉，《北郭園詩鈔》（臺北縣：龍文，1992），
　　　　卷5，頁174。
〔註126〕鄭用錫，〈齋居遣興〉，《北郭園詩鈔》（臺北縣：龍文，1992），卷4，頁158。

# 小　結

　　中國的隱逸精神到了魏晉時期六朝，士人將隱逸視爲風尙，自我意識逐漸覺醒，並轉向追求人格的獨立和精神的自由。隱逸文化開始由政治性，轉向性情化、情趣化、文藝化，士人的自我安慰、心靈的慰藉，轉而發展爲隱逸文學、生活趣味、人生哲思。而到了唐代的白居易提出「中隱」，更將園林空間落實爲隱逸空間，文人園林正式嵌入隱逸的基調。因此有學者認爲，園林是隱逸人格精神最直觀感性的外化物之一，也是將隱逸本質貫徹得最徹底的藝術樣式，相當大程度地彌補了歸隱羨隱的士大夫在政治受挫後的心理平衡，並完成了人格精神的改造與建構。〔註127〕

　　自古以來，園林空間一直是士人躲避現實、藏匿人間的壺中天地，士人無法全然遁入山林，遂借助寫意式的山水造景，作爲心靈暫棲之所，並強調「雖與人境接，閉門成隱居。」而這些融入了山林景色的園林建築，從園林的命名、建築布局、植物選擇到山石水池的堆砌安排，無一不是精心安排，形成獨特的文化美學表現。除此，園林同時也承載著傳統士人文化創作的場域，它不但是士人個人居處、休養心性之所，雖然也有同道朋友的閒遊雅集，但畢竟有別於公共的娛樂場所，文人園林仍具有強烈的個人情調。學者余育婷在分析林占梅和鄭用錫的園林文學時便已提到「文學社群」和「個人意識」：

> 重新看待園林文學的出現，不僅只是解釋雅集活動所催生出來的文學社群，以及名園主人藉由詩酒交流所累積的象徵資本，而是要更進一步說明清代臺灣文人自我主體性的建立以及自我意識的覺醒，這才是新竹園林文學在文學史上較爲重要的意義。〔註128〕

誠然，園林的修建本來自於園主對避世脫俗、自適優雅的生活情趣有所想望，除了是要提升生活的精神享樂外，深層的寓意是在建構一個與塵世不同的空間。這樣不同於世俗功利的價值取向，便呈顯了自我主體性和自我意識的覺醒。因此，園林文學的創作，不管對於個人或社群，都可以看出彰顯生命情志與價值選擇的過程。

---

〔註127〕李紅霞，〈論唐代園林與文人隱逸心態的轉變〉，《中州學刊》，第141期，2004年5月。

〔註128〕余育婷，《想像的系譜：清代臺灣古典詩歌知識論的建構》，國立政治大學中文所博士論文，2011年，頁169。

　　就個人而言，文人構築園林的目的，隔著圍牆，內外呈現不同的世界，「心靈」和「外務」、「自我」和「社會」、「自然」和「名教」、「雅」和「俗」、「樂」和「憂」、「閒」和「忙」、「靜」和「噪」、「養生」和「毒害」等等一系列對舉的概念。士人不必遠離都市、跋山涉水，只要走入自家園林，那片山勺水、一花一木，便能沉浸在恬淡清幽的自然氛圍，身心得到安慰和寄託。重要的是，士人不需要跋山涉水、費時傷神，只要走出屋外，立即可以享受擬真的自然山水，如此兼顧仕隱「似出復似處，非忙亦非閑。」且對於那些認為隱逸「丘樊太冷落，朝市太囂喧。」的人而言，實在是一個最適切的折衷之道。

　　林占梅曾作詩羨慕處士的居所，詩云：

　　　　寂寂柴門短短籬，群山環繞水漣漪；花因露潤香生座，竹到春深翠入池。

　　　　靜院談心閒品茗，虛窗抱膝暢評詩；翛然頓覺塵襟淨，棲隱真惟此地宜。

〔註 129〕

一方園林、數間廬居，便是人間安樂窩。然而對林占梅這樣的士紳文人而言，這樣單純的隱居是不夠的，幽獨生活並無法持久或引起共鳴，他需要群體的相互慰藉。有個具規模的園林，才能聚集文友，在這裡他們可以暫離俗世的紛擾，藉著詩酒宴饗，可以暢懷清談，一起用詩文抒發他們的理想與情懷。這些人大多清楚現實的殘酷，更清楚生命的侷限，他們一方面以權宜、婉轉的心去應變世俗，一方面寄託著自我的生命追求，園林就此成了文士們生命實踐及價值凝聚的場所。

　　傳統的文人園林像是文人「個人隱遁」的安樂窩，然而開放的詩社吟詠，讓園林成為士人們「集體逸樂」的中隱世界。園林空間提供了士人安心修養的所在，讓他們得以放下世俗羈絆，真摯地面對自己的內在情志。透過仿擬的幽雅環境，讓自己獲得重新定義，喚醒內心的陶淵明、林逋，進而成為隱逸文化的一環。不論是內在的孤獨情志、外在的歡愉享樂，在這樣的自我探尋和定義的過程中，都將進一步地轉化為生命的體悟及思想的超越，成為生命中最真實的淬煉。

---

〔註 129〕林占梅，〈平林莊過孫愨民處士園作贈〉，《潛園琴餘草》（新竹市：竹市文化，1994），卷 5，頁 437。

# 第五章　官署園林——吏隱滄洲趣

　　當士人得意官場時，他們可以流連於花前月下、詩酒宴會，過著優雅安逸的生活。但是，當仕途遭遇挫折、無法施展才能時，士人可以轉向自然，以閒逸隱退的姿態，借助山水林泉、風花雪月，來慰藉受傷的心靈。士人似乎可以悠然於淑世志業和自我意識的兩端，找到一個生命的平衡。這個平衡點，在白居易的「中隱」思想提出後，得到具體的驗證。白居易曾作詩曰：

　　　　大隱住朝市，小隱入丘樊。丘樊太冷落，朝市太囂喧。不如作中隱，

　　　　隱在留司官……不勞心與力，又免饑與寒。終歲無公事，隨月有俸錢。

　　　　賤即苦凍餒，貴則多憂患。……唯此中隱士，致身吉且安。〔註1〕

「大隱」又稱「朝隱」，在朝爲官又能對喧囂的政務淡然處之，是大不易。「小隱」又稱「身隱」，是傳統的退隱山林、遠離塵俗，有些淒苦。「中隱」就顯得中道許多，擔任官職，但不汲汲於名利，而是選擇閒居園林、寄情詩酒，如此一邊保持現實的生活溫飽，一邊又能兼顧精神的清高，讓唐代士人普遍存在內心的仕隱問題找到折衝和變通。因此，很快地成爲士人仕宦的態度。特別是中晚唐時期，士人面臨仕途的浮沉、頻繁的遷調，過程中需要心理調適，找到自我的定位和處世之道。宋代詩人陳師道曾針對此評論曰：「進則效其忠，退則存其身。」〔註2〕隱於官場中，一方面能保持入世爲官的經世情懷，符合儒士治世的理想；一方面可兼顧自我人格的完善，體現道家自然養眞的意境，自然普遍爲後世士人所接受。

---

〔註1〕白居易，〈中隱〉，《白居易全集》（上海：上海古籍，1999），卷445，頁331。
〔註2〕陳師道，〈思白堂記〉，收入《全宋文》（上海：上海辭書，2006），卷2669，頁363。

　　「中隱」觀念落實在官場上稱之爲「吏隱」〔註3〕，居官猶如隱的仕宦態度徹底改變了中國士人的官場文化，流行唐代的「郡齋詩」具體說明了當時的狀況。「郡齋詩」是指文人出任郡縣的官職，在郡縣府衙和官齋所創作的文學作品，一般是以詩歌爲主。「郡齋詩」源自於南朝二謝，謝靈運出守永嘉時，以郡齋（官舍）生活爲題材，作詩表現在外郡宦居、清隱閒散的生活態度。〔註4〕到了謝朓，作〈之宣城郡出新林浦向板橋〉詩：「既歡懷祿情，復協滄洲趣。」自比宦居生涯如同滄洲隱士，自此「滄洲吏」便成爲吏隱的代名詞。〔註5〕中晚唐時，內外官遷轉狀況及文人吏道觀的改變，致使擔任州縣官員的文士大量增加，加上貶謫官員多發配偏遠的州縣，這些人官微事少，閒散的生活方式和挫敗落寞的心理狀態，造就了「滄洲爲吏」的普遍認知。因此，他們在任職的郡齋中，營建有山池亭閣、自然花木的園林，爲自己、同僚和文友在公務之餘提供了仙境般幽雅的環境，在另一層意義上，成爲士人隱避俗世的絕佳空間。

　　宋代的「吏隱」現象凸顯了士人的自覺意識，許多人出仕是迫於現實，隱逸才是心之嚮往，解決的方式便是在仕宦的生活中，設法追求隱逸化的生活情趣。悠遊於山水、徜徉於園林、參拜佛寺道觀等活動都是具體的作法。其中，在官署中設置園林，公餘之暇，轉身便可享受山水林泉之趣，是最方便的選擇。蘇軾便是「吏隱」最鮮明的例子，他曾經說：

> 古之君子，不必仕，不必不仕。必仕則忘其身，必不仕則忘其君。
> 譬之飲食，適於饑飽而已。然士罕能蹈其義、赴其節。處者安於故
> 而難出，出者狃於利而忘返。於是有違親絕俗之譏，懷祿苟安之弊。

〔註3〕「吏隱」一詞，在唐初已開始使用，宋之問有〈藍田山莊〉詩：「宦遊非吏隱，心事好幽偏。」參見蔣寅，〈古典詩歌中的吏隱〉（蘇州大學學報哲學社會科學版，2004年3月），頁52。

〔註4〕「郡齋詩」的稱謂最早見於唐代大歷時期，皎然有〈奉酬於中丞使君郡齋臥病見示一首〉詩云：「比聞朝端名，今貽郡齋作。」韋應物〈酬劉侍郎使君劉大眞〉詩：「繼作郡齋什，遠贈荊山珍。」直稱爲「郡齋什」，有時稱「郡齋燕集」詩，這類書寫官齋生活的詩在中晚唐極爲盛行。參見葛曉音，〈中晚唐的郡齋詩和「滄洲吏」〉，《北京大學學報（哲學社會科學版）》，第50卷第1期，2013年1月，頁88～103。

〔註5〕「滄洲」指隱士所居之處。唐李善注《文選》引揚雄〈橄靈賦〉曰：「世有黃公者，起於蒼州，精神養性，與道浮遊。」呂延濟注云：「滄洲，洲名，隱者所居。言我既歡得祿，復合此趣矣。」

今張君之先君，所以為子孫之計慮者遠且周，是故築室藝園於汴泗
之間，舟車冠蓋之沖。凡朝夕之奉，燕游之樂，不求而足。使其子
孫開門而出仕，則跬步市朝之上；閉門而歸隱，則俯仰山林之下。
於以養生治性，行義求志，無適而不可。〔註6〕

這是蘇軾在宦遊湖州期間，經過安徽靈璧的張氏園所作的一篇遊記。他讚揚
張氏闢建園亭，可避免隱逸的違親絕俗，仕宦的競逐名利，而築室藝園於塵
世之間，如此朝堂不過數步之遙，可以隨時享受山林之樂，所謂「開門而出
仕、閉門而歸隱」，可說為仕隱的最佳調合，為仕宦文人找到生命中至適的位
置。

　　官署修建園林的目的當然不完全是為了歸隱之樂，但公事之餘，徜徉在
園林中的花木山石之間，確實能得林泉隱逸之趣。開門而出仕，閉門而歸隱，
園林生活成了紓解仕隱矛盾的最佳途徑。不僅徜徉園林能得山林之趣，就是
在斗室之中，同樣可獲江湖之樂。南宋紹興年間，陸游任大理寺司直，住在
臨安的「官舍」，僅有兩間小屋子，因為「甚隘而深，若小舟」故戲稱之「煙
艇」，並作〈煙艇記〉記事抒懷，曰：

予少而多病，自計不能效尺寸之用於斯世，蓋嘗慨然有江湖之思。
而饑寒妻子之累，劫而留之，則寄其趣于煙波洲島蒼茫杳靄之間，
未嘗一日忘也。使加數年，男勝鋤犁，女任紡績，衣食粗足，然後
得一葉之舟，伐荻釣魚，而賣芰茨，入松陵，上嚴瀨，歷石門沃洲，
而還泊於玉笥之下，醉則散髮扣舷為吳歌，顧不樂哉！雖然，萬鍾之
祿，與一葉之舟，窮達異矣，而皆外物。吾知彼之不可求，而不能
不眷眷於此也。其果可求歟？意者使吾胸中浩然廓然，納煙雲日月之
偉觀，攬雷霆風雨之奇變，雖坐容膝之室，而常若順流放棹，瞬息
千里者，則安知此室果非煙艇也哉！〔註7〕

他之所以收起「江湖之思」，是因妻子的家庭責任，他心中掛懷的總是一葉扁
舟、泛遊垂釣、清風醉酒、扣舷而歌的隱逸生活。然而，不管是仕宦俸祿或
是一葉之舟，都是身外之物，不可強求，只能暫且棲身於小室，代之以開闊
自由的心胸，遨遊於宇宙天地，亦可以一償隱逸江湖之願。這是隱逸的精神

〔註 6〕蘇軾，〈靈璧張氏園亭記〉，《蘇東坡全集》（臺北市：世界書局，1964），頁358。
〔註 7〕陸游，〈煙艇記〉，收入《全宋文》（上海：上海辭書，2006），卷4941，頁84
　　　　～85。

化表現，對後世文人而言，只要保持心中那顆淳樸之心，便是無處不隱、無事不逸。

清領時期的臺灣，地方官員三年一任、調動也相當頻繁，宦遊士人們普遍把臺灣當作暫棲之所，大多住在位於官署之內的齋舍，因此，多半官署都同時具備公堂辦公空間與私人生活空間，許多府縣的官署中也會建置園林，雖然規模不大，但可以紓解心理壓力、增加生活情趣，並作爲宴饗聚會、遊賞誦詩的場所，同時也是承載著文士們追求淡泊、逸樂、歸隱的祈願，心靈寄託的重要空間。

延續前一章的文人園林主題，本章另外探討清領時期臺灣的官署園林空間的隱逸書寫，透過相關詩作的分析，了解官署園林的建築空間布置以及園居生活的描寫，呈現當時仕宦文人的吏隱心態。某種程度上，官署園林是緩和仕宦生活所產生的鬱結，有個暫時逃避的空間，因此官署園林的設計常以自然、幽隱、閒適爲基調，而詩歌的描寫也常跳離現實，傾向浪漫的隱逸書寫。以空間性質而言，官署存在著仕與隱的二元空間，公堂當然是仕宦的空間，而園林則是官員深藏內心、無法付諸行動的隱逸理想。而公餘之時，花月之下、把酒言歡之間，園林成了官員息機忘憂的樂園，透過官署園林生活的陶冶，官員得以紓解羈旅思鄉及宦途艱苦，儼然成爲仕宦文人心靈療癒的空間。

# 第一節　中國傳統的郡齋文學

中國園林的發展，最早是從皇家苑囿開始的，神話中黃帝的玄圃，座落在昆侖山上，內有寶樹、山水和蔬圃，如仙境樂園一般。神話雖屬虛幻，但仍對後世園林發展有一定的影響。漢代的盛世，推動了皇室及貴族園林的流行，公家官署的園林則要到南朝以後漸漸開始，因爲是提供百姓洽公、官員文士應酬交遊的地方，空間上具有公共性、多功能的特色。而許多州縣建有官舍提供遊宦者居住，也會建置簡單的園林供官員遊憩。宋代韓琦曾有文章記載：

> 天下郡縣無遠邇大小，位署之外，必有園池臺榭觀游之所，以通四
> 時之樂。〔註8〕

---

〔註 8〕韓琦，〈定州眾春園記〉，收入《全宋文》（上海：上海辭書，2006），卷854，頁37。

無論州縣大小、遠近，都設有官署園林，可見當時園林的休閒文化是多麼普及。因此，四處任官的文士就習慣遊園玩賞，甚至邀集僚屬文友一起飲宴，已成為文人仕宦的生活常態。

　　中國文學史上有「郡齋詩」一類，是指出任郡縣的官吏在郡縣府衙和官齋所創作的詩歌。郡齋詩的表現重點在於描繪郡齋生活的幽雅閒適之趣，強調無事高臥、宴饗雅集的樂活景況，就算是公務活動，也會予以浪漫美化，這是士人刻意表現對宦情的疏離姿態和幽居自適的生活追求，也同時呈現了官員亦官亦隱的吏道觀。準此，以郡齋園林的空間意義而言，隱含著仕宦文人意圖翻轉個人因宦途浮沉所帶來的精神壓力和中國士人集體經世天下的傳統觀念，而這一切都指向士人隱逸的生命哲思。

　　「郡齋詩」源於南朝的謝靈運、成於謝朓，而盛於中唐。謝靈運在仕途上遭人忌恨，多次被貶官，他為了擺脫紛擾，常放情山水、尋幽攬勝。對外郡任官寂寥閒散的生活，他也不以為意，總以曠達之心面對，作了許多描述郡齋生活的詩，如〈齋中讀書〉、〈讀書齋〉、〈登池上樓〉、〈命學士講書〉、〈晚出西射堂〉等詩。〈齋中讀書〉詩云：

> 昔余遊京華，未嘗廢丘壑。矧迺歸山川，心跡雙寂寞。虛館絕爭訟，
> 空庭來鳥雀。臥疾豐暇豫，翰墨時間作。懷抱觀古今，寢食展戲謔。
> 既笑沮溺苦，又哂子雲閣。執戟亦以疲，耕稼豈云樂。萬事難並歡，
> 達生幸可託。〔註9〕

這首詩是謝靈運在永嘉太守任內所作，對於久任京官後，第一次遠貶浙東，他沒有太多的怨恨，反而懷想起林泉之志，如今外放流寓於山水之地，讓他身心均得到清靜淡泊。郡齋中的生活，既無訪客也無公忙，自己則趁此閒暇養病，作詩讀書，不亦樂哉。而想起古人隱逸躬耕的窮苦、仕宦執戟的無奈，仕隱真的難以兩全，幸好現在自己的處遇，堪稱是通達本性保全生計的生活。遠貶異地雖然官小，但相對的紛擾之事也少，官員的俸祿足夠樸實的生活，對喜歡遊於山林的謝靈運來說，既不需擔心生計，又能遠離政事的紛擾，這種半官半隱的生活，不啻是最佳的選擇。

　　時代稍晚的謝朓，同樣遭受官場猜忌，出守宣城，期間創作了許多山水詩，如將赴宣城履任的〈之宣城郡出新林浦向板橋〉詩：

---

〔註9〕謝靈運，〈齋中讀書〉，收入《先秦漢魏南北朝詩》（北京：中華書局，1983），
　　　頁1168。

> 江路西南永，歸流東北騖。天際識歸舟，雲中辨江樹。旅思倦搖搖，
> 孤遊昔已屢。既歡懷祿情，復協滄洲趣。囂塵自茲隔，賞心於此遇。
> 雖無玄豹姿，終隱南山霧。〔註10〕

這首膾炙人口的行旅詩是他離開建康乘船西行時所作，浩渺無涯的江水東流而去，詩人不斷地回望，注視著遠處的歸舟、茂盛的江樹，像是旅人懷著眷戀向故鄉告別。之後隨即從惆悵心情轉換為無可奈何的自我排遣，搖搖於行旅、孤身出仕，對他而言並不陌生。此去宣城，既接受了仕宦的派命，又合乎隱逸的幽趣，期待此後能遠隔囂塵、避禍全身。完全表現了詩人一方面接受仕宦的安排、一方面尋求隱避安逸的生活，把傳統仕隱的矛盾統合為一的心態調適過程。

謝朓在宣城修建了不少亭台樓閣，招集詩友飲酒宴遊，看似歡愉的生活，但從詩作中可以常見郡齋閒坐、靜觀遠眺，在清幽孤寂的景色氣氛中，顯露出思鄉歸隱之心。如〈冬日晚郡事隙詩〉詩云：

> 案牘時閒暇，偶來觀卉木。颯颯滿池荷，脩脩蔭窗竹。檐隙自周流，
> 房櫳閒且肅。蒼翠望寒山，崢嶸瞰平陸。已惕慕歸心，復傷千里目。
> 風霜旦夕甚，蕙草無芬馥。云誰美笙簧，孰是厭薖軸。願言稅逸駕，
> 臨潭餌秋菊。〔註11〕

詩人提到公務閒暇時，流連於官署的庭院，觀賞各種花木，而院中設有池塘荷花、窗邊修竹，可見當時的官署頗注意庭園氣氛的營造。當詩人本著自身的現實遭遇和生命情懷，便容易在此引起詩興、觸動情思，謝朓本來因出仕被隱藏的隱逸之情，突然在千里之外的宣城、在幽隱閒逸的花月下，再次地被勾起。

到了唐代，園林文化盛行，加上「避世金馬門」的吏隱風氣，各地官署普遍設置園林。透過大量的郡齋詩作，呈現郡齋園林精巧優美的造景，充滿幽寂野趣的山水之美，文士們無事高臥、宴集遊賞、吟詩謳歌，營造出閒適幽雅、超然物外的吏隱天地。

---

〔註10〕 謝朓，〈之宣城郡出新林浦向板橋〉，收入《先秦漢魏南北朝詩》（北京：中華書局，1983），頁 1429。

〔註11〕 謝朓，〈冬日晚郡事隙詩〉，收入《先秦漢魏南北朝詩》（北京：中華書局，1983），頁 1432。

　　明清因爲政治經濟的穩定，爲強化行政治理，中央地方的官署甚爲講究。《大明律》明確規定，官員必須居住在官邸之中。明代地方志《宛署雜記》也提到：「凡治必有公署，以崇陛辨其分也；必有官廨，以退食節其勞也，舉天下郡縣皆然。」〔註12〕主官的官邸（或稱後衙、內衙、大衙）基本上集中在官署的後部，而吏舍則分佈在左右兩旁。知縣、縣丞、主簿與典史等主要官員，也均住獨宅。清代在康熙初年就曾重修各地官署，並持續到康熙中期，各地官署具有一定的規模，以期穩定各地區的統治。官署的建築多半都是「前衙後邸」、「前堂後寢」的規制，這是由於清代地方任官有不在本籍的規定，官署必須提供外地官員官舍。具體來說，明清時代的地方官邸由主官及其家人、各色勤雜人等居住，非經許可，其他人員不得進入。如果主官不出官邸，辦事人員需經過轉呈，才能提交主官辦理事務。這一種方式在明嘉靖年間形成，一直延續到清代。因此，官衙與居家一體，便成爲明清官署的一個顯著的特徵。

　　官邸之使用，除了居住外，有時兼作政務，更重要的是休閒娛樂，在官邸中常要宴待賓客，特別是召集當地士紳共聚一堂，有助於加強官府、官員與當地士紳的聯繫和交往。因此，許多官署會修築園林，一方面作爲修身養性、一方面方便宴饗應酬。因此，傳統的郡齋詩多描寫公務之餘悠閒自在的生活趣味，有大量的郡齊庭院景色以及詩酒讌集的歡樂場景。其中把園林描寫成桃源仙境般的山水勝景，空間中充滿幽寂野趣的山林之地，學者侯迺慧詮釋道：

> 表達文士們在郡齋中兼得吏與隱、儒與道的圓滿自得。但在這看似自得與超然的強調中，又隱伏著來自政途失意所翻轉出來的自我安慰與幾近抗拒叛逆性的潛在意識，是文士強烈的防衛機轉所展現出來的超然表象。〔註13〕

郡齋的生活樣態，必定反映出士人面對人生得失的調適，其中郡齋園林的造設、空間的精巧布置，其實也巧妙地配合著士人仕隱矛盾心態的轉化。

---

〔註12〕　沈榜，《宛署雜記》，收入《稀見中國地方志匯刊》（北京：中國書店，1992），卷2，頁18。

〔註13〕　侯迺慧，〈唐代郡齋詩所呈現的文士從政心態與困境轉化〉，《國立政治大學學報》，第74期，1997年4月，頁1～38。

在清領時期，大量的中土文人遊宦臺灣，他們遠離故鄉，驚險渡海，來到陌生的島嶼，有時真有遠貶荒陬的感覺。孫元衡在康熙四十四年（1705）來臺擔任海防同知，雖然是仕途升遷必須的歷練，但他仍以貶謫絕域視之。他曾作詩曰：

> 焉知落拓滄洲外，斷蓬卻逐西傾葵。生死浮沈吁可怪，寸心炯炯無人知！
>
> 〔註14〕

對自視甚高的孫元衡而言，宦臺之行是無奈的選擇，他以「落拓」形容，特別在驚險渡海的過程中，多所感慨。「滄洲」是古代隱者所居處，是詩人對臺灣的想像。一直到任滿時，都還懷疑四年的遊宦是夢幻一場，詩曰：「初到似逋還似謫，即今疑幻卻疑仙。」〔註15〕。

孫元衡經常自比蘇軾、謝靈運等，將自己置身於被貶官的情態中，有詩云：

> 鶺鴒飛不到蠻天，萬里艱難夢宛然。蘇子真成遙海望，惠連果枉濟江篇。
>
> 喜懽道上催春鳥，黯澹灘頭下水船。留柳識韓俱浪語，浮名拋卻是歸年。
>
> 〔註16〕

詩人想像自己貶謫蠻荒、行路艱難，有如蘇軾遠貶瓊州、隔海遙望，想像謝靈運一般自放山水，卻無法曠達灑脫，期待上位者賞識，又想拋卻浮名、回鄉歸隱，仕隱的矛盾心情縈迴不已。如此的心情，也是當時宦臺官員的寫照。

宦臺的文士對宦途有很深的不確定感，連帶對官署的認知都是暫時棲身處，如朱景英有詩曰：

> 海東官況伴鷗閒，官舍如舟泊一灣。燈火紙窗風雨後，波濤沙岸夏秋間。
>
> 幼安榻許隨身設，仲蔚蒿將任意刪。等是林宗曾宿處，興餘灑掃未容慳。
>
> 〔註17〕

臺灣位處海外，宦遊者需渡海東來，因此一般人都將之與海聯想在一起。詩中形容官舍如同一艘小船，一指官舍簡陋、狹小如舟；一指泛泛而浮沉於海，漂泊不定。然而，詩人卻自比如同高士管寧避地隱居、張仲蔚窮居修道，或是想像魏昭當初師事名士郭泰（太）一樣，一點都不以為苦。詩人以名士高

---

〔註14〕 孫元衡，〈日入行〉，《赤崁集》（臺灣文獻叢刊10），卷2，頁40。

〔註15〕 孫元衡，〈留滯海外倏踰三載追維所歷不無嘅焉〉四首之三，《赤崁集》（臺灣文獻叢刊10），卷4，頁74。

〔註16〕 孫元衡，〈答篠岫弟到榕城見寄〉，《赤崁集》（臺灣文獻叢刊10），卷1，頁8。

〔註17〕 朱景英，〈官齋新構落成題壁〉四章之一，收入《全臺詩》，第三冊，頁30。

潔之行來勉勵自己，處於困頓的宦居中，要能釋懷、淡泊，甚至從中體會逸趣，轉化心境。因此，遊宦們多半能在公餘之外，在官署園林中求得寧靜淡泊，以轉化現實處遇中的愁思。

清領時期臺灣的官署園林構建，同樣也能解決士人「仕」與「隱」的兩難、「居」與「游」的矛盾，迎合士人對自然山水的喜好，並且暫時隔絕塵世，取得避離隱逸的短暫效果。士人直接參與園林的設計和建造，將心中對自然的想像，透過詩意、畫境，塑造具個人特色的園林景觀，投射個人內心的祈願與理想。此外，園林空間也提供了文士彼此心志交流的場所，他們在此品茗弈棋、品鑑古玩、送往迎來、慶賀佳節、結社賦詩或清談哲理，藉此抒發情懷。這種在園林之間的「中隱」生活，一反過去隱逸生活的苦修，強調的是在物質環境充裕的狀態下，寧靜自然、閒適愉悅的精神生活，士人在園林中巧妙地運用借景、襯托、以小見大、虛實相生等手法，構築內心的理想世界。通過假山、花木、亭台樓閣、迴廊曲徑的設計，配合明月、清風、雨露、雲霞的輝映，讓自己彷彿置身仙境一般。相對於牆外的官場俗世，園林呈顯出士人對「人間樂土」的追求，一種心靈上的安適與依歸。

## 第二節 臺灣官署園林的修建

清領時期的臺灣是移民的社會，以閩粵文化為主，而園林方面大致也承襲了江南園林的風格。臺灣早期的園林多數因時代更迭而荒廢湮沒，或隨著時間而傾頹毀滅，僅少數留有遺跡可尋。真確的園林景況，只能從史志及文人的文學作品的敘述中，略窺一二。

前章所述明鄭時期所建造的園林，如「一元子園」、「北園別館」、「夢蝶園」等，在入清後都改建為寺觀園林，「一元子園」隨寧靖王府改為「天后宮」、「北園別館」改建為「海會寺」、「夢蝶園」則改成「法華寺」。寺觀園林是以寺觀的建築結合園林的布置，形成幽雅清靜的空間，民眾在參拜禮佛之際，可順道欣賞園林中的亭台小橋、假山流水，感受宗教莊嚴清靜的氛圍。到了佳節慶典時，信眾往往蜂擁而至，張燈結彩，熱鬧非凡，均屬對外公開的公共園林。

官署園林是在府州縣等公衙後堂設置園林亭台，以為官吏宴集、待客及觀賞之所，又稱為「郡圃」、「縣圃」。官署園林是屬公家園林之類，凡由公署

鳩集興造者皆屬之，多半設於官署內院，早在宋代即普遍設置。而就園林的文化發展而言，官署園林的修建，往往有展現政安民富的意圖，歷任的官員無不藉著修建名園、文藝雅聚，來展現政通人和及文教功績。

　　另一方面，清領時期來台灣任職的官員依規定不可攜帶家眷，致使這些遊宦士人易生寂寞思鄉的情緒。爲了抒發遠宦飄零之感，常在官署後方附設的宅第中興建景致優美的園林，藉著文酒詩會、吟詩詠歎，來尋求慰藉、排遣傷感。如分巡道署的「寓望園」、臺灣府署的「鴻指園」、海防同知署的「浮瓠草堂」及各縣署花園，都是官員名士雲集之處，流觴讌飲，盡述胸中情懷，並寫下了不少的文學佳篇。

　　乾隆三十四年（1769）來臺任官的朱景英，在他的《海東札記》中記載當時官署園林創設的盛況：

> 近時章鎮帥紳闢大樹園，構清陰堂、倚青亭於署側。蔣觀察亦於署後構褆室，又刱延薰閣、挹爽廊、樣月樓、魚樂檻、接葉亭、花南小築、花韻欄，復闢叢桂逕、得樹庭、小仇池、瑞芝巖、疊雲峰、醉翁石，仍增飾澄臺舊跡，更移構斐亭於其東偏。郡署鴻指園，往時蔣觀察所闢者，鄒太守應元復葺治之。城守白參將世儻構凝香居；左營余遊擊大進構鏡清堂、岸舫；右營任遊擊承恩構師慎堂、棟花書屋，又闢俗桐園；臺灣王令右弼構古春小築；而余亦就署後隙地構澹懷軒、研北書屋，皆一歲中興工葳事者，頗增海外之勝。

〔註18〕

朱景英當時在海防同知官署構築「澹懷軒」和「研北書屋」，大約同時擔任臺灣總兵的章紳在總兵府闢建「大樹園」；乾隆二十九年（1764）蔣允焄擔任臺灣巡道時，擴建道署的「寓望園」；乾隆三十二年（1767）任臺灣知府的鄒應元修葺郡署「鴻指園」；乾隆二十六年（1761）白世儻（1704～1770）任臺灣城守營參將，在官署構建「凝香居」；當時任鎮標左營遊擊的余大進、右營遊擊任承恩、臺灣縣令王右弼等，不管是文武官員都在官署闢建、修築園林，可見當時官署園林的風氣之盛。

　　以下略述清領時期幾個重要的官署園林的闢建，以及相關的詩文書寫：

---

〔註18〕　朱景英，《海東札記》（臺灣文獻叢刊 19），卷 4，頁 49～50。

## 一、巡道官署園林──寓望園

　　清領初期，臺灣最高的行政長官稱為福建分巡臺灣廈門道，道衙設在臺灣縣西定坊，周昌為首任長官，康熙二十三年（1684）到任，在任期間，道署中有「敬事堂」，後有「鶴馴堂」，署後闢建了「寓望園」，是臺灣清領時期第一個官署園林。與他同時間來臺的諸羅縣知縣季麒光記曰：

> 東寧荒海之島，不入職方，有山則頑翳於蔓草，有木則鹵浸於洪濤，求天作地成之景，皆無所得。是蓋造物者之有所缺焉，以俟乎名賢之補救乎？憲副周公，治臺一載，政治之暇，就署後築小室，中置圖史，旁構一亭，顏曰「寓望」，取左史「疆有寓望」之言，則燕閒寂處已不忘周防捍禦之意也。〔註19〕

周昌，盛京遼陽人，康熙二十三年（1684）調任分巡臺廈道，是首位擔任該職位的官員。康熙二十五年（1686）在官署後方築一小室，典藏圖書史冊。室旁再闢建一亭，名曰「寓望」，乃取自《國語‧周語》的「疆有寓望」，意指邊境所設置的賓館設施，是為提醒自己身處邊疆不忘戍衛之任。「寓望園」原為一亭名，後人因以為道署園林之名。同時他還陸續建了「環翠亭」、「乾坤一草亭」、「君子亭」，記曰：

> 復結草作亭，顏曰「環翠」，以蕉陰竹韻，依繞左右。當風來奏響，月落呈姿，雲容天籟與霓裳羽衣相賡和，真不啻渭川千畝、綠天萬樹矣。又一亭，顏曰「乾坤一草亭」，杜少陵僑居巴蜀，慨然有身世蓬鬢之思，公曠情逸致，俯仰宇宙，取諸懷抱於寄其所託，高霞相映，白雲可侶，信足樂也。亭之右建一方臺，銜遙天，吞大海，安平勝狀，如在几席。稍西一亭，為公觀射處，以「君子」名之，有取於無爭之義也。公他日內擢秉衡，俾余小子得以不文舊吏，從容頌禱，回記海風嶺草，瘴雨蠻烟，猶可以手聲而口貌之，則知此園之標奇天外，為後人蓊茇所不加者，皆公政事之留餘也已。〔註20〕

亭台的命名除了表現園林景致外，更寓寄園主內心的想望。「環翠」說明了園中竹林蕉叢、蒼翠翳蔭；風林相和、雲月掩映，一幅華美景象。「乾坤一草亭」則是反映周昌的身世之感，他自比杜甫流寓異鄉，卻能以茅屋草堂為安。「君

---

〔註19〕季麒光，〈寓望園記〉，收入《福建通志臺灣府》（臺灣文獻叢刊84），頁97。
〔註20〕同上註。

子亭」則是他的生命體驗，觀射無爭，是人生官場的哲學，也代表著他遠宦海外的心境。

「寓望園」的第二次修建，是在康熙三十二年（1691）高拱乾出任分巡臺廈兵備道時，陸續再興建「斐亭」和「澄臺」。《重纂福建通志》載：「斐亭，康熙間觀察高拱乾建，叢篁環植，翠色猗猗，故取衛詩有斐之義。澄臺在斐亭左，觀察高拱乾建，高可望海。」〔註21〕高氏自作〈澄臺記〉，說明他建台的目的：

> 當風和日霽，與客登臺以望，不爲俗累、不爲物蔽，散懷澄慮，盡
> 釋其絕域棲遲之歎，而思出塵氛浩淼之外，則斯臺比諸「凌虛」、「超
> 然」，誰曰不宜？豈得以文遜大蘇而無以記之也。〔註22〕

建臺是提供文士觀覽吟詠、抒發情思之所。他特別以蘇軾作〈超然台記〉、〈凌虛台記〉自比，登台可望見廣闊的大海，特別是面臨「絕域棲遲」時，期望藉著「滄渤島嶼之勝」，可以讓人「散懷澄慮」，所以取名「澄臺」。眞切地說出當時宦遊臺灣的文士所面臨的困境及抒解之道。

關於「斐亭」的周圍景觀，道光十三年（1833）任分巡台灣兵備道的劉鴻翱有〈臺灣道署斐亭記〉描述道：

> 臺地竹多芭生，道署小平泉西兩檻外，叢竹千竿蔽日，濃陰交錯；院
> 中有亭翼然，名曰「斐」，蓋取「淇澳」之「菉竹有斐」以名。由亭
> 之東折而北，爲「寄雲曲舫」，早起，雲常滿室中。澄臺在其東南，
> 可望海。臺之外爲圍，可習射。泉溢爲池，池中堆石爲島；雙鷗戲水
> 面，時飛時止。芭蕉大如樹；畜麋鹿，每日午臥蕉陰下。海外奇木異
> 卉──如佛桑、洋桃、文元、桂子、番石榴、黃梨之屬，經冬花蕊不斷。
> 故胡公承珙題云：「明月先臨三島夜，好花常駐四時春」。孔公昭虔額
> 曰「滄洲嘯詠」：其形容是亭者備矣，而未究名「斐」之義。〔註23〕

劉氏提到「斐亭」之名來自於道署內的竹叢，以竹爲美，以美竹喻君子。而且清楚地說明園內布置，「斐亭」東北可見海上船舶，名之「寄雲曲舫」是因爲臨海多霧，早晨雲霧裊繞不散，遠觀彷若船行雲中。園中設有習射的圍，並有泉池疊有假山爲島，吸引鷗鳥嬉戲。此外園中亦畜小鹿、種植各類奇花異木，常年有花可賞。

---

〔註21〕 陳壽祺，《福建通志臺灣府》（南投縣：臺灣省文獻會，1993），「官署」，頁97。
〔註22〕 高拱乾，〈澄臺記〉，收入《臺灣府志》（臺灣文獻叢刊65），卷10，頁270。
〔註23〕 劉鴻翱，〈臺灣道署斐亭記〉，《綠野齋集》（臺灣文獻叢刊309），頁74～75。

　　臺灣道署「寓望園」的庭園建築，當以「斐亭」和「澄臺」爲代表，是當時臺灣官宦士族雅集聚會之所。以此爲名的「澄臺觀海」和「斐亭聽濤」成爲臺灣府的經典景觀，文士們爭相觀覽吟詠。後來在高拱乾主修的《臺灣府志》中，將這兩個園林景致收入「臺陽八景」當中，〔註24〕一直是臺地文人雅士往來吟誦之題材。

　　高拱乾之後，「寓望園」經歷幾次的整建，乾隆初年接任巡道的劉良璧又在東南方建了「豐亭」；乾隆八年（1743）莊年重茸「斐亭」，「築草亭於其上」〔註25〕；乾隆二十七年（1762）巡道覺羅四明在「斐亭」之西又建一「宜亭」，「旁植檳榔十數株，風晨月夕，景物淒清，與斐亭相掩映，亦足翛然塵外。」〔註26〕

　　一直到了乾隆二十九年（1764）蔣允焄履任巡道後，才又第三次擴建「寓望園」的規模。蔣氏以書齋「禔室」爲中心，修築了一系列園林景觀，命名爲「禔室十三勝」，並作記曰：

> 署創自有臺以來，堂宇西嚮，迆北爲別寢，堂東有澄臺、斐亭，載在郡志。此外隙地廓然，蕪久不治。余於是構室三楹，户牖皆南啓。東房供臥起，迆西鑿方塘，樓其上曰倚月；稍北俯塘，曰魚樂檻。又塘北曰叢桂迳；迳北折梯，其上曰延薰閣。又自檻東循仄徑半徑，矗石類盆盎，曰小仇池，亦折而梯於閣。閣左右翼，其自左折洞窗北瞰曰花韻欄。盡閣之東，緣梯而下，斐亭移於此。又自亭度垣而東，曰得樹亭。又南曰接葉亭，曰花南小樹，訵焉。又西達澄臺，臺北曰挹爽廊，廊延室前，庭之東，其前廷周以欄，欄際屏顔交錯，曰瑞芝巖，曰疊雲峰，曰醉翁石。計新闢者凡十有三勝，各有記。澄臺、斐亭或新蒞之，或移置之，名從其舊，不復記，然合之爲勝十有五，凡此皆有室也。〔註27〕

蔣允焄的「禔室十三勝」明顯較前人更講究園林之美，他先在署西挖鑿一方池塘，將「水」引入，是標準的園林要素。其後的「魚樂檻」、「小仇池」都

---

〔註24〕臺灣府八景：鹿耳春潮、雞籠積雪、東溟曉日、西嶼落霞、澄臺觀海、斐亭聽濤、五層秀塔、四合仙梁。

〔註25〕莊年，〈重茸斐亭記〉，收入《重修臺灣府志》（臺灣文獻叢刊105），卷22，頁692。

〔註26〕連橫，〈臺南古蹟志〉，《雅堂文集》（臺灣文獻叢刊208），卷3，頁249。

〔註27〕蔣允焄，〈禔室十三勝記〉，收入《續修臺灣縣志》（臺灣文獻叢刊140），卷2，頁86～87。

是傳統園林的「理水」手法。另一方面，園中以土石堆築假山，即所謂「疊山」，形成了「瑞芝巖」、「疊雲峰」和「醉翁石」，其他如「叢桂逕」、「延薰閣」、「花韻欄」、「得樹亭」、「接葉亭」、「花南小樹」，都是取園內植物為名。園內主要建築「欄月樓」、「挹爽廊」，再加上原有的「澄臺」、「斐亭」，完全符合中國傳統山水園林的四大構景要素：「建築」、「山」、「水」、「植被」。過去道署園林總是以亭、臺為主要構成，簡單地點綴一些植物、鳥獸，少有咫尺山水之景，直到蔣允焄才構建出完整且典型的山水式園林。

光緒十四年（1888），唐景崧第四次翻修「寓望園」，以「斐亭」為園林的重心。因為唐氏雅好詩文，常邀僚屬、文士吟詩飲讌，並在光緒十五年（1889）成立「斐亭吟會」，由宦遊人士與臺籍詩人所組成，以詩鐘創作為號召，臺地風騷，因此而盛，同時也開啟了台灣詩社擊缽聚會之風氣。連橫考據「斐亭」時提及：

> 光緒十四年，灌陽唐景崧以越南之役，游說黑旗內附有功，分巡是邦，茸而修之。景崧固好詩，輒邀僚屬為文酒之讌。臺人士之能詩者皆禮致之，拈題選句，擊缽催詩。故景崧自撰楹聯云：『鐵馬金戈，萬里歸來真臘棹；錦袍紅燭，千秋高會斐然鐘。』蓋紀實也。〔註28〕

據連橫所述，當時的唐景崧履任後重新修造園林，並且邀請幕屬、文士定期擊缽吟詩。參加吟會者，多達百人，網羅當時各階層菁英，雅集酬唱，後有作品集《斐亭詩畸》傳世。

## 二、知府官署園林——鴻指園

臺灣府始設於康熙二十四年（1684），是臺灣地方內政管理的最高官署。官署設於東安坊，原為明鄭時期的天興縣舊署。入清後，首任台灣知府蔣毓英於康熙二十四年（1685）改建，「嘗於官舍之旁，搆一草堂，顏曰『安拙』」〔註29〕。其後，經雍正七年（1729）倪象愷、雍正九年（1731）王士任兩度擴建，始為府署規模。

府署前堂曰「懷堂」，後有舊時明鄭所建「四合亭」，「亭側老榕三株，根幹蟠結，架空如橋，互數丈，廣二尺，人可步履其上，名曰仙梁，亦曰榕梁。」乾隆六年（1741）擔任巡臺御史的張湄有詩〈九日集郡齋四合亭贈錢道源太守〉：

---

〔註28〕連橫，〈臺南古蹟志〉，《雅堂文集》（臺灣文獻叢刊208），卷3，頁248。

〔註29〕高拱乾，〈蔣郡守傳〉，收入《臺灣府志》（臺灣文獻叢刊65），卷10，頁260。

把酒題糕興未孤，仙亭四合讌清娛。黃花舊里親朋遠，碧海西風節物殊。

畫永庭墀秋一鶴，年豐歌頌野多稌。登高健足應猶昔，醉上榕梁不索扶。

〔註30〕

詩中顯示乾隆初四合亭仍存在府署，是府內官眾集聚讌飲、送往迎新之處。乾隆十二年（1747），著名的古榕「郡圃榕梁」還被列入臺灣縣八景之一。〔註31〕

　　在「鴻指園」修建之前，署內庭園荒蕪已久，雖然康熙二十九年（1690）知府吳國柱曾「搆草亭，蒔花草於其中。」〔註32〕但仍稱不上園林。直到乾隆三十年（1765）時，知府蔣允焄才在府署西側修建「鴻指園」。蔣允焄素好園林之樂，曾於法華寺新濬「南湖」、建「半月樓」，觴詠其中。乾隆三十四年（1769）升任巡道後，便大手筆擴建道署「寓望園」。

　　「鴻指園」的命名，據蔣允焄說是取自蘇軾詩句「雪泥鴻爪」，蔣允焄作記曰：

　　　署西偏廣可數畝，古榕三株，蟠根屈曲，志稱榕梁，枝葉展翠，又
　　　稱榕屏，舊四合亭址也。歲久且蕪，予就而新之，芟荒塗、鑿深沼、
　　　護花欄、砌曲徑，別作堂宇，以為游觀。中列三楹，盛宴會也。左
　　　縛小亭，備游憩也。右架層榭，憑眺望也。〔註33〕

園中除了原來「四合亭」的三株百年古榕外，又鑿水池、蒔花木、架欄干、砌曲徑，另築「三來堂」、「榕蔭堂」、「來復堂」，「曲檻迴廊，重樓複閣，池臺亭沼，各色悉備。」〔註34〕園林之美，足供遊觀、宴客休憩之用。

　　「鴻指園」費時一年修成，蔣允焄特別書寫蘇軾〈和子由澠池懷舊〉詩：「人生到處知何似，應似飛鴻踏雪泥。泥上偶然留指爪，鴻飛那復計東西。老僧已死成新塔，壞壁無由見舊題；往日崎嶇還記否，路長人困蹇驢嘶。」〔註35〕與記文勒石於園中，以明志寄情。他藉著蘇詩表示對人生變化無常的感慨，就如同鴻雁踏過雪泥留下的爪印般，那麼偶然且飄忽不定，世事亦可

〔註30〕張湄，〈九日集郡齋四合亭贈錢道源太守〉，收入《全臺詩》，第二冊，頁152。
〔註31〕范咸，《重修臺灣府志》（臺灣文獻叢刊105），卷1，頁45～46。
〔註32〕高拱乾，《臺灣府志》（臺灣文獻叢刊65），卷2，頁29。
〔註33〕蔣允焄，〈鴻指園記〉，收入《續修臺灣縣志》（臺灣文獻叢刊140），卷2，頁87～88。
〔註34〕余文儀，《續修臺灣府志》（臺灣文獻叢刊121），卷2，頁64。
〔註35〕蘇軾，〈和子由澠池懷舊〉，《蘇軾詩集》（臺北市：莊嚴，1990），頁96。

能隨時會煙消雲散。面對人生的聚散無常，只得把握現下的良辰美景，及時行樂。如此的體悟，也道盡當時宦臺士人對仕途飄零的無奈。

乾隆五十三年（1788）知府楊廷理在園中再建「露香」、「仰仙」二亭，「亭前雜蒔花卉，怪石崚嶒，一峰獨秀。」〔註36〕以為讌集聚會之所。

## 三、海防官署園林——浮瓠草堂

臺灣府海防同知是知府副官，協理府船政及治安，官署設於西定坊。康熙年間同知孫元衡在海防署內建「浮瓠草堂」。「草堂」原是指茅草蓋的屋舍，後來文人作為居室之名，就不一定是簡陋的建築，而是為了標識內心清高淡雅的節操。孫元衡云：

> 草亭落成時，題「浮瓠」二字於其上。跋云：「五石之瓠，應為大樽，
> 而浮江海，善用大也。浮之爾，于瓠乎何有？苟之於無，何有之鄉？
> 余心與俱也審矣。」亭成，用以顏之。〔註37〕

「五石之瓠」為《莊子・逍遙遊》典故，原本沒有用處的大瓠，做成腰舟後，可飄浮於江海之上，成為有用之物。而為人處世，也應破除偏執、豁達透脫，才能真正無所滯礙、逍遙自在。這與他剛抵臺時「似逋還似謫」，那種對人生、宦途的茫然無奈的感覺，自然不可同日而語。

他真正的改變，在於公餘生活之際，居處園林中尋找樂趣，他的〈草堂落成〉詩云：

> 一畝宮初闢，情奇境自遙。移根將筍竹，分本作花蕉。爐外安棋局，
> 瓶邊挂酒瓢。人間無用地，應不礙鷦鷯。〔註38〕

詩人稟於奇情異趣，營造出幽遠的意境。園林大小約一畝，他很用心地析竹種花，享受田園樂趣。有時與友棋局對奕、飲酒為歡，一幅悠然自得的情景。那原是一片人間無用地，竟成為詩人逍遙自在的樂園。

乾隆二十七年（1762）同知何愷於署後另建「內省軒」。乾隆三十四年（1769）朱景英接任海防同知，再築「澹懷堂」及「研北書屋」。他說：

> 余亦就署後隙地構澹懷軒、研北書屋，…皆一歲中興工蕆事者，頗
> 增海外之勝。〔註39〕

---

〔註36〕 謝金鑾，《續修臺灣縣志》（臺灣文獻叢刊140），卷2，頁88。
〔註37〕 孫元衡，〈買舟〉，《赤崁集》（臺灣文獻叢刊10），卷4，頁80。註文。
〔註38〕 孫元衡，〈草堂落成〉，《赤崁集》（臺灣文獻叢刊10），卷3，頁43。
〔註39〕 朱景英，《海東札記》（臺灣文獻叢刊19），卷4，頁49～50。

公署的園林設置，時以堂、軒、書屋為名，四周布置花草水池，當官員公餘之際，花前月下，得以悠然獨賞、修養情性。他作詩曰：

> 數弓隙地久荒蕪，添箇軒堂入畫圖。位置意從疏淡得，周遭境與靜虛俱。
>
> 烏衣識路新巢定，翠篠窺牆舊徑紆。霽景亦延涼月行，俗塵能到此間無。
>
> 〔註40〕

在詩人的心中，來臺遊宦實同「吏隱」，從空間的概念來看，官署的布設必須有「幽隱」的空間，於是他整理了荒蕪的空地，闢建了「澹懷軒」和「研北書屋」，嚴肅的官署，有了閒適的軒堂設置，「澹懷」明白地表示士人的情志。而園中的綠意花香、幽深小徑，搭配日影月光，營造出疏淡而虛靜的氣氛，彷彿在圖畫中增添了豐富的意象，如此的幽雅閒逸的空間，自然是不同於塵俗的。詩人顯然有意識地區隔森嚴、俗化的官署空間和閒適、浪漫的園林空間，同時也揭示著存在他心中的「仕宦」與「隱逸」的兩種情懷。

## 四、縣署園林

### 1. 臺灣縣署

臺灣縣署原位於東安坊，因鄰近軍營，終日砲聲、操練不斷，歷任知縣不勝其擾。乾隆十五年（1750）由知縣魯鼎梅籌資遷建，新署移往鎮北坊。署中前有「新民堂」、後有「愛堂」。堂後為齋閣，兩旁建廂房，南方有射圃。官署東南角築有「潤餘亭」和「庖廩亭」。到乾隆三十年（1765）知縣王右弼又建了齋室「古春小築」。〔註41〕

### 2. 鳳山縣署

鳳山縣署，位於興隆莊（今左營）。康熙二十四年（1685），知縣楊芳聲創建，「衙齋樸陋，蕭蕭數椽」。康熙四十三年（1704）知縣宋永清因官署日益傾頹，於是研議重建，建成並作記述之：

> 爰捐薄俸，命梓人亟襄其事。於頭門、於儀門、於大堂、於川堂，
> 內而衙署、外而六房，皆為次第經理，稍存規制，未敢增華。纍石
> 栽花、移亭就樹，非求安逸。蓋海邦寧謐，政有餘閒，或與二三多

---

〔註40〕 朱景英，〈官齋新構落成題壁〉四章之二，收入《全臺詩》，第三冊，頁30。
〔註41〕 朱景英，《海東札記》（臺灣文獻叢刊19），卷4，頁49。

> 士論文賦詩，陶其氣質、發其文章，則衙署之設，固係聽政平情之
> 所，而亦爲士民發祥之地乎！〔註42〕

縣署依規制而建，有大門、儀門，入內爲治事大堂，堂外是文武辦公的六房。
其次，不忘在後方官邸中疊石栽花、就樹建亭，構築一簡易園林，宋永清雖
強調園林的設置「非求安逸」，但同時也表示「居高望遠，退食思過，實攸賴
焉。」可見公事之餘，不管是內省思慮、陶養氣質、或是發揚文教，總是對
官員生活的調劑。

　　另孫元衡則是從感性的角度來看鳳山縣署園林，他作詩曰：

> 山光延海色，新縣舊營邊。作吏有三載，所居惟一塵。秋花隱怪石，
> 夕鳥翻寒煙。鼓角夜悲壯，知予耐穩眠。〔註43〕

這是一首給宋永清的詩，表示縣署雖小，但署內有奇花怪石、夕鳥寒煙，署
外則可以望見山光海色，對宦遊的官員來說，就算夜半有悲狀的鼓角聲，亦
可以是安穩居遊的小天地。

### 3. 諸羅縣署

　　諸羅縣署花園在康熙四十五年（1706）由兼攝知縣的孫元衡所建，在此
之前孫元衡已在海防署內建「浮弧草堂」，而後兼理諸羅知縣時，接續前任縣
令修建縣署大堂、後川堂、前儀門。他曾作詩云：「木城新建煩酋長，官廨粗
營似客居。」〔註44〕可見縣署規模不大，但足供官員退食遊賞、交接宴饗之
用。他作記云：

> 四十五年，余攝諸篆，親履其地，問聽斷何所、承宣何所、自公退
> 食何所？則荒田野草，數椽未就。因亟爲之謀，命工庀材，依其爽
> 塏，雖丹漆未施，而公堂內署已井然有序矣。從此蒞政之暇，或與
> 邑紳士坐論桑麻，即不敢侈規模之大備，亦不至以百里官署等諸荒
> 田野草，是則余之所羞慰也。〔註45〕

對縣署的建置，除了公務的廳堂之外，值得注意的是他關心「退食何所」，即
公餘閒暇官員的去處。於是他謀劃鳩工，不日完成，作詩曰：

〔註42〕 宋永清，〈新建鳳山縣署記〉，收入《重修臺灣府志》（臺灣文獻叢刊 66），卷
　　　　 10，頁 378～379。

〔註43〕 孫元衡，〈題鳳山邑署東澄菴〉，《赤崁集》（臺灣文獻叢刊 10），卷 3，頁 55。

〔註44〕 孫元衡，〈諸羅縣即事〉，《赤崁集》（臺灣文獻叢刊 10），卷 1，頁 15。

〔註45〕 孫元衡，〈新建諸羅縣署記〉，收入《諸羅縣志》（臺灣文獻叢刊 141），卷 11，
　　　　 頁 258～259。

醉上籃輿醒著鞭，似因行路謝塵緣。秋心遠水清於夢，野興孤雲澹欲仙。

客裡逢迎隨耳目，城中氣味異山川。解龜應有為農日，願受無人處一塵。

〔註46〕

詩中表明因為官路行遠而謝絕塵緣，頗有隱逸之心。詩人在偏遠的諸羅縣署，氣味與過去熟悉的山川迥異，讓他有孤雲野鶴、遠水清夢的蕭散之感。末聯假想日後去官返鄉，只要可以歸耕田園，就算僅有一塵之地，也心滿意足了。

乾隆年間擔任知縣的謝本量有詩〈寒食日諸羅署中偶作〉：

橚花如雪飼金魚，小院陰濃綠不除。春色尚留三分一，盤中已薦夏秋蔬。

〔註47〕

可見園中植有橚林，綠樹濃蔭，並有水池游魚，頗有山水園林的規模。

### 4. 彰化縣署

彰化縣設於雍正元年（1723），以半線（今彰化市）為縣治，設置縣署。嘉慶二年（1797）彰化縣知縣胡應魁修建歷經亂事損毀的竹牆、城樓，並於縣署後建「太極亭」，亭名係取太極生兩儀、四象生八卦之義。現存碑記云：

予因閱城，一至其處。見山勢橫互，無主峰；乃喟然曰：『無主則亂，邑之不靖，其以是夫』！予思八卦之生根於太極，因鑿西池，即填土於署後，培成一山。山蟠屈如龍，至東方作昂首勢，爰於其上建太極亭。上繪一圖，中錄濂溪周子之說。亭之高約二十四尺，傑構凌雲，以襲氣母，八卦成列、環衛貼然，山靈有知，幸自今其有主矣。夫得主者，常有生生不已之機，萌芽在是，予將進形家之談易理焉。〔註48〕

胡應魁好〈易〉學，他在縣署巧布風水，鑿西池、填土山，造設一處簡單的園林。彰化縣地勢平坦，登上位於山丘的「太極亭」，可以登高望遠，一覽全縣風光。他感於彰化主山「定軍山」峰巒秀挺，以太極、八卦之義，將之改名為「八卦山」，成功地形塑彰化縣意象。

---

〔註46〕孫元衡，〈題諸羅縣館室〉，《赤崁集》（臺灣文獻叢刊 10），卷1，頁19。

〔註47〕謝本量，〈寒食日諸羅署中偶作〉，收入《續修臺灣府志》（臺灣文獻叢刊 121），卷26，頁987。

〔註48〕胡應魁，〈太極亭碑記〉，收入《臺灣中部碑文集成》（臺灣文獻叢刊 151），頁11。

到了嘉慶十六年（1811），知縣楊桂森重新修葺，並以當年豐收，改名爲「豐樂亭」。《彰化縣志》載：「亭爲重樓，上有護欄，複道相通，可以眺遠；戶牖軒豁，具有雅致。」〔註 49〕亭閣擴建爲重樓，並有複道相通，較爲高敞雅致。可登高遠眺，憑倚望月，縣志並將「豐亭坐月」定爲彰化八景之一。

道光年間苗栗進士黃驤雲曾經登亭作詩云：

> 琴堂側畔鼓樓邊，亭插雲霄月挂天。三五夜中涼似水，縱橫坐處碧生煙。
>
> 能遊吏態當非俗，肯住詩心得不仙。半線山川全幅畫，一時都落酒杯前。

〔註 50〕

詩人登亭眺望，彰化一地風光盡收眼底，清涼月夜之下，把酒吟詩，如此景況，讓詩人心生感觸，當官若得如此，不就是神仙生活嗎？

## 5. 南投縣署

南投縣丞設於乾隆二十四年（1759），署衙位於南投街（今南投市），乾隆五十七年（1792）縣丞翟灝，在官署西邊空地開闢「聚芳園」，並作記曰：

> 署之西有隙地，爲植木種花之所，久經荒蕪。因環舊址築短垣，廓其地建北舍三楹。牆外有小崗，松陰里許，蒼翠之氣，接連窗牖，因題曰「對松居」。自北而西爲「聽月廊」。引泉其後，透竹林之南灌菊圃。圃東爲矮屋，對「觀射亭」，植丹桂十株，名之曰「小軒十桂」。當春日融和，黃蜂滿院，欹枕聽畫眉聲，雌雄相應。時而隔簾香透，花影參差，蓋酴醾將卸也。臺地和暖，花無冬夏，樹不凋，砌草不黃，故能終歲菁蔥，生意滿眼。蘭蕙、素馨之類，隨地布置，欄檻芬芳，溢於亭樹。〔註 51〕

看得出來該園以自然花木爲主，植物有「松」、「竹」、「菊」、「桂」、「酴醾」、「蘭」、「蕙」等花木，滿園青翠、四季花香，黃蜂飛舞、畫眉鳴唱其間。翟灝更選定該園美景爲「聚芳園八景」，分別爲：「東山曉翠」、「蜂衙春暖」、「榕夏午風」、「琅玕煙雨」、「迴廊靜月」、「秋圃賞菊」、「西園晚射」、「北苑書聲」，開啓了臺灣園林組景之始。〔註 52〕

---

〔註 49〕 周璽，《彰化縣志》（臺灣文獻叢刊 156），卷 1，頁 19。

〔註 50〕 黃驤雲，〈豐亭坐月〉，收入《彰化縣志》（臺灣文獻叢刊 156），卷 12，頁 493。

〔註 51〕 翟灝，〈聚芳園記〉，《臺陽筆記》（臺灣文獻叢刊 20），頁 9。

〔註 52〕 同上註，頁 10。

## 6. 宜蘭縣署

宜蘭縣署也曾設有官齋及簡易園林，是咸豐年間縣丞王修業所建，李逢時曾贈詩曰：

> 後衙構茅舍，風味逼林泉。帶鶴官如水，來鳧令是仙。吟窩隨處樂，
> 官隱此時然。欲定蒼生計，東山未有權。〔註53〕

宜蘭是個小縣，公署冷清無事，李逢時詩曰：「官閒過訪餐霞客，署冷相憐退院僧。」〔註54〕於是王修業便構築簡單官舍園林，過著吏隱的生活。

其他文獻可考的官署園林，包括總鎮署有乾隆五年（1740）以後陸續築建的「三致堂」、「益求堂」、「鏡煙堂」、「和雨堂」、「芝蘭室」等，乾隆三十四年（1767）總兵章紳在署側再建「大樹園」、「清蔭堂」和「倚青亭」。〔註55〕另鎮標參府署築有「凝香居」；左營守備署有「鏡清堂」、「岸舫」；右營守備署則築有「師慎堂」、「楝花書屋」和「刺桐園」。〔註56〕

# 第三節　官署園林與吏隱生活

官署園林的設置，主要還是提供居息官舍的官員娛樂休閒之用，他們不必踏出官署就可以高枕臥看自然美景，浸淫在幽靜的環境當中，猶如置身自然山林。特別對遠宦在外的士人來說，居處在優美的官齋環境中，將有助於消解宦遊工作及思鄉的艱苦。更重要的是園林生活中士人得以修煉心性、澄懷清慮，進一步整理思緒，探尋生命的哲理。

有別於文人園林的私有性，官署園林是屬於公有的，空間為半開放，在特定的節慶則會提供民眾入園賞玩。中國早在唐代便已經將辦公空間的園林化，而且地方州縣比起京城官署園林，其造景更見活潑變化，更具山林氣息。官署園林的空間布設及官員在其間的生活情態，有獨特的意涵、哲思，以下分別說明之。

---

〔註53〕李逢時，〈贈袖海王縣佐〉三首之二，《泰階詩稿》（臺北縣：龍文，2001），頁60～61。

〔註54〕李逢時，〈贈王縣丞袖海〉，《泰階詩稿》（臺北縣：龍文，2001），頁73。

〔註55〕朱景英，《海東札記》（臺灣文獻叢刊19），卷4。載：「近時章鎮帥紳闢大樹園，構清蔭堂、倚青亭於署側。」

〔註56〕朱景英，《海東札記》（臺灣文獻叢刊19），卷4，頁49。

# 一、園林空間布設

## 1. 亭與臺

亭臺在唐代成為重要的文學創作場域，藉著亭臺樓閣而抒發主體自我的情志。文人登臨時，描寫所觀覽之自然風貌，書寫心領神會、有所感觸，進而物我感通，體悟大道。如王羲之的〈蘭亭集詩〉云：

> 仰視碧天際，俯瞰淥水濱。寥闐無厓觀，寓目理自陳。大矣造化工，
> 萬殊莫不均，群籟雖參差，適我無非親。〔註57〕

詩人從「仰視」、「俯瞰」的山水之觀，「寓目理自陳」是自然帶給人的啓發，進而感悟到大化流行之玄理，所謂「天地與我並生，而萬物與我為一。」詩人們從自然山水的觀覽中，寄情暢懷，乃至於拋卻人間俗世的煩憂，悟自然之道、得玄遠之趣。

「寓望園」早期的「斐亭」和「澄臺」，是當時臺灣官宦雅集，或與士紳聚會應酬最熱門的地方。「澄臺觀海」和「斐亭聽濤」都是登臨望海的活動，而登臨本身是中國傳統的文人活動，具有特定的文化意涵，透過登高帶來視覺、聽覺的開闊變化，可以加強文人內心情感的抒發與表現。清領初期，宦臺詩人登臺觀海時，往往看見的是壯闊的景象，如高拱乾、王善宗、齊體物、婁廣等，詩文中不免要比附祖國開拓海疆的偉大，藉此強化政治清明安穩的意象。如康熙二十九年（1690）來臺的王善宗作〈澄臺觀海〉詩曰：

> 巍峨臺榭築邊城，碧海波流水有聲。濟濟登臨供嘯傲，滄浪喜見一澄清。
> 〔註58〕

詩人賦予大海「澄清」的意象，當人站在巍峨高聳的亭臺上，面對澄澈如鏡的大海，就像清澈的滄浪之水一樣，令人欣喜。

乾隆時期的朱仕玠則寄託了個人感懷和想像，詩曰：

> 海上樓遲及早秋，登臺騁望思悠悠。常虞雷雨從空下，始信乾坤鎮日浮。
> 淡漫由來圍赤嵌，蒼茫何處問舟邱。乘槎便欲從茲去，憑占星文入斗牛。
> 〔註59〕

---

〔註57〕 王羲之，〈蘭亭集詩〉，收入《先秦漢魏晉南北朝詩》（臺北市：木鐸，1988），頁895。

〔註58〕 王善宗，〈澄臺觀海〉，收入《臺灣府志》（臺灣文獻叢刊65），卷10，頁290。

〔註59〕 朱仕玠，〈澄臺觀海〉，《小琉球漫誌》（臺灣文獻叢刊3），卷2，頁20。

詩中「棲遲」、「悠悠」仍見詩人的憂思，想藉著登臺消解心中鬱結。然而登臺一望，面對茫茫大海，反而心生蒼茫，如同海客乘槎，能否經由浮海連通天界，道出詩人對未來的想像。

　　康熙年間來臺的張宏在登臺時，則由個人的想像和感懷，進一步物我合一，通達生命的領悟。他的詩云：

乘興登臺望四隅，海天莫可定贏輸。黃雲浩淼離還合，蒼靄微茫有若無。

樓市結來成幻景，團團湧出映方壺。漁人罷釣沙灘上，換酒歸時招復呼。

〔註60〕

面對同樣浩淼的雲霧、蒼茫的海景，詩人有了幻境和方壺的仙境想像，接著腦海中的畫面出現了沙灘上釣罷歸家的漁人，買酒招呼的爽朗氣氛，一派開適無求的逸樂圖像，詩人此刻似乎超越了個人的榮辱、家國的憂思，升華爲淡泊一切的漁夫，過著與世無爭的生活。

　　文士登臨亭臺，常常表現出一種足以穿越時空的「觀看」行爲，因此在詩文的描述中，彷彿可以超越時間與空間的限制，回到過去、想像未來，藉此擺脫對現況的憂慮與糾纏。因此高拱乾才說：

當風和日霽，與客登臺以望，不爲俗累、不爲物蔽，散懷澄慮，盡

釋其絕域棲遲之歎，而思出塵氛浩淼之外。〔註61〕

登臨是爲了洗滌心靈的滯礙，進而超越。詩人登臨望見廣闊的大海、聽見潮水拍岸的聲音，可以發散愁懷、澄清俗慮，有時表現出遊仙或隱逸等主題。這種爲了脫離塵世而登臨山水的活動，背後隱含著中國人心靈上的超越狀態，顯現出對美好世界和理想生命的追尋。

## 2. 幽境隔塵俗

　　自古園林的空間設計都以「曲」爲要，不同於宮室廳堂的對稱和均衡，園林多求曲折變化，如曲水中見蜿蜒秀美、曲廊見進路綿延、曲徑則探前行之幽微，從曲折變幻中，可以悟見天地萬物的生息不已。而所謂「曲徑通幽」則是園林的美感要求，園林路徑設計爲彎彎曲曲的羊腸小徑，是要營造山重水複、柳暗花明的新奇感，尤其是小型園林，在有限空間中要避免一覽無遺的視覺穿透。「幽」成了園林追求的美學意境，境幽則心生閒情，園林空間曲折有法，幽隱婉約，漫步其間，心境也隨之安然靜遠。

---

〔註60〕 張宏，〈澄臺觀海〉，收入《重修臺灣府志》（臺灣文獻叢刊 66），卷 10，頁 411。

〔註61〕 高拱乾，〈澄臺記〉，收入《重修福建臺灣府志》（臺灣文獻叢刊 74），頁 543。

孫元衡有詩如此道：「脫俗自成趣，園林物外閒。」〔註62〕園林是提供文人官場俗務之外，悠閒的自然環境和想像世界，讓他們得以離避塵世的煩憂，自由地游賞、盡情地想像。他曾在一次雨後遊園深刻的體會：

> 草堂雨過勝林丘，竹榻橫斜枕簞幽。素月函煙青露暗，歸雲似水眾星浮。
> 千憂一釋秋將及，諸苦全消暑乍收。滿院天香人靜後，未知身在海東頭。
> 〔註63〕

官署園林之不同於自然山水，在於美景轉瞬可得，橫躺坐臥，愜意欣賞。一場驟雨過後，不僅讓人暑意全消，滿院的自然天香，縱然有千憂在身，也將頓時盡釋、諸苦全消。

朱景英亦曾在他修建官署齋室後，作詩曰：

> 數弓隙地久荒蕪，添箇軒堂入畫圖。位置意從疏淡得，周遭境與靜虛俱。
> 烏衣識路新巢定，翠篠窺牆舊徑紆。齋景亦延涼月佇，俗塵能到此間無。
> 〔註64〕

對於身在巍闕、心繫林泉的官員來說，官署是「吏隱」的地方，它被區隔出兩個截然不同的空間，前方的公堂是汲汲碌碌的俗世；後方的齋園則是幽雅靜謐的仙境。詩人自然地把兩個截然不同的空間區隔開來，疏淡、虛靜、清幽、自然、舒爽的環境，豈是俗塵可以比擬的。

柯輅，嘉慶四年（1799）任嘉義訓導，在一次與友人同遊「鴻指園」時，作詩曰：

> 別墅蓬瀛勝，招攜試一臨。徑幽迷屐齒，花艷覆春陰。樹石藤蘿古，
> 樓臺煙雨深。到來真浩曠，吾亦愛山林。〔註65〕

「幽」、「深」是他對「鴻指園」的印象，在遊園之前，聽聞園林美景如蓬瀛仙境，果然曲徑通幽令人迷亂，園中花艷樹綠、藤生石上，樓臺矗立在煙雨深處，予人開闊曠達之感。

新竹文人鄭如蘭（1835～1911）曾在一次送友人黃淦亭到彰化任官，作詩曰：「官卑猶足尊吾道，況有幽齋避俗塵。」〔註66〕友人任彰化縣訓導，是

---

〔註62〕 孫元衡，〈題林秀才池館〉，《赤崁集》（臺灣文獻叢刊10），卷3，頁47。
〔註63〕 孫元衡，〈雨止〉，《赤崁集》（臺灣文獻叢刊10），卷2，頁36。
〔註64〕 朱景英，〈官齋新構落成題壁〉，四章之二，收入《全臺詩》，第三冊，頁30。
〔註65〕 柯輅，〈中春雨後元棫崗學博共遊鴻指園〉二首之一，收入《續修臺灣縣志》（臺灣文獻叢刊140），卷8，頁629～630。
〔註66〕 鄭如蘭，〈送黃淦亭廣文如許之任彰化用前韻〉，《偏遠堂吟草》（臺北縣：龍文，1992），頁59。

輔助縣學教誨生員的小官，品位雖然不高，但從事教育行政，在地方仍受敬重。而鄭如蘭勸慰重點是居住官舍，有幽靜的園林環境，足以避離塵俗的紛擾，亦是任官的另一項福祉，可以趁此機會在官齋中修身養性、隱逸沉潛，可見吏隱的文化已深植文人心中。

　　官齋除了是「吏隱」的場域外，空間的設計上還被營造成「仙境」的意象。以蔣允焄的道署「寓望園」的「禔室十三勝」為例，精心設計的園林，而是具備了傳統園林格局、豐富的園林藝術之美。其中重要的元素是「水」，動態的水景，比起其他山石、花木更具變化之趣。他在署西挖鑿一個池塘，名曰「小仇池」，池中養魚，並有「魚樂檻」作為觀魚之處。「仇池」取名自蘇軾的「仇池夢」典故，有仙境之意。蘇軾曰：

> 余在潁州，夢至一官府，人物與俗間無異，而山川清遠，有足樂者。顧視堂上，榜曰仇池。覺而念之，仇池武都氐故地，楊難當所保，余何為居之。明日，以問客。客有趙令時德麟者，曰：「公何問此，此乃福地，小有洞天之附庸也。杜子美蓋云：『萬古仇池穴，潛通小有天。神魚人不見，福地語真傳。近接西南境，長懷十九泉。何時一茅屋，送老白雲邊。』」他日工部侍郎王欽臣仲至，謂余曰：「吾嘗奉使過仇池，有九十九泉，萬山環之，可以避世，如桃源也。」[註67]

當時蘇軾貶官惠州，當地有許多桃花源的傳說，蘇軾都認為是無稽之談，而後有「仇池」入夢，那原是南北朝楊氏建立的小國，經後人認定可通天界、如桃源可避世。自此，「仇池夢」成了隱逸避世之想望，而園林中的仇池，自然也寄託著世外之想。

## 二、自然的心靈療癒

　　官署是屬於公家的空間，官員本當是暫居的過客，但是仍有許多官員巧心布置園林，可見當時的風尚。園林的景色優美，足以銷憂，特別是園中的自然景物常常提供文人無盡的想像，透過詩文的創作，譜織美麗浪漫的樂園。其中，日月雲霞、魚鳥花卉等自然物，常是詩人相伴傾訴的對象，構成一幅物我合一的和諧景象。北宋蘇舜欽為隱居在建蘇州「滄浪亭」，他在〈過蘇州〉

---

〔註67〕蘇軾，〈和桃花源詩引〉，《蘇軾詩集》（臺北市：莊嚴，1990），頁2196。

詩中寫道：「綠楊白鷺皆自得，近水皆有情。」物外之情，是一種心境、一種想像，在咫尺園林之間，文人須脫去俗務，轉換心境，融入自然，並與自然仰息比肩，同止同樂，方能達到自然閒適之境。

　　園林種植造景，有種歸耕田園的感覺，讓士人得以一償潛心自然、與世無爭的宿願。施士洁有朋友李敍卿「翩然絕俗」〔註68〕，在郡署擔任幕僚時，曾在園中種植香蕉，施士洁作詩歌詠曰：

> 瀛寰千里久安堵，直以官齋作書圃。郡侯幕客謫仙人，手植牙蕉洗伏暑：碧玉亭亭三五樹，披拂涼風挹清露。陶令南山帶月鋤，成都桑之八百株。君今聊復躡餘韻，美人一笑相軒渠。長日如年寸分惜，鴻指園邊抱甕汲（園鄰郡署）。杞湖先生舞且歌，似助卷舒化工力。先生舊治留棠陰，胸次本無煩熱侵；況有綠菴動吟興，冰雪詞句煙霞襟。新編引我入勝境，詩脾爽極忘炎景。畫圖半幅蔚藍天，珍重他時社結蓮。〔註69〕

詩中稱李敍卿是「謫仙人」，植蕉之事被他比喻為陶淵明和諸葛亮的躬耕田園，「披拂涼風挹清露」則將種樹的勞動描述成浪漫的逸興。

　　周昌建道署「乾坤一草亭」時，即是如此，季麒光記曰：

> 公曠情逸致，俯仰宇宙，取諸懷抱於寄其所託，高霞相映，白雲可侶，信足樂也。〔註70〕

登亭遠眺，對著海天雲霞，廣闊飄渺，因此興發出閒遠曠達的情懷。這時的高霞白雲成為士人精神的寄託、傾訴的對象。唯有雲霞這樣的自然景物，清高無瑕、與世無爭，才能彰顯文人內在的悠然自得。

　　在臺灣道署「退室十三勝」中，「魚樂檻」、「疊雲峰」、「醉翁石」、「樣月樓」、「挹爽廊」等景觀命名，都是與魚、雲、石、月、風等自然景物為伴，充滿歡愉的情態，這不僅透露園主的內心期望，更營造出一種樂園的想像空間，如同孫元衡〈詠懷〉詩所說：

---

〔註68〕施士洁，〈閏五月十九夜復大風雨和萃翁韻〉：「翩然江（子彝）李（敍卿）絕俗情，芙蓉幕裡豔才名，竟成松竹梅三友，與我共結歲寒盟。」《後蘇龕詩鈔卷補編》（臺灣文獻叢刊215），頁326。

〔註69〕施士洁，〈敍卿郡署種蕉和辛陔韻〉，《後蘇龕詩鈔》（臺灣文獻叢刊215），卷2，頁50。

〔註70〕季麒光，〈寓望園記〉，收入《福建通志臺灣府》（臺灣文獻叢刊84），頁97。

高張逸清響，澡雪盥垢氛。領會無始意，結交雲中君。似謂魚鳥樂，
遠殊竹帛勳。俗物眼中盡，筆硯良可焚。伏檻看丁子，紛陳皇古文。
〔註71〕

魚、鳥、雲、霞是自然風物，是遠離人煙俗世，屬於純真質樸的原始生命，
對於歷盡人心機巧、官場浮沉的文人而言，與自然為伍，不需面對人際社會
的紛擾與糾葛，使人心情開朗，成了一種心靈療癒的力量。

　　類似這樣融入自然，與之同樂的例子，頻頻出現在文人的園林詩歌創作
中。如章甫在郡署賞梅，作詩曰：

一抹胭脂作意開，認桃辨杏任疑猜。漫隨竹外斜枝末，肯似林中半樹纔。
索笑有情應贈句，憐香無語且傾杯。平分秋色官梅早，特為調羹鼎鼐來。
〔註72〕

梅成為詩人對話的對象，想像成嬌羞柔媚、默默無語的女子，一抹胭脂令人
迷惘，完全沉醉在花叢幻想當中。章甫有另一首在郡署賞海棠詩云：

燭影搖光照影濃，捲簾斜看到殘鐘。宵深不滴懷人淚，睡足偏嬌悅己容。
著雨新妝紅袖妮，含煙舊夢黑甜逢。花身本是神仙品，種出瑤臺第幾重。
〔註73〕

同樣把海棠作女子想，全然投入自然之美。這樣融入自然之間的境界，如同
莊子的「濠濮間想」，逸樂之情，人通於自然。官衙之文士，雖然身在廟堂，
然而心靈卻可以藉著咫尺山水，悠遊於無止盡的想像世界。

　　臺灣有四季如春的天候，加上豐富的物產資源，經過清初的移民拓墾後，
社會經濟轉趨富庶，表現在園林勝景上，經常可見滿園春色、鳥語花香，為
疲於官場的文士提供了身心放鬆的淨土。道光元年（1821）來臺的胡承珙有
〈衙齋偶成〉詩：

小庭風細蝶依花，日午黃蜂亦散衙。豈有不平鳴蜥蜴，未知何事鬧蝦蟆。
偶緣礙足思鋤草，莫為傷脾便毀茶。樹影微欹殘夢醒，渾忘身世在天涯。
〔註74〕

---

〔註71〕孫元衡，〈詠懷〉三十首之二十三，《赤崁集》（臺灣文獻叢刊 10），卷 2，頁
　　　　34。
〔註72〕章甫，〈次韻中秋郡署紅梅早開〉二首之二，收入《全臺詩》，第三冊，頁 372。
〔註73〕章甫，〈和郡齋夜賞海棠〉，收入《全臺詩》，第三冊，頁 357。
〔註74〕胡承珙，〈衙齋偶成〉，收入《全臺詩》，第四冊，頁 19。

散衙之後，轉身進入園林，彷彿萬物跟著閒散。園中蝶飛蟲鳴、清風樹影等自然景色，很快地讓文人暫時忘卻身處異鄉的煩憂。他另有一首詩云：

> 何必騷人喚落英，攀條擷葉試新烹。鴻園拂石秋還暖，燕寢凝香晚更清。
>
> 插帽不妨開笑口，持螯端足了浮生。為君醉草天隨賦，合占滄洲吏隱名。
>
> 〔註 75〕

眾人小集鴻指園，煮茶賞菊、吃蟹飲酒之際，已嘗盡人生樂事。所謂的「滄州吏隱」，是指遠離朝廷，隱逸江海的宦居生活，通常是文士吏隱的典範。

光緒年間臺灣分巡道唐贊袞曾在斐亭宴客，作詩曰：

> 空亭篩晚風，吹落滿階翠。須臾見月來，姮娥亦無寐；盈盈下尊前，
>
> 不借花影媚。頻將酒底看，月已先客醉；客醉興猶豪，月醉光欲墮。
>
> 招之畏俗吏，漸向花陰避。〔註 76〕

文人倘佯在自然園林中，觥籌交錯之際，醉酒望月，想像月醉欲墮。末聯詩人興起招月，卻因俗吏而避向花叢，看似浪漫，但也顯示官員們普遍厭煩俗事、想望隱逸的生命理想。對仕宦文人來說，在園林中，可以與自然相互感通，同時也藉由風月雅聚，集體地逃離俗世的紛擾。

晉簡文帝好園林之美，《世說新語》曾引他的一段話：「會心處不在遠，翳然林木，便自有濠濮間想也，覺鳥獸禽魚自來親人。」〔註 77〕自然之美是無所不在的，舉凡身邊的一花一草，便可引人入勝，何況是園林設色之美。因此自然是需要用心體會的，也唯有融入其間，才能讓心得到自由，達到逍遙境界。

## 三、冷署閒堂高士夢

清領初期清廷有棄留之議，當時宦臺官員普遍無心政事。康熙 30 年（1691）來臺的第三任分巡臺灣道高拱乾，曾作〈東寧十詠〉：「樓船將帥懸金印，郡縣官僚鬧草堂」〔註 78〕可見當時官員在臺普遍賦閒無事，築園幽居，甚至有隱逸之想。對於官署情況他作詩云：

---

〔註 75〕 胡承珙，〈立冬前一日蓋碧軒方泌太守招同音健齋登頜總戎集鴻指園看菊因以酥和菊葉煎食之〉，收入《全臺詩》，第四冊，頁 23。

〔註 76〕 唐贊袞，〈春夜斐亭讌客〉，《臺陽集》（臺灣文獻叢刊 309），頁 158。

〔註 77〕 劉義慶，《世說新語·言語》，《世說新語校箋》（臺北市：文史哲，1989），頁 67。

〔註 78〕 高拱乾，〈東寧十詠〉之二，收入《臺灣府志》（臺灣文獻叢刊 65），卷 10，頁 277。

　　客去留詩魚挂壁，吏閒無牘雀羅門。韶光拋擲眞堪惜，野杏春深落滿村。
〔註79〕

詩中強調官員賦閒、公堂冷清，而身爲文士，只得吟詩、出遊，以度過這段
日子。

　　遊宦臺灣的士人，心中總帶著遠離故鄉的孤苦，加上臺灣的公務不多，
常有公署「冷清」之感，特別是清領初期，中土文人對臺灣實在陌生，若非
爲了仕途發展，鮮少人會樂意來臺任官。孫元衡剛到臺灣時，常有寂寞、蕭
瑟之感，詩云：

　　深宵原寂寞，孤館況蕭騷。風亂星光動，潮平月影高。蟲聲低在枕，
　　露氣暗侵袍。心識鄉程遠，空令改二毛。〔註80〕

宦遊之人到了夜晚，特別感到孤獨寂寞，連官舍都顯得冷清蕭瑟。外在的風
吹草動、星光月影，潮水蟲鳴，俱在耳下，顯見深夜難眠。原來詩人心中，
掛著遙遠的鄉愁，和歲月的無情催促。

　　心中的離情憂思，唯有寄情園林花月，才能得到慰藉。道光二十九年
（1849）宦臺的劉家謀，作詩如此道：

　　此地無霜雪，焉知歲晚心。祇應依冷署，聊與慰孤襟。漫羨金銀簇，
　　能消瘴癘侵。東洋誰伴汝，一樹短牆陰。〔註81〕

來到臺灣，不辨四季變化，很難察覺一年將盡。而自己獨坐「冷署」，官閒無
事，內心的孤寂，只能依賴署後的園林，聊作慰藉。

　　其實宦遊的士人都懂得這樣的道理，這樣的心情書寫實在不少：

　　室自掃除心便足，官閒隱窟竟何如。（孫元衡〈到官〉）

　　散人乞得閒官職，天外應須著冷吟。（孫元衡〈春興〉六首之五）

　　竹素叢殘海外裝，官閒偏爲曝書忙。（朱景英〈六月六日即事〉）

　　官閒到處詢民隱，巷舞衢歌詠太平。（胡健〈十三澳詩·赤崁澳〉）

　　七年閒官腸久冷，對此應教生鬱勃。（劉家謀〈聽楊陶徑春蕃廣文譚
　　火山之勝〉）

　　閒官豈合牛奔軛，冷署唯宜雀實羅。（宋際春〈衙齋雜詠〉）

---

〔註79〕　同上註，〈東寧十詠〉之三。
〔註80〕　孫元衡，〈夜〉，《赤崁集》（臺灣文獻叢刊10），卷3，頁56。
〔註81〕　劉家謀，〈庭前忍冬籐花〉，《觀海集》（南投縣：臺灣省文獻會，1997），頁34。

感君慷慨爲我謀，謂我冷署毋羈留。(劉家謀〈酒邊同黃希叔惠元話
別〉)

官閒過訪餐霞客，署冷相憐退院僧。(李逢時〈贈王縣丞袖海〉)

署冷有詩猶熱血，路遙無客不離魂。(李逢時〈次韻李縣丞鏡湖留別〉
四首之三)

與世推移未了緣，一官署冷枕書眠。(李逢時〈與用霖何山長恒甫周
巡檢景崧葉茂才儀桐蕭少君用前韻留別李鏡湖〉四首之二)

官舍蒼涼似野廬，弓刀小吏賦閒居。(李逢時〈贈李巡檢東周〉)

冷署有誰供稻蟹，扁舟無處話蓴鱸。(劉文芝〈秋詠三十律〉之二十
二)

既然是「冷署」，就用「閒適」的心情面對，也可以忙碌於打掃、吟詩、曬書、
訪民、宴客、訪僧、訪友等事，這些都是「閒居」必要的閒事，也是治療孤
獨的良方。

朱景英，字幼芝，一字梅冶，號研北，湖南武陵人，乾隆三十四年（1769）
調任海防同知。他在海防同知府居住期間，以署齋中的生活作了一系列詞，
以詞牌〈臨江仙〉書寫，名爲「東瀛署齋八詠」〔註 82〕，且看他如何打發這
些無聊的孤獨時光：

1. 蕉窗話雨：
   覆地濃陰風力怯，隔窗淅瀝驚心，坐來舊雨一燈深，無端譚娓娓，
   相對意惛惛。愁滴聽從殘葉下，浣花苦值秋霖，巴山往事費沉吟，
   寒聲催剪燭，絮語咽題襟。

2. 竹榻聞濤：
   大海迴風波浪闊，海門竟夜喧豗，魚龍蹴踏白銀堆，挾聲春急雨，
   作勢殷輕雷。欲臥難眠人起立，匡床夢亦疑猜，鈞天合沓洞庭來，
   壯心驚舞劍，飛渡戲浮桮。

3. 紙閣揮毫：
   散卓幾回成棄擲，底論歆手薑芽，興來屏障遍塗鴉，自嗤貪結習，
   只覺媿書家。片名鴻都標格在，臨摹體勢槎枒，軒窗如盟境無譁，
   隼波隨跌宕，繭紙任橫斜。

---

〔註82〕 朱景英，〈東瀛署齋八詠〉，《海東札記》（臺灣文獻叢刊 19），卷 4，頁 55～56。

4. 莎庭索句：

　　小院落花風細細，芊綿纖草香吹，放衙散步此間宜，蒼茫還獨立，
　　徙倚爲尋詩。性癖少陵佳句得，登頭吟望低垂，閒中意味有誰知？
　　會心殊未遠，叉手已多時。

5. 小園馴鹿：

　　綠遍南園風日美，夾輪靈種嬉遊，來從芊野一雙收，交眠仍濯濯，
　　對語忽呦呦。踈放年時無住著，覆蕉夢裡何求，長林豐草自爲謀，
　　物情偏靜穆，人意與綢繆。

6. 別館來鷗：

　　海上翁無機事者，忘機沙鳥相親，命儔嘯侶海之濱，風前踈有態，
　　煙際點如銀。浩蕩逐將晴浪至，舍南舍北生春，依他水石碧粼粼，
　　憑軒紗帽對，著筆粉痕勾。

7. 篁逕納涼：

　　正苦煩襟無滌處，倚墻幾個篔簹，晚風依約叩琅琅，渭川留縮本，
　　淇澳闢新莊。軟到薴衣輕襲袂，那知白汗翻漿，移時佇月淨琴張，
　　當頭延翠影，落指動清商。

8. 榕陰度曲：

　　宮調暗拈紅豆記，又從綠樹偷聽，當場接葉一圍青，柘枝何綽約，
　　蔞語太丁寧。絲竹中年哀樂寫，忍看華髮星星，黃雞白日唱休停，
　　檀痕安點點，珠串瀉泠泠。

這是他在署齋中的生活，「蕉窗話雨」是夜裡對著窗外小雨，愁苦絮語；「竹榻聞濤」是夜裡難眠、在榻上聽聞濤聲；「紙閣揮毫」是偶然興來、拾筆揮毫；「莎庭索句」是庭中散步、閒來吟詩；「小園馴鹿」、「別館來鷗」是與鹿嬉戲、與鷗相親；「篁逕納涼」是在竹林下享受涼風；「榕陰度曲」則是在榕樹下譜寫樂曲。就如同他自己的詩云「底事滄洲不成趣」〔註83〕，如果能想像自己身處在滄洲隱居，做什麼事情應該都會充滿了情趣吧！

　　但遠宦臺灣的「滄洲趣」終舊是美好的想像，就像他給家人的詩中所說：

　　長爲萬里客，日夜向滄洲。高浪垂翻屋，沅湘萬里流。朝來沒沙尾，
　　漸擬放扁舟。雖對連山好，桃源無處求！〔註84〕

---

〔註83〕　朱景英，〈十一月十九日同余退如大進韓璞園琮王亮齋右弼集飲任伯卿官齋〉
　　　　　十首之一，收入《全臺詩》，第三冊，頁33。
〔註84〕　朱景英，〈示子婿高時夏〉，《海東札記》（臺灣文獻叢刊19），卷4，頁54。

宦居海外的日子，詩人日夜想望著滄洲隱逸之趣，可惜卻常處在高浪翻屋的窘迫景況，正當他逐漸適應臺地的文化，並能欣賞美麗山水的同時，那嚮往中的桃花源可還存在？

## 第四節　吏隱爲仙「心」樂園

　　臺灣的官署規模都不算大，但卻普遍設置園林，可見公餘退食之際，心靈寄託的殷切需求，亦即官員需要的「吏隱」空間，也是心靈層面的樂園。官署前有公堂、後設園林，在同一圍牆之內存在兩種截然不同的空間，一邊是嚴肅、勞苦、現實、俗世、無奈的仕宦場所，一是輕鬆、逸樂、浪漫、超越、欣喜的隱逸生活。某種程度上，是調和仕宦生活所產生的鬱結，有個暫時逃避的空間，因此仕隱二元空間的存在，也把文人內心期盼的隱逸理想，真切地反映在現實生活中。

　　對官員來說，若能在公務餘暇時，聚集讌飲，享受園林逸趣，藉此舒緩忙碌緊張的心情，是普遍的消解之道。康熙年間來臺的陳璸，清操絕俗、著有官聲，他一向「有群飲高歌者，嚴戒諭之。」〔註85〕，不贊成飲酒作歡，但偶爾仍需清閒逸樂來調和繁忙的生活。他有〈斐亭聽濤〉詩：

　　　　菉竹蕭疏護斐亭，公餘曾此挹風泠。隨時花酒鶯傳語，適性琴書月繪形。

　　　　堂下有情皆疾苦，樽前無念得安寧。況逢每歲秋風起，濤壯何堪靜裡聽。

〔註86〕

對他而言，公堂上所聞見的民間疾苦，嚴肅且沉重；而轉身入園，則是另一世界，只有鶯啼月色中，心無俗念、安然閒適。唯有在歌舞琴聲、杯酒交歡時，才能銷除塵世煩憂。可見園林對官員來講，實在是遠離塵囂、暫時棲遲的樂園。

　　官署園林與私人園林有所不同，它兼具著公共化的特點，官員常利用出巡、節慶、生日、履新、送舊等機會，招集同袍幕僚地方文士歡聚會飲，他們遊園賞花並作詩吟誦，以爲雅趣。詩歌作品中，表達出地閒散逍遙、及時行樂的逸樂觀念。如乾隆六年（1741）擔任巡臺御史的張湄有詩曰：

---

〔註85〕 王必昌，《重修臺灣縣志》（臺灣文獻叢刊 113），卷9，頁 337。
〔註86〕 陳璸，〈斐亭聽濤〉，收入《全臺詩》，第一冊，頁 245。

儒將胸中斗宿多，洗兵舊雨挽天河。高城四面容春入，晚角雙吹喜客過。

座有麒麟堪寫照，川無蛟鱷久恬波。裘輕帶緩風流甚，細柳旌門奏雅歌。

　　　〔註87〕

乾隆八年（1743）擔任臺灣道的莊年作詩云：

密葉繁葩綠玉叢，朝霞掩映雪玲瓏。唐昌觀裏依稀似，后土祠邊想象同。

滿砌花飛驚積霰，隔鄰香透趁微風。三年海外埋芳信，此日開筵興不窮。

　　　〔註88〕

乾嘉年間多次宦臺的楊廷理，也有多首吟詠歡宴的詩歌，如〈壬申（1812）生日志喜〉：

名士突圍傳好句，荒陬拓土見平田。喜從團聚得真樂，鴻指春深百卉鮮。

　　　〔註89〕

三首詩中都是在官署中聚會歡飲，表達公忙之外的閒逸之樂，特別是文士歡聚，飲酒論詩、互訴衷曲，志同道合、樂趣無窮。在身處偏僻海外，閒散無事，窮困孤獨的宦居生活中，得此歡聚，才真正算得上人生樂事。

　　乾隆年間宦臺的朱景英，他的《海東札記》記錄了他在臺的生活及見聞，其中有許多在官署讌集歡聚的描述，如〈二月廿日邀同任伯卿施祕堂遊曾氏園林歸飲署齋即事〉詩：

春事行將暮，遊情尚未闌。名園殊曲折，佳客共盤桓。趣以滄洲得，

懷從酒醆寬。偶然移步屧，竟日博清歡。〔註90〕

〈元夜讌集棟花書屋〉：

盍簪朋酒四筵陳，皎月華鐙一夕春。隔幔簫聲吹不絕，捲簾花氣坐相親。

恰逢蔣詡開新徑，況有何戡是舊人。如此風光如此境，為歡那復計官貧。

　　　〔註91〕

〈伯卿官齋新成奉題四章〉詩：

〔註87〕張湄，〈何總戎署讌集五疊前韻〉，收入《全臺詩》，第二冊，頁162～163。

〔註88〕莊年，〈范侍御招飲七里香花下〉二首之二，收入《重修臺灣府志》（臺灣文獻叢刊105），卷25，頁794。

〔註89〕楊廷理，〈壬申生日志喜〉，收入《噶瑪蘭廳志》（臺灣文獻叢刊160），卷8，頁399。

〔註90〕朱景英，〈二月廿日邀同任伯卿施祕堂遊曾氏園林歸飲署齋即事〉，十首之一，收入《全臺詩》，第三冊，頁27。

〔註91〕朱景英，〈元夜讌集棟花書屋〉，收入《全臺詩》，第三冊，頁37。

> 師門海外篤情親，蹤跡苔岑合亦真。司馬設官緣武事，將軍賜號本文人。
>
> 我耽研北清閒甚，君向花南結構新。博得濠梁相視笑，惠莊至竟遠風塵。
>
> 〔註92〕

　　三首詩都是與同門好友任承恩在官署園邸飲酒爲歡，詩中描寫美好的歡聚場景，同時表現出放浪形跡、逍遙爲樂的隱逸情懷。他以隱士「蔣栩」自許，過著超脫世俗的「滄洲吏」、「濠梁之樂」，表明了享受美好春光、歡樂場面，暫且抛卻爲官清貧的煩惱，及時行樂。

　　臺灣的官署園林多半寄託修建者濃厚的個人情志，如蔣允焄的「鴻指園」標誌自己漂泊不定的人生遭遇，如同鴻雁在雪泥留下的爪印。孫元衡的「浮瓠草堂」則是透露內心清高淡雅的意趣。縱使旨意嚴肅的「寓望園」，都有「澄臺」表現胸懷澄清。而透過文士不斷遊賞其間，激盪、釋放出內心豐沛的情志。如同王善宗登臨「澄臺」，吟出「濟濟登臨供嘯傲，滄浪喜見一澄清。」〔註93〕詩句，登高舒嘯臨清流，讓人剎時從塵俗間抽離，感受到生命澄靜的喜樂。

　　康熙年間任臺灣道的高拱乾提到府齋建「澄臺」的理由：

> 匪特風雨晦明，起居安息之所，耳目常慮壅蔽，心志每多鬱陶，四
>
> 顧隱然，無以宣洩其懷抱。〔註94〕

當時臺地多未開發，山林之遊多所不便，只好在官署築園建臺，藉由登臺攬勝，官員可以「盡釋其絕域棲遲之歎」、「取諸懷抱於寄其所託」，可見官署園林多以抒發情志、寄託胸懷爲主。他作詩寫到府齋中的生活：

> 有懷須學藺相如，每遇廉頗獨讓車。晚圃晴霞秋習射，半窗苦竹午臨書。
>
> 群公望隔三山杳，聖主明周萬里餘。素志漫言伸未得，忘機直欲混樵漁。
>
> 〔註95〕

爲官以廉頗、藺相如的謙讓爲懷，晚圃習射、半窗臨書，總是勤勉爲公，雖遠隔重山萬里，心中仍是公忠體國的。但話說回來，長時間的抑鬱難伸，當然需要適當的紓解，漁父樵夫簡單樸實的生活，不存心機，淡泊無爭，成了一種想像的企盼。高拱乾道出了當時仕宦者的心聲，一生學儒講的是經略天

〔註92〕 朱景英，〈伯卿官齋新成奉題〉四章之四，收入《全臺詩》，第三冊，頁36。

〔註93〕 王善宗，〈澄臺觀海〉，收入《臺灣府志》（臺灣文獻叢刊 65），卷10，頁290。

〔註94〕 高拱乾，〈澄臺記〉，收入《臺灣府志》（臺灣文獻叢刊 65），卷10，頁270。

〔註95〕 高拱乾，〈東寧十詠〉之五，收入《臺灣府志》（臺灣文獻叢刊 65），卷10，頁277。

下，但低潮不遇時，又想要有個私密、可以暫棲的閒適空間。儒、道思想交雜，於是在官署之內，有著忙碌的公堂，後方則是另一個自然可親的園林，既儒亦道、忙中有閒，成為當時文士理想的生活風尚。

　　乾隆年間南投縣丞翟灝在官署闢「聚芳園」，取名意指花園得享四季之樂，藉著朋友的一段話，表達他對「樂」的見解：

> 然君究何修而得此樂也？夫人惟不滯於境之內者，斯可超於象之外。嘗見夫權門貴客，日坐錦堂，玩好滿前，氍毹鋪地，以視君之茅舍柴扉，紙牖竹屋，不啻霄壤也；猶自營營於紛華靡麗之場，而戚戚於蘭麝帷帳之內，寤寐不釋，飲食不寧。究不知何時而樂也』！
> 〔註96〕

「茅舍柴扉，紙牖竹屋」當然比不上權貴豪門的華屋錦堂，但比起汲汲營營於財富名利，一刻不得安寧，淳樸平淡的吏隱生活，才顯得快樂。重點不在物質的豐富與否，而是精神層面的逍遙自在，這也為宦遊臺灣的官員們找到一個苦中作樂的解決方案。於是有人下了這樣的註解：「美景日在目前，憂者自憂，樂者自樂，不關物也。其膠西之超然臺耶？黃州之快哉亭耶？」〔註97〕以蘇軾兄弟的超然臺、快哉亭相比，真是貼切，就如同快哉亭記所說：「不以物傷性，將何適而非快？」是因為超然於俗世、遊於物外。

　　咸豐年間擔任淡水同知的丁曰健，在府城置官舍，巧心布置園林，好友鄭用錫曾贈詩云：

> 勞薪暫息閒無事，新修廨舍三弓地。隔斷紅塵境自清，先憂後樂心心寄。
> 山房雙桂苦栽培，小山招隱非公志。榴花豔照眼中明，五月開軒應獻媚。
> 松生書屋匝地陰，此是公家夢所致。掃徑吾亦愛吾廬，廣廈誰作萬間庇。
> 惟公邱壑足胸中，不拘於吏為仙吏。故山猿鶴不須愁，數笏石存歸岫意。
> 〔註98〕

詩中點明當時士人「勞薪暫息」、「隔斷紅塵」的心理需求，雖然說士人以天下為己任，但也應愛吾廬、順吾心，因此，得到的結論是「不拘於吏為仙吏」，亦即吏隱為仙。

---

〔註96〕　翟灝，〈聚芳園記〉，《臺陽筆記》（臺灣文獻叢刊20），頁9。

〔註97〕　同上註，頁10。

〔註98〕　鄭用錫，〈聞丁述安司馬曰健郡城購園亭多植花木亦分八景書此寄之〉，《北郭園詩鈔》（臺灣文獻叢刊41），卷1，頁16。

　　而官員的雅聚宴饗，也自然形成吟會的形式。光緒十五年（1889），唐景崧擔任臺澎道，整修道署中「斐亭」，並邀集僚屬、文士作詩文會，稱之爲「斐亭吟會」，成員有施士洁、丘逢甲、汪春源、黃宗鼎等知名文人，台灣詩社聚會風氣由此蓬勃。施士洁描述了當時詩會的盛況：

> 去年吟社笑紛爭，消夏樽開不夜城（去夏廉訪於豸署創「斐亭吟社」）。今雨重招三島客，下風群奉六如名。花前泛螘新篇出；竹裏歸驄暮靄橫。吏隱分途歌詠合，海天笙磬許同聲。〔註99〕

詩會廣邀官員、士紳，飲酒作樂，「不夜城」表示徹夜歡宴。詩中特別提到「吏隱分途歌詠合」，平日各自潛心生活的吏隱士人，藉此吟會聚合一起，互相傾訴、彼此交流。可見隱逸的姿態，不止是孤獨的修行，或與自然鳥獸爲伴，透過志同道合的朋友，一起吟詩行樂，狂放身心，也是一種人生消解之道。

　　官員文士透過雅集歡宴、借景移情，將園林空間轉化爲隱逸樂園，如同謝朓詩所說：「既懽懷祿情，復協滄洲趣。囂塵自茲隔，賞心於此遇。」〔註100〕既能兼得官差祿位，又能享受隱逸之趣。這樣的仕隱調和，在唐代白居易以後，已經深植文士心中，他們的生活穿梭於公堂和園林之間，亦即游移在仕與隱之間，而較之前人，則顯得更游刃有餘了。

# 小　結

　　自古中國文人不斷在官場文化中掙扎著，藉著行旅、遊覽，從自然山水中尋求慰藉。六朝的郡齋文學開啓了仕隱兩全的可能，一方面兼顧仕宦、爲世所用，一方面又可以在署齋中幽居自適，抒解了宦途浮沉所帶來的精神壓力，又符合傳統士人經世天下的要求。事實證明，唐代以後，官署園林的普遍，即是「吏隱」文化的展現，臺灣清領時期官署園林的建置，基本上是延續前代的隱逸文化。

　　地方官署除了是官員辦公廳堂外，建置在官署後方的園林，爲官員公餘閒暇時，提供了悠閒逸樂的去處，因此官署園林的設計常以自然、幽隱、閒適爲基調。官員位居廳廨時，是積極謀略、嚴正肅然；退居庭院後，則變得

---

〔註99〕　施士洁，〈浴佛前一日唐維卿廉訪招同倪耘劬太令等遊竹溪寺〉，《後蘇龕合集》（臺灣文獻叢刊 215），頁 52。

〔註100〕　謝朓，〈之宣城郡出新林浦向板橋〉，收入《先秦漢魏南北朝詩》（北京：中華書局，1983），頁 1429。

悠然散步、心輕意閒。一牆之隔、幾步之間，竟是如此的轉折。園林這一方
樂土，存在於官署之內，如同古人詩云：「不出公庭得仙館，豈同徐福絕雲濤。」
〔註101〕，他們不必像徐福一樣渡海追尋仙境，甚至不需步出官署，便可悠遊
於仙境般的園林之間，這無疑是吏隱的最佳寫照。官員們一方面不忘政務，
一方面享受閒適的生活，在官署的公堂與園林之穿梭，成為身仕心隱的二元
空間。

　　就空間意義而言，官署園林是為了緩和仕宦生活所產生的鬱結，設置一
個暫時避離俗務的空間，這對離鄉遠宦的士人而言，是極為重要的情感寄託
與心靈療癒之場所。有別於私人園林的精美雅緻和奢靡享樂，官署園林的建
築是以幽隱閒逸為主，並且具有一定程度的公共性。對於宦遊的士人來說，
不管是園中獨坐、賞花對月，或是聚會雅集，這樣的生活體驗，正好可以平
衡心中羈旅思鄉、宦途艱辛的苦楚，園林成為心靈寄託、精神超越的仙境樂
園。因此，官署園林儼然成為仕宦文人對應生命困境，用以療癒心靈的文化
空間。

　　清代各地官署建置園林是普遍的現象，呼應了長久以來士人吏隱的需
求。而這樣的情形，對於遠隔海外的臺灣，又更加明顯。遠宦來臺的孫元衡、
朱仕玠、朱景英、劉家謀、唐贊袞等人，公餘之際，流連於署齋園林的花月
之下，心中縱使有憂思鄉愁，也能暫時拋卻。而本土文人如李逢時、施士洁、
鄭如蘭等人，也在園林的宴飲歡晌當中，得以暢談閒遠曠達的生命情懷，從
中得到一些生命的靈動。他們在這個複合構成的意境空間中，經由身心的多
重感受和體驗，接觸、體會、感動、思索、深化、再創造，行諸文字、詩歌
吟詠，從而轉化為生命更高層次的超越境界。而凡此種種，誠如鄭用錫所說：
「惟公邱壑足胸中，不拘於吏為仙吏。」都源於士人心中那深植不滅的隱逸
情懷。

---

〔註101〕吳可幾，〈和孔司封題蓬萊閣〉，收入《全宋詩》（北京：北京大學，1991），
　　　　頁3377。

# 第六章　田園牧歌──想像桃花源

　　人類在發展初始，努力想脫離野蠻生活，逃離寒凍饑餓、野獸攻擊，進入文明社會的過程中，即是一種逃避的行為。而當在社會發展中遭遇不順和挫折，往往會選擇回到原始自然的生活，人們恆常在「自然」與「社會」這兩端來回矛盾。於是就有介於自然和社會的空間概念產生，「田園」是其中之一。〔註1〕

　　唐代以後，中國士人的隱逸行為有很大的轉變，為避免淪落窮困潦倒的地步，他們一方面讓自己精神保持自由逍遙，一方面接受世俗的名位和財富，轉而隱於市、隱於官、隱於學、隱於教⋯等等，以「心隱」代替「身隱」，這是一種中庸之道，能兼顧現實，又能尋得自我安頓的折衷方式。而遊走、居處於田園間，不失為隱逸的絕佳之道，「田園」泛指農村田野的景色，以及農人的生活和感受，景色是本身是自然的，但農村常見的耕種、牛羊、炊煙、牧歌等都是人類的活動，是屬於社會的。這樣介於自然和社會之間的空間，對於一些想要遠離塵囂，但又無法忍受孤苦的士人而言，是一個極佳的棲身之所，不管是身體的匿居或是心理的嚮往。士人歸隱田園的理想，就如同回歸純樸的童年生活一樣，不管是功成名就，抑或是官場失意，都會有回歸原始的衝動，且不論是否如願，士人總可以透過對「田園」的懷想與吟詠，一解這種「回歸」的渴望。

　　陶淵明是中國古代第一個實踐躬耕田園、避世隱居的詩人，他歸返田園成就了抗俗灑脫、恬淡自由的隱者形象，同時也建立了田園詩歌的典範，一

---

〔註1〕（美）段義孚，《逃避主義》（臺北縣：立緒，2006），頁21～23。

種平淡自然、眞摯樸實的生命情境。他的〈庚戌歲九月中於西田穫早稻〉詩
寫道：

> 人生歸有道，衣食固其端。孰是都不營，而以求自安。開春理常業，
> 歲功聊可觀。晨出肆微勤，日入負耒還。山中饒霜露，風氣亦先寒。
> 田家豈不苦，弗穫辭此難。四體誠乃疲，庶無異患干。盥濯息簷下，
> 斗酒散襟顏。遙遙沮溺心，千載乃相關。但願常如此，躬耕非所歎。

〔註2〕

詩中描述他農耕生活的一天，日出而作、日落而息，經霜歷暑，儘管他的農
耕生活乏善可陳，常四體疲憊、收穫有限，但比起心中對俗事的憂慮，身體
的辛勞就不算什麼了。陶淵明一再強調「質性自然，非矯厲所得，飢凍雖切，
違己交病。」（〈歸去來辭〉）故而在兩相權衡下，他選擇離避俗世官場、回歸
自然田園，與古代的隱士長沮和桀溺遙相呼應，更加堅定他避世躬耕的決心。

　　這樣躬耕田園的感知書寫，打動了後來的無數士人，於是「田園」成為
「自然」的代名詞，「田園」不僅是理想的生存境域，透過陶淵明深刻的詮釋，
「歸耕田園」等同於「歸返自然」，成了中國士人集體的生命歸宿。而後衍生
的「桃花源」，甚至成了中國理想社會的藍圖，這是由於社會互動的脈絡下，
士人集體生命經驗的交涉所積累的文化意識。一如十七到十九世紀古羅馬的
牧歌，充滿著濃郁的田園風光，把歐洲的偏僻山區，描繪成風景優美的世外
桃源，居民過著淳樸寧靜之生活，同樣成了後人追尋的理想樂土。

　　歸耕田園的隱避心理，與其說是逃向自然，不如說是逃向一個迷人的想
像空間，「自然」在過程中顯然已經被賦予人類的價值觀及人文化的概念。文
人透過歌詠田園生活來表達詩人對美好生活的情思和追求。如同古代歐洲的
田園牧歌，對田園風景的描繪和想像，是文人對自然景物的感應，開發更多
的感官經驗；而與家人、鄰居的互動上，呈現出文人對溫暖和諧的人際關係
的渴望。這些詩歌作品，無論空間的景色描繪，或是人倫之間的和諧關係，
都是文人在內在精神層面上所建構的隱逸世界。

　　臺灣在清領初期尚處於農墾社會，當時大多只有來臺宦遊的文人有文學
寫作，如孫元衡、黃叔璥、藍鼎元、朱仕玠等人，他們具有官員身份，田園
的書寫多半是以巡行勸農的詩歌爲主。到了乾嘉以後，臺灣的土地開發逐漸

---

〔註2〕陶淵明，〈庚戌歲九月中於西田穫早稻〉，《陶淵明詩箋證稿》（北京：中華書局，
　　　2007），頁 262～268。

拓展至中北部、東部，稻米、蔗糖等物產豐饒，以八景詩為主的書寫中，農村田家多呈現平淡歡樂的氣氛，除了是當時經濟富庶的實況外，多少反映詩人心中對桃花源世界的懷想。對臺灣的本土文人而言，科舉功名雖然仍是人生的核心價值，但處於人生低潮、公務餘閒、年老致仕，甚至是家國危亂之際，歸返田園世界往往成了優先的選擇，安詳的人際關係、和諧的自然景象，一直是士人追求的理想世界。詩人流連田園之間，作詩吟誦，藉著短暫的自我抽離與空間想像，達到精神上的安慰。而就文學書寫而言，文人穿梭悠遊於社會現實和田園想像的兩個世界，其實早已回應了傳統「仕隱」兩難的文化母題，亦即選擇中間之道——中隱，他們多半沒有左右兩難，而是一種心理的調適，為官期間短暫地遊走田園，或是觀看農村莊稼，藉此消除俗事的憂愁。

　　本章將從中國文化的田園書寫傳統談起，說明自古文人對田園世界的美好想像，以及臺灣文人歸返田園的生命追尋。其次，前期以宦遊文人為主的田園書寫，特別是「八景詩」，都指向盛世教化及上古先民的說法，是典型的「他者」觀點。但從另一個角度看，也照映出詩人內心對田園靜好的隱逸想像。再者，分析清領時期臺灣田園的書寫，在社會治亂的影響下，文人眼中的田園隨著社會的變動，呈現出不同的風貌和想像，承平時，士人多求張揚本性，歸返自然；亂世時，則退居田園，遠禍靜養。最後，傳統文人的「耕讀」文化，在本土文人的書寫中，仍然佔有重要的成份，不管是躬耕還是舌耕，都強調所處田園淡遠的空間氛圍和和諧的人際關係，詩人歸返田園的追求，實則是構思了一個理想的「桃花源」世界。

## 第一節　文人筆下的田家樂

　　中國士人自古就有一種對自然的憧憬，歷來都是透過詩歌的描述，田園間的勞動與生活似乎都是輕鬆寫意、悠閒平淡，而自給自足、安祥和諧的氣氛，更是令人嚮往的環境。早在先秦的《詩經》就有許多歌詠田園之作，如〈魏風・十畝之間〉：

> 十畝之間兮，桑者閑閑兮，行與子還兮。十畝之外兮，桑者泄泄兮，
> 行與子逝兮。〔註3〕

---

〔註 3〕《詩經・十畝之間》，《毛詩正義》（臺北市：新文豐，2001），頁 581～583。

這是一首北國採桑的勞動歌謠，「閑閑」、「泄泄」是形容農人悠閒自得的模樣，構成一幅清新恬淡的田園風情。詩中簡單地描述採桑女子的呼伴同歸，呈現出悠閒農村的景致，在後代士人的眼中，這不僅是單純的歌詠勞動，還包含一種平淡的生活態度。這類「田家樂」的詩歌，除了表現太古先民的淳樸無欲外，透過詩歌的採錄傳誦，也突顯當時社會追求簡單平淡的生命價值取向。

「田園」作為一種隱避的空間，當詩人面對田園時，常採用一種旁觀的角度，鮮少會讓自己涉入其中。就如同畫一幅美麗的鄉村畫一樣，詩人站在高處遠望，刻意保持距離，以營造一種距離感，好區別自己所處的現實和眼前所見的幻境。於是詩中最常用的是細筆描繪的手法，書寫眼下所見的景色，即使是平凡無奇的景象，在詩人眼中都可以寫得美麗動人。另一方面，對於緩慢的農村生活、簡單的人倫關係，在飽嚐世事紛擾的詩人看來，也是一幅美麗風景。寧靜悠閒的田園景致，帶給人平淡悠遠的氣息，而農家的耕稼生活，簡單而質樸，對比於官場的虛偽污濁，顯得親切可愛。

臺灣最早歌詠田園的應該是鄭經，在他的詩集《東壁樓集》中，有大量的田園詩作，他晚年耽溺於田園風光，不問國事，即是一種隱逸的表現。他的〈田家〉詩：

> 孤山草舍田家廬，杉松蕭疏遠村墟。屋後闌中睡黃犢，門前簷下掛犁鋤。
> 崎嶇石田傍流澗，屈曲山泉通溉渠。稚童驅牛下澤陂，老婦提筐入竹籬。
> 妻兒餉饋坐隴畔，葵蕨蔬羹黃粟糜。數瓢濁醪同歡飲，酌罷低頭復敷菑。
> 日落將暮山首西，牧子吹笛過前溪。農夫負耜歸家去，嘻嘻笑接兒女妻。
> 放下農器入竹戶，少者懷抱長者攜。天昏月色微露影，夜樹子規悲春啼。

〔註4〕

詩中一開始以「孤」、「蕭疏」襯映農村的遺世獨立。農家草舍，崎嶇山間田邊，有蜿蜒的泉水流灌，柵欄中的黃牛、屋簷下的犁鋤，描繪出悠然的農村景色。農忙時節，只見牧童驅牛、農婦採荼，時而有農夫與妻小聚坐在田埂邊，享用著一頓午餐，雖然是簡單的蔬食野荼，但是歡愉之情不言可喻。直到黃昏時刻，伴隨著落日和牧笛回家，享受天倫之樂。全詩把田園間的耕作和田家的生活，寫得安詳恬靜，特別是農家的人倫關係，溫暖和樂。對照自己的處境，竟有一種暮春寂寥的悲傷。

〔註 4〕鄭經，〈田家〉，《東壁樓集》（明永曆泉州刻本），卷2，頁96～97。

鄭經另有兩首這種讚頌田園農家的詩作：

山中錯落田家村，草作屋兮竹作門。門前膏田千萬頃，種植皆是赤苗藥。

嘉穀橫斜滿隴畝，收穫盈堆在東墩。農人歡歌多稼曲，妻女頭帶忘憂萱。

父子家人同樂歲，共酌濁醪醉飽尊。〔註5〕

詩中描寫樸質的農村景色，田家豐收的歡愉，同時強調人倫和樂，可見詩人並非真要孤隱於世，而是追求一種和樂無爭的恬靜美好。換言之，田園的平淡之美、農村的勞動之美，都是只是一些表徵，詩人的真正追求的其實是人倫的真摯情意，這顯然是現實遭遇上所欠缺的。這不但反映詩人對世情的負面看法，更充份展現他淡泊人生、隱避歸田的期待。

「田家樂」是一種心境，茅草為屋、竹籬做牆，簡單的烹煮，粗釀的濁酒，便可以歡饗鄉里朋友，悠閒和樂的生活，富有浪漫主義的色彩。「浪漫」是以強烈的情感作為美學經驗的來源，因此，詩人的內在情意主導著感官的接受，恬淡、悠閒、美麗、純真的敘述背後，必然是一顆幽隱世外的心。

其實早在明代嘉靖年間，便有福建文人陳第（1541～1617）隨軍隊追勦海寇而短暫來到臺灣，他所作的《東番記》，記述當時沿岸的原住民生活習俗與地理風光，他形容原住民道：

然飽食嬉遊，于于衎衎，又惡用達人為，其無懷、葛天之民乎。〔註6〕

在他的觀察，臺灣的原住民原始單純的生活，飽食後便嬉戲遊樂，自在和樂的樣子，像極了中國上古淳樸無爭的社會。

到了清領初期，大批的官員奉派來臺，他們多數是來自於發達的城市，來到以農牧漁獵為主的臺灣，眼前所見，多是山林田野，而其間所見的鄉里農村，在他們想像中，成了與世隔絕的「桃源秘境」，而這裡的農夫、樵父、漁人、牧童等人事，成了無欲無爭的「無懷氏」、「葛天氏」之民。

康熙四十四年（1705）來臺的孫元衡，創作了不少的田園詩歌，記錄臺地風土民情，最初的作用是「觀俗」，一種給統治者、後繼官員施政參考的觀察報告。然而，卻不免歌頌人民勤奮和農村的豐饒，其中包含著許多浪漫的溢美和想像。如〈春日農圖言〉詩：

老農飲春酒，向客舞婆娑。手中執雙壤，將以歌太和。我豕突陰壑，

我牛礪陽坡。鵝黃鴨頭綠，池平水不波。二月刈新麥，三月布新禾。

〔註5〕鄭經，〈田家樂歲〉，《東壁樓集》（明永曆泉州刻本），卷2，頁119～120。

〔註6〕陳第，〈東番記〉，收入《閩海贈言》（臺灣文獻叢刊56），頁27。

一坵輸五鍬，所用未為多。〔註7〕

詩人筆下的農家是平和安詳的，飲酒歌舞，依時而耕，淡泊寡欲，知足常樂，類似「無懷氏」、「葛天氏」之民。另一首〈山家〉詩：

> 地僻任耕鑿，山深無是非。簷前朝露注，林外海雲歸。鵝鴨晨懽隊，
> 豝豵夜突機。官符從不到，白日款荊扉。〔註8〕

詩中描寫臺灣的農村風情，朝露、雲海、鵝鴨都是再普通不過的，詩人卻賦予「無是非」、「懽隊」的想像，縱使是野生的山豬深夜的騷擾，依舊不影響「家不閉戶」的習慣，其祥和之印象可見一斑。

乾隆四年（1739）任巡臺御史的楊二酉，在各地巡行時，對田園景象也有浪漫的想像，他的〈新園道中〉云：

> 路轉埤頭近，平山一線連。野橋低澗水，深竹暗村煙。犬吠花間徑，
> 人鋤屋後田。不知身異域，疑對武陵仙。〔註9〕

這是詩人巡行鳳山縣西北一帶田莊，遠山、野橋、流水、竹林、花徑，一幅美麗的自然田園，而村中犬吠、民居炊煙和屋後耕作的農人，從容恬淡，給人閒靜幽遠的感覺，渾然忘記身處異地，以為自己誤入桃花源。

乾隆六年（1741）接任巡臺御史的張湄，當他巡行來到田野，看到平疇沃壤、阡陌交錯，農人於往來田間、勤奮耕耘，但他的文學書寫可不只如此，詩曰：

> 出郭天四垂，墨雲挾狂雨。勢如萬鏃飛，作氣不待鼓。彌望青蔥蘢，
> 物我同栩栩。平疇漾穀紋，犁鋤應時舉。誰能甘惰農，自貽樂歲苦。
> 為語蚩蚩氓，海濱履王土。黃髮與垂髫，願勿入城府。熙怡若桃源，
> 往來有漁父。三時胼胝煩，勤焉豈無所。況當膏雨餘，篝車滿可許。
> 煙林布穀鳴，陌上鞭水牯。米家畫圖閒，坐覽簑笠侶。〔註10〕

一望無際的蒼翠蓊鬱，讓詩人感受人生的欣榮可喜；而農人的勤奮樂業，也聯想成淳樸無爭的上古先民，甚至不願進入社會體制，像桃花源一樣的獨立於世。在詩人眼中，這樣的田園自然，就像是米芾畫筆底下的圖畫一般，充

---

〔註7〕 孫元衡，〈春日農圃言〉，《赤崁集》（臺灣文獻叢刊 10），卷3，頁42。

〔註8〕 孫元衡，〈山家〉，《赤崁集》（臺灣文獻叢刊 10），卷4，頁67。

〔註9〕 楊二酉，〈南巡紀事之新園道中〉，收入《重修福建臺灣府志》（臺灣文獻叢刊74），卷20，頁593。

〔註10〕 張湄，〈東郊勸農〉，收入《重修臺灣府志》（臺灣文獻叢刊 105），卷24，頁765。

滿仙隱的意趣。張湄，字鷺州，號南漪，又號柳漁，浙江錢塘人。在臺任官三年，頗有官聲。他常帶著閒適的心巡行各地，「息心塵外賞」、「野趣自清曠」，故而他眼中的臺灣田園是一片和諧可親的樂土，農人也像恬淡無爭的隱士。

　　乾隆年間在彰化任官的黃清泰，在一次行役中路過貓霧捒（今臺中南屯），被眼前美麗的農村景色吸引，他作〈宿貓霧捒田家〉詩寫道：

　　　　天外碧山碧，地上黃雲黃。雲黃稻已熟，家家刈穫忙。笠子團團月，
　　　　鐮鉤皎皎霜。臥我新竹榻，茵鋪稻蕙香。清絕無塵夢，一枕遊羲皇。
　　〔註11〕

農忙的景象，是揮汗辛勤的苦差事，但他卻聽到悠揚的歌聲，於是好奇一問，才知道歲時豐收。而難得借宿農家的夜晚，讓他親身體驗到農家與世無爭的淡然。

　　農耕工作的辛苦眾所皆知，一般的士人無法消受，所以除了少數如陶淵明般躬耕田畝外，大多數隱身田園的士人，都只是從旁觀察、歌頌美景和農耕生活，鮮少參與農事。因此，田園詩的創作，往往是觀稼、歌頌田園的題材，而田園詩中的「快樂」，也常是詩人的主觀想像。這種農家樂的書寫，是以「士」階層角度觀看「農」階層的生活，同時把士人內心的「樂感」帶入敘述中。有趣的是士人的「樂感」來源，多半是來自於親近自然，或是逃離塵俗，快樂是來自於精神上的逍遙自在，這一方面，士人往往會羨慕農人在精神生活的簡樸。

　　以中國社會的組織階層而言，「士」是接受教育、擁有知識與權力的階層，所有政治、經濟、文化、社會制度都出自他們之手，通常是勞心者。而「農」是接受制約、管理，負責勞動、生產，是為勞力者。一般而言，勞心的「士」地位、生存條件明顯優於勞力的「農」，因此許多人都想透過科舉或其他方式晉升「士」階層。然而，隨著社會制度、人際關係日益複雜，官場上遭讒、犯事、連坐、罷官等壓力，導致士人退隱之心，寧可回歸簡單的農耕的生活。但是，從「士」轉換到「農」，並非只是單純的職業角色轉換而已，所觸及的問題除了生活場域的改變、物質條件的落差外，還須顧及個人的自我定位，拋棄淑世的理想，承擔歸返自然的孤獨、寂寥等挑戰，更遑論士人身體是否可堪田間勞動。因此，士人的歸返田園，多半只是環境的轉換而非實際投入

〔註11〕黃清泰，〈宿貓霧捒田家〉，收入《彰化縣志》（臺灣文獻叢刊 156），卷 12，頁 479。

農耕生產，他們可以買田佃租、設帳教書、筆耕硯田，各種謀生的方式，只要遠離官場，回歸自然平淡的生活，閒居田園、悠遊以終老。

　　早在東漢時期，張衡面對當時政治社會的混亂、官場的險惡黑暗，毅然選擇了歸隱田園，並創作〈歸田賦〉以明志。他說明了歸田的原因：

> 游都邑以永久，無明略以佐時。徒臨川以羨魚，俟河清乎未期。感蔡子之慷慨，從唐生以決疑。諒天道之微昧，追漁夫以同嬉。超埃塵以遐逝，與世事乎長辭。〔註12〕

不同於一般士人不遇的悲憤，他的心情平和許多，與其要羨慕游魚的自由，被動地等待時局，不如體察接受現實，並主動追尋漁夫的逍遙自在的生活。於是，他在賦中極力地描寫了自然田園的美景和歡愉的氣氛：

> 于是仲春令月，時和氣清；原隰郁茂，百草滋榮。王雎鼓翼，倉庚哀鳴；交頸頡頏，關關嚶嚶。于焉逍遙，聊以娛情。爾乃龍吟方澤，虎嘯山丘。仰飛纖繳，俯釣長流。觸矢而斃，貪餌吞鉤。落雲間之逸禽，懸淵沉之鯉。〔註13〕

在此之前，中國士人避世歸隱的地方，多半選擇名山大澤或偏僻鄉野。〈歸田賦〉是第一次展示歸耕田園的美好世界，一個介於城市和山林之間，具體的田園風光和閒適生活，透過張衡的妙筆生花，為仕途失意的士人在人世間尋找到一個可以棲息安身之所。

　　張衡雖然建立了至樂的田園世界，但卻只是想像和虛擬書寫，他並未真正地歸隱田園。一直到晉代陶淵明真正實踐了歸隱田園後，才確立了這樣的隱逸模式。陶淵明的〈歸園田居〉、〈飲酒〉、〈桃花源記〉、〈歸去來辭〉等作品，傾注想像與筆力，將田園營造成一個安適和樂的美好世界。陶淵明的躬耕生活，勞形而不役心，與淳樸的農夫相處，逍遙於天地之間而心意自得。從此，這種田園至樂的觀念，為仕途上疲於奔命的士人指出一條可以獨善、安頓身心的地方。

　　新竹文人鄭用錫（1788～1858）是臺灣本籍第一位進士，短暫地在朝廷任官，因不習慣官場應酬陋習及奢靡生活，三年即乞養歸里。他對世情常多所感慨，曾作詩曰：

> 我生本不才，庸庸何所見。一官歸去來，幸侍寢門膳。倏忽廿餘年，

---

〔註12〕 張衡，〈歸田賦〉，收入《昭明文選》（臺北市：台灣古籍，2001），頁889～895。
〔註13〕 同上。

　　　　流光如掣電。到處皆險巇，人情多幻變。軒冕似泥塗，昔貴今亦賤。

　　　　不如收桑榆，行樂且安便。〔註14〕

鄭用錫的歸田，乃因淡泊之心、無意仕進。他批評當時社會的人心險惡、人情冷暖，不如歸返田園，過著安樂閒適的簡樸生活。

　　生性淡泊的晚清進士許南英（1855～1917），在 36 歲考取進士，但會試過程中屢次因爲對策文章感傷時局，而遭到考官遺棄。會試中第後，隨即籤分兵部車駕司，但他無意仕進，選擇回籍返臺。他有首〈田家〉詩，可以說明他理想中的生活情境：

　　　　落日亦云暮，躬耕謝南畝。荷鋤入我戶，稚子候門久。因時摘晚菘，

　　　　乘興開新酒。布席命童僕，隔籬呼親友。頹然同一醉，不醉隨所受。

　　　　豈必盡十觴，何須傾一斗。中庭懸明月，清輝照戶牖。嗤彼簪組人，

　　　　飛螢滿地走。雖有星星光，轉瞬復何有。我願隱姓名，無勞栽五柳。

　　〔註15〕

這一首描繪田家生活景象的詩，詩人以第一人稱述說，想像自己是躬耕田畝的農夫，日出而作、日入而息，順應四時，過著簡單自然的生活。家裡有稚子候門、童僕侍候，親友相問，也有親情人倫的溫暖。最享受的則是在明月清輝、飛螢星光的陪伴下，與親友一同飲酒歡醉，這是多麼美麗和諧的田居景象，可見詩人多麼嚮往田家樂的生活。

　　新竹文人鄭家珍（1866～1928），在光緒甲午中舉，隨即舉家內渡，後來返臺寓居，終身以教書爲業。他多次在新竹城郊吟遊，留下了古意淡泊的詩情。有詩云：

　　　　風塵碌碌騁無方，偶到城南古佛場。鄉望白雲能遠俗，湖留青草有餘香。

　　　　謝公乘興攜雙屐，御史題名臥一梁。十畝桑田秋意淡，躬耕我欲學南陽。

　　〔註16〕

對比城市的風塵碌碌，遠離俗世的鄉村田園幽閒多了，來到郊野自然，就是希望能暫別官場名利的紛擾，聞著湖邊的青草香，面對廣闊而充滿秋意的田野，讓詩人興起躬耕的念頭。

---

〔註14〕鄭用錫，〈感作〉，《北郭園詩鈔》（臺北縣：龍文，1992），頁 58。

〔註15〕許南英，〈田家〉，《窺園留草》（臺北縣：龍文，1992），卷 1，頁 185～186。

〔註16〕鄭家珍，〈八月望後之七日遊青草湖感化寺〉，《雪蕉山館詩集》（臺北縣：龍文，1992），頁 140。

　　農耕是古代中國人最主要的經濟方式，人與自然的親和感隨之根深蒂固，土地山川是文化心靈的安逸之所，田園自然則是人們安居的樂園。田園之間田家和樂的生活，向來是傳統文人永恆的追求與願望。特別是當文人無法實現理想、仕途受挫的時候，歸返田園成了千古不變的理想，即使是身處要職的文人，也會以欣羨的眼神，歌詠著田園間的美麗景象，並企盼著晚年能回歸田園生活。

## 第二節　他者想像與自我定義

　　臺灣在荷據時期，因漢人的經營開墾，已經「田園萬頃，沃野千里，餉稅數十萬。」〔註17〕明鄭時期實施屯田制度，寓兵於農，開始有規劃的土地拓墾，主要集中在臺灣南部。清領之後，逐漸往中、北部拓墾，並興修水利設施。雍正、乾隆年間，水利系統逐漸形成，精耕的水田取代粗放的旱地，成為主要的耕作方式，南部田地甚至可提升到一年兩穫。乾隆、嘉慶時期因為大量的移民的人力投入，田園面積不斷地擴展，農業生產大幅提升，使得臺灣糧食不但能自給自足，還能大量出口，開啟對大陸的貿易。〔註18〕

　　清領初期來臺的孫元衡，有詩曰：

　　　曉起望墟落，他鄉幻轉妍。露濃疑宿雨，沙暖出疏煙。蠻嶂光侵海，

　　　驟潮聲在天。田田甘蔗綠，葉葉刺桐燃。分廂圍叢竹，安禪就谷泉。

　　　徘徊問心跡，身世總蕭然。〔註19〕

這首詩是孫元衡剛抵臺就任時所寫，原本離鄉遠宦的他，早起遠望農村，空氣中略帶晨露疏煙，眼前一片青翠的水稻蔗田、火紅的刺桐花開，美麗的田園景致，讓他對「異鄉」有些改觀。雖然詩人還是在意離鄉漂泊的遭遇，但畢竟田園自然之美還是暫時地撫慰了心靈。

　　清領時期來臺宦遊的官員，一方面身負公職，抱著聲教化民的使命，一方面離鄉渡海，懷著遠貶海外的憂慮，是要經世濟民，還是消極待時，內心充斥著猶疑和矛盾。道光年間來臺任兵備道的胡承琪（1776～1832）有〈彰化道中〉詩：

---

〔註17〕 臺灣省文獻委員會編，《臺灣省通誌》（臺北市：眾文，1980），卷首下，頁13。
〔註18〕 黃政秀等著，《臺灣史》（臺北市：五南，1999），頁89～97。
〔註19〕 孫元衡，〈野望〉，《赤崁集》（臺灣文獻叢刊10），卷1，頁11～12。

　　曉雨細惛惛，春寒畫屢陰。征衣饒海色，詩句換蠻音。生事依諸蔗，

　　人家恃竹林。歸耕無計得，慚愧勸農心。〔註20〕

身爲臺地的主政者，詩人巡訪各地，理當要鼓勵農業生產，心繫政事，但是
卻難掩心中歸耕田畝的想望。其原因不外乎置身在田園自然間，歸隱之心油
然而生。

　　清領初期在臺灣的方志中，出現大量「八景詩」，「八景」是由官方擇定
代表性的地方景色八處，並由文人集體吟詠。「八景」始於康熙三十五年（1696）
高拱乾的《臺灣府志》，後續編修的各地方志，也都依循此例擇定八景，後來
衍生出許多地區性或私人園林景色也定有「八景」。臺灣八景詩的寫作，尤其
是宦遊來臺的文人，多半是一些集體性的創作，雖然描繪許多自然風貌，但
作者不一定親歷其境，有些是應酬唱和、憑空想像的。這些共同的情境書寫，
所呈現的美感和情意，不妨視爲宦遊文人們的集體意識。

　　對宦遊文人而言，臺灣的風土景色是極度陌生的，他們來臺之前，僅能
從有限的文獻資料中獲知臺灣之事，對這樣異地、異族、異文化的「他者」
〔註21〕敘述，通常會採取舊有的知識經驗去作比較，甚至是複製，以減低陌
生感、恐懼感。以田園主題的書寫爲例，詩人因爲漢文化的知識背景，使得
心中有先入爲主的田園農村意象，包括平淡自然的景觀、和諧無爭的人文。
而這些來自於中國古代的農村書寫傳統，套用在臺灣的田園農村上，雖然不
見得眞實，卻一點都不違和。當然，臺灣田園農村的獨特性，便消失在主觀
認知的一般性當中。

　　關於這些共同書寫的八景詩中，多以山川湖海景色爲主，田園農村的主
題並不多見。如乾隆十七年（1752）的《重修臺灣縣志》所列臺邑八景之「香
洋春耨」。乾隆年間巡臺御史錢琦曾作詩曰：

　　何處聲聲布穀啼，岡山山北柳林西。杏花春雨紅千畝，蔗葉寒煙綠一犁。

〔註20〕　胡承珙，〈彰化道中〉，收入《全臺詩》第四冊，頁18。

〔註21〕　「他者」（the other）是西方後殖民理論中常見的一個術語。後殖民的理論中，
　　　　擁有支配權力的殖民統治者往往是主體性的「自我意識」，殖民地的人民則被
　　　　稱爲「他者」。「他者」和「自我」（Self）是一對相對、對立的概念，由於「他
　　　　者」的存在，統治者主體的意識才得以確立，權威才得以確立。而本文所指
　　　　稱的「他者」，意指被統治狀態下的臺灣本土文化，而來自中土的遊宦文人則
　　　　爲「自我」。在遊宦文人的文學書寫中，普遍呈現主體性的自我意識，習慣以
　　　　自己熟悉的文化認知來看待臺灣文化，成爲「他者」的書寫視角。

水引石頭開短圳，笛橫牛背過前溪。屢豐不待秋來卜，多稼如雲望早迷。
〔註22〕

約在同時，臺灣府儒學訓導謝家樹也有同名詩云：

上沃三春潤，洋寬一望迷。風馴芳草浪，雨釀落花泥。司餉童攜箸，

忘機鳥集犁。西成先可慶，不辨地高低。〔註23〕

香洋（今臺南關廟）在臺灣縣東南二十餘里，明鄭時期已有屯墾開發，因有
埤潭灌溉，種植水稻，田疇廣闊，阡陌交錯，春夏之際，遠觀如雲。詩中描
繪廣大無涯的稻田，風吹稻浪，雨落花泥的美景，是一幅豐收歡慶的景象。
而吹笛的牧童、送飯的村童、耕牛與禽鳥，更點出田園景色的離塵脫俗，同
時也勾起詩人內心「忘機」的懷想。

清領時期臺灣的八景詩中，較常出現的漁歌樵唱主題，如臺陽八景的「沙
鯤漁火」、鼓山八景的「斜灣樵唱」、彰化八景的「海豐漁火」、「肚山樵歌」、
澎湖八景中「太武樵歌」、「案山漁火」、陽基八景的「平湖漁笛」等。八景詩
把「漁歌樵唱」主題納入，意味著除了山海日月、雲霞煙霧等自然景觀的審
美標準外，人文活動亦是一種美的表現。不管是樵夫的歌唱、漁船的燈火，
這些底層人物的勞動生活，原來鮮少會吸引士人的關注，並出現在詩歌當中。
但當我們審視詩中對漁夫樵夫的勞動生活的描述時，不難發現其嚴重脫離現
實，以及充滿想像的浪漫筆調，亦即詩人是帶著有色的眼鏡去觀察這些底層
的勞動者，並有意地投射他自我內心的祈願。

乾隆年間棲居鼓山的卓肇昌〈斜灣樵唱〉詩云：

忽聽樵子唱，躑躅下前山。幾曲斜峰亂，一肩落日還。輕風聞遠浦，

清響度花灣。嫋嫋鶯頻和，泠泠石點頑。行歌聊自適，笑士不如閒。

試問家何處，白雲屋半間。〔註24〕

鼓山位於鳳山城南，西邊臨海，可遠眺落日。樵夫工作之餘，唱歌以紓緩辛
勞，在詩人耳中，特別動聽。肩挑落日、聲度花灣，是美化的動人想像，連
黃鶯都來附和、石頭都能點頭。而詩中的樵唱，成了閒適生活之意，如同祖

---

〔註22〕 錢琦，〈香洋春耨〉，收入《重修臺灣縣志》（臺灣文獻叢刊 113），卷 14，頁
496。

〔註23〕 謝家樹，〈香洋春耨〉，收入《重修臺灣縣志》（臺灣文獻叢刊 113），卷 14，
頁 496。

〔註24〕 卓肇昌，〈斜灣樵唱〉，收入《全臺詩》（臺北市：遠流，2004）第二冊，頁 302。

詠詩云：「山中無外事，樵唱有時聞。」〔註25〕而這樣的意境，正是詩人所追求的理想。

樵唱漁歌的另一層意義，是儒家「仁者樂山、智者樂水」的延伸。雲林詩人吳景箕（1902～1983）有首詩〈樵者〉是這麼描述的：

　　家傍雲山綠水邊，半生行跡淡於煙。朝持樵斧穿林去，暮共漁翁繞澗還。

　　豔福何曾羨劉阮，清閑也得似神仙。胸中別有煙霞癖，不向楡青計選錢。

　〔註26〕

樵夫像是隱於山林的仙人，首先是隱於深山當中，早晚與林木、白雲、青山、綠水為伍，行跡飄忽、來去無蹤，偶而聽聞樵唱，伴著日暮下的身影，讓人有神仙般的清閑之感。在這首詩中，詩人把樵夫、漁夫的生活勞動浪漫化，刻意忽略現實的部份，從內心的主觀想像出發，描繪出一幅悠然的樵唱美景，並毫不掩飾地點出自己心中「隱逸」的人生願望。

秦士望的彰化八景之〈肚山樵歌〉亦是如此：

　　山高樹老與雲齊，一逕斜穿步欲迷。人跡貪隨巖鹿隱，歌聲喜和野禽啼。

　　悠揚入谷音偏遠，繚繞因風韻不低。刈得荊薪償酒債，歸來半在日沉西。

　〔註27〕

「迷」、「隱」點出樵夫的形象特色，一種隱避的神秘感，他們通常是穿梭在高山、老樹、白雲間，和鹿群野禽為伴，就連歌聲都融入大自然，與之相諧共生，凸顯樵夫不同凡人的形象。

另外澎湖八景詩也有樵歌主題，如嘉慶年間文人呂成家的〈太武樵歌〉詩：

　　迴環太武迴嵯峨，樵採行行唱浩歌。韻繞高峰流曠野，聲喧絕壑度平坡。

　　檐頭日暮孤雲伴，林外煙晴一鳥過。最好澎山饒逸興，重開仙曲奏如何。

　〔註28〕

詩中同樣強調一種與山林和諧的氣氛，並特別以「仙曲」來營造一種環境中的神秘色彩，同樣表現樵者的不凡身份。

再來看漁夫的角色，乾嘉年間金文焯的臺灣八景之〈沙鯤漁火〉：

〔註25〕祖詠，〈汝墳別業〉，收入《全唐詩》（北京：學苑音象，2004），卷131。
〔註26〕吳景箕，〈樵者〉，《吳景箕全集》（臺北縣：龍文，2006），頁23。
〔註27〕秦士望，〈肚山樵歌〉，收入《全臺詩》（臺北市：遠流，2004）第二冊，頁111。
〔註28〕呂成家，〈太武樵歌〉，收入《澎湖續編》（臺灣文獻叢刊115），卷下，頁113。

曲港潮回碧水澄，蛋船傍晚上漁燈。千檣影射波光動，一抹煙含暮靄凝。

歷落疏星明復暗，朦朧螢火減還增。更添紅蓼白蘋岸，風景依稀似武陵。

〔註29〕

詩中運用漁火與螢火的光線明暗，構成水岸的朦朧意象，藉此點出桃花源的神秘意境，可見詩人在流連萬象之際，感於聲色物象，而有所興發。

澎湖八景也有相關主題〈案山漁火〉，呂成家詩云：

群峰環繞案山橫，點點漁燈一望平。沙際誰爲垂釣者，江干獨有羨魚情。

〔註30〕

詩中先從遠景描寫，視線一路從群峰到案山再到漁船，最後聚焦在岸邊的釣者身上。而釣者只不過在勾引在旁觀看的詩人，心生一種「臨淵羨魚」的想望，亦即渴求逍遙自在的心情。

關於臺灣各地八景詩的美學想像，申惠豐曾經提到：

台灣八景言說的建構，即是對台灣自然地景進行美學的想像，而此一想像可營構一個超越性的空間，亦即審美主體透過審美活動讓自身脫離世俗現實。〔註31〕

而就「樵唱漁歌」的主題而言，可以清楚地說明詩人透過自身的主觀想像，進行的審美活動，明顯是脫離眞實的情況，轉而營造神秘的、浪漫的、想像式的空間，藉此短暫地安頓心靈，得到慰藉。

事實上，田園農村的生活充滿著饑寒與孤寂，農耕的勞苦自不待言。而對於統治階層的詩人來說，慣於採取斷離的策略，忽略現實而以自我意識爲主的書寫，形成「情意自我」與「現實景象」的對比。如此偏向想像、浪漫式的書寫，以便照映內心的超越性理想，王國維稱之爲「造境」。〔註32〕亦即透過具象景物的描寫，創造特定的意境，以傳達內心的思想情感。詩人透過這些田居生活的觀察與描繪，創造一個自然和諧的田園世界，得以盡情地享

---

〔註29〕 金文焯，〈沙鯤漁火〉，收入《續修臺灣府志》（臺灣文獻叢刊 121），卷 26，頁 985～986。

〔註30〕 呂成家，〈案山漁火〉，收入《全臺詩》，第四冊，頁 89～90。

〔註31〕 申惠豐，〈帝國的審美與觀視：論台灣八景言說的建構及其美學意識型態〉，《台灣文學研究》，第一卷第二期，2012 年 6 月，頁 97。

〔註32〕 清末王國維在《人間詞話》提出文藝創作理論「境界」說：「有造境，有寫境，此理想與寫實二派之所由分。然二者頗難分別。因有大詩人所造之境，必合乎自然，所寫之境，亦必鄰於理想故也。」造境重在想像虛構，偏向浪漫主義；寫境則強調寫實，偏向現實主義。然二者相互爲用、相輔相成。

受自然風光、人倫的溫馨、閒適的生活。而這片刻的心醉神迷，同時也展現了詩人離避塵世的美好想像，而這一切將在他們轉身之間遽然消失。

在現象學理論中，創作者意識是先於眞實生活世界的，換言之，詩人在敘述所見樵夫漁父之前，早有「高士」、「智者」、「隱逸」等人物形象。因此，在這些詩中的樵夫和漁翁不是一般認知的俗夫，他們是智者，懂得山水之樂、自然造化的哲理。詩人以一種先入爲主的形象描寫，舉凡「樵夫」、「漁父」、「野老」、「釣叟」都成了典型的隱逸符號，用來描述隱避一方的隱者形象。同時這樣的文學書寫就像一面鏡子，照映出詩人的內心深處，也是一種自我的定義，期待如漁樵般高情遠志、與世無爭的生命情調。

# 第三節　社會脈絡下的田園意象

臺灣的農村田園風光，除了臺灣古典詩的田園書寫中，除了農村景致、田園風光的描寫外，人物更是畫龍點睛的重點。詩人營造出恬淡靜謐的田園空間，是相對於人事紛擾的塵世，如果只有自然景物、缺少人文情感，將會顯得孤高而清冷。唯有加入溫暖和諧的人際互動，才能呈顯出這個世界的美好。在這個以想像營造的美妙世界中，詩人一方面享受自由、無拘無束，一方面自在地與人相處，絲毫沒有孤獨冷清的感覺，原本虛無的空間想像，透過人際世界的存在而證成，這才是詩人所追求的理想。

清領時期臺灣田園的書寫，在社會治亂的影響下，文人眼中的田園呈現出不同的風貌和想像，承平時期，士人多求張揚本性，歸返自然；亂世時，則退居田園，遠禍靜養。以下就相關的詩作分析說明之。

## （一）承平時期的田園

臺灣在承平時期，社會安定、經濟穩定之下，士人無所羈絆，往往會追求悠閒恬適的生活，以實現自我的獨立人格。這時期的書寫多強調田居生活平淡的氣息，如同盛唐詩人孟浩然〈過故人莊〉：「故人具雞黍，邀我至田家。綠樹村邊合，青山郭外斜。開軒面場圃，把酒話桑麻。待到重陽日，還來就菊花。」綠樹、青山、村舍、場圃、桑麻，構成一幅優美寧靜的田園風景，而詩人與田家把酒閒話、相約重陽，溫馨和諧的氣氛，呈現出田園農村的眞摯淳樸，是士人所處的官場、城市所沒有的。

對於士人來說，田園鄉村最迷人的是自然、無人為造作，包括得見的風物景色及需要體會的人情風土。

我們以鄭經的〈江村〉為例，詩中他把江邊小村描繪成一個迷人的世界：

> 一曲清溪遶孤村，綠竹猗猗作翠垣。籬邊寂寞無尨吠，江中出沒有風豚。
>
> 夾岸桃花迷遊客，穿盡楊柳乃知門。草廬野叟曳杖出，滿眼攜抱皆兒孫。
>
> 長者溪邊沿水戲，幼者胸前抒罣掀。怡笑自得天地外，不管閒塵歲月奔。

〔註33〕

在詩人眼中江村是一個優雅脫俗的空間，他把「桃花源」的意象套用進來，一曲清溪、夾岸桃花、綠竹翠垣、籬邊犬吠，老人小孩都快樂安適，怡然自得。理想世界不僅是美麗浪漫的自然風情，詩人用和諧的人倫關係，對比他急欲逃離的人事紛擾，足見其強烈的隱避意識。更具體地說，江村是詩人以自我意識所營建出的桃花源，用來逃避現實世界的紛擾，讓自己短暫地停留在這個想像世界中，藉以得到心靈上的撫慰和療癒。

另一首〈牧人〉，則以細膩的生活觀察切入，詩云：

> 和煦天氣任遨遊，驅牛上山群聚休。亦有披襟松間臥，亦有樹上亂狂謳。
>
> 大牛喘息溪谷裏，小犢歡舞在林丘。日暮歸來橫短笛，不辨歲月任悠悠。

〔註34〕

詩人眼中牧人的生活，除了驅牛外，再也沒有煩憂了，所以披襟倒臥、狂亂謳歌、橫笛暮歸，悠閒自在、盡情遨遊，就連小牛都跟著歡舞起來。「不辨歲月」是一種自外於世的逍遙，也可以說是連結現實的線索，分辨了歲月，便失去了逍遙。詩人細膩地捕捉、描繪他們任情自然、與世無爭的生活，其實是一種心靈的投射，對於飽經人世紛擾，厭倦名利糾纏的士人來說，可以回歸簡單淳樸的生活，是人生終極的目標。

臺灣縣詩人章甫（1755～1816），嘉慶四年（1799）歲貢，後多次渡海赴試皆不中，遂歸里教書，絕意仕途。他潛居鄉里，淡泊一生，對漁樵耕牧有細膩的觀察，他的聯章詩〈漁樵耕牧〉云：

> 漁翁蕩漾水中天，最妙相忘不記筌。借問得魚何妙趣，化機一半躍于淵。
>
> 樵夫踏碎碧雲飛，伐木丁丁採四圍。山上斜陽山下落，一肩挑盡晚霞歸。
>
> 耕夫出作歟南東，樂在青畦綠野中。箬笠簑衣身計足，不愁雨澳不愁風。

---

〔註33〕 鄭經，〈江村〉，《東壁樓集》（明永曆泉州刻本），卷2，頁88。

〔註34〕 鄭經，〈牧人〉，《東壁樓集》（明永曆泉州刻本），卷2，頁111～112。

牧童芻牧是如何，或飲于池或降阿。醒眼不隨人醉態，杏花村外自高歌。
〔註35〕

章甫一生淡泊，無意功名，詩文常表達隱退之意。藉著漁翁、樵夫、農人、牧童，描繪山水田園間，那種悠閒生活的樂趣。一切的波濤、風雨，都成了無關緊要的小事，勞苦的身影，瞬間化爲腳踏碧雲、肩挑晚霞的浪漫情調。一般農民、牧童的辛苦，轉爲樂在山水田野的輕鬆高歌。漁翁成了「得意忘言」、「得魚忘筌」，領會人生眞義的哲人，好像身體的勞動簡單地換就了精神上的自由。當然，這些眞實景物的擇取和詮釋，都是詩人從旁的觀察和想像，同時也是內心情意的投射。

在詩人的心靈烏托邦中，除了自然山水的情境外，那些漁樵耕牧的角色，更是畫龍點睛的靈魂。如同一幅畫，過於美麗的山水，顯得虛幻飄無、不夠眞實，惟有安排眞實人物在其中，才能顯現眞實感，一種在想像當中的眞實。同樣的，在詩歌中，往往透過這類眞實人物的襯托，才能讓詩人抓住那種想像中的眞實。

章甫另外有一首〈村居晚興〉，也描繪著這樣平和淡雅的景色：

村居風景古，晚興尚依依。殘照疏林合，微昏遠岫圍。杖頭逢叟話，
牛背認童歸。薄暮誰家讀，尋聲且扣扉。〔註36〕

詩中先把鄉村風景定調爲「古」味，讓人產生思古之幽情。在夕陽殘照、天色微暗之間，感受到依依不捨之情。此時，幽靜的氛圍中傳來讀書聲，引起詩人的注意、扣門探訪。詩中不僅著墨於空間的美景摹寫，同時也利用「風景古」及黃昏的書寫，製造時間的異化，產生一種迷亂的感覺，彷彿掉入桃花源的幻境中，不忍離去。詩中村叟和牧童扮演著重要的角色，藉著人物的互動，顯現出人際的和諧，也是田園鄉村最迷人的景致。

臺灣社會經濟漸漸進入穩定發展，人文風物也進入到興盛階段，這時本土文人有較多的心力回歸到生活情境的追求與書寫，如同宋澤萊所說：

到了清朝中期時，進入了「田園文學」的時代。差不多由鄭用錫、
陳肇興這些本土詩人開始，一直延續到日人佔領台灣時期。我們只
要讀一下鄭用錫的〈新擬北郭園八景〉、林占梅的《琴餘草》、陳肇
興的〈到鹿津觀水陸清醮普度八首〉、〈春田四詠〉、〈秋田四詠〉以

---

〔註35〕章甫，〈漁樵耕牧〉，收入《全臺詩》，第三冊，頁390～391。
〔註36〕章甫，〈村居晚興〉，收入《全臺詩》，第三冊，頁324。

及割日以前許南英的《窺園留草》，就能明白。詩文裡的主人翁正走向愛情、親情的懷抱，一派美麗風光和悠閒生活。〔註37〕

將清領中期稱作「田園文學時代」，不免過於簡化當時的文學發展之嫌，失之武斷。但他指出田園詩的興起，大多在歷史最豪華富庶的時代，人們才有閒情逸致欣賞田園山水景觀，卻是中肯的。進入清領中葉的詩歌創作，多半詩人都會有歌詠田園生活的主題，在相對富裕的生活條件下，詩人經常從旁觀的角度，描繪農村田野的恬靜美好，特別是在安享晚年時，多偏好書寫這類詩歌，充份表現詩人閒適的生活態度，以及所追求的退離塵俗、隱居田園的理想情境。

臺灣的田園詩，多半是詩人的從旁觀察，並未見如陶淵明的躬耕描寫，包括李逢時、林占梅、陳肇興、林豪、許南英，他們都屬於士紳階級，有一定的社會經濟地位，即使沒有富裕的家境，靠著文才還是可以謀生，並不需要親自耕田勞動。於是在田園書寫中，常見的是詩人遠距離的觀看和想像，鮮少實際參與農事的例子，因而，很少像陶淵明詩中「晨興理荒穢，帶月荷鋤歸。道狹草木長，夕露沾我衣。」〔註38〕一般的寫實，較多的是清新優美的田園風光、農家人的耕種、生活之樂以及鄉居隱士的閒情雅趣。

新竹文人林占梅就是一例，他喜愛閒居吟詠，自承「詩到中年始愛陶。」〔註39〕徐宗幹則稱其詩曰「和靜清遠，古澹恬逸。」〔註40〕他有許多田園詩作，喜歡從各種時間、角度觀察田園景色，表現悠閒淡雅的居家生活。如聯章詩〈田莊晚望〉四首：

> 稻粱豐贍鵞雞肥，木槿編籬竹作扉。茅屋幾家深樹下，飯牛聲裡正斜暉。
> 蟢蛛光收雨乍晴，郊原處處遍春耕。遙看新綠連阡陌，小大時隨饁婦行。
> 芳草春深沒馬蹄，炊煙林裡聽鳴雞。纏綿最是隨田水，流過東塍又過西。
> 閣閣蛙聲鬧野田，交風苗葉弄清妍。晚歸幾個攜鋤叟，閒話桑麻古渡前。

〔註41〕

---

〔註37〕 宋澤萊，《台灣文學三百年》（新北：印刻文學，2011），頁24。
〔註38〕 陶淵明，〈歸園田居〉五首之三，《陶淵明詩箋證稿》（北京：中華書局，2007），頁110～111。
〔註39〕 林占梅，〈寄興〉，《潛園琴餘草》（新竹市：竹市文化，1994），卷4，頁308。
〔註40〕 徐宗幹，〈潛園琴餘草序〉，《潛園琴餘草》（新竹市：竹市文化，1994），卷1，頁1。
〔註41〕 林占梅，〈田莊晚望〉，《潛園琴餘草》（新竹市：竹市文化，1994），卷3，頁190。

詩的前半大抵都是農村即景的書寫，從視覺、聽覺出發，而後述及農事，如餵牛、春耕、送飯。第四首則是以「閒話桑麻」作結，描繪出農村悠然舒緩的氣息。這裡可見詩人是站在遠觀的角度，悠閒地望著傍晚的田莊景色。類似的詩作還有〈田家曉興〉：

> 三竿日影祝雞雛，幾處炊煙出曉廚。花亞秧針疑刺繡，露凝柳線若穿珠。
> 山泉脈厚高田足，野草叢深小徑紆。十里陌頭閒緩步，前林又聽喚提壺。
> 〔註42〕

描寫的是清晨的農村，除了詩末的呼喚聲以外，都是視覺的鋪陳。日影、雛雞、炊煙、花亞、秧苗、凝露、柳條、山泉、田地、野草、小徑、阡陌，構成一幅美麗的圖畫。詩人如同畫家一般，站在遠處，仔細地觀察，透過細筆的描繪，呈現一種和諧平淡而富有意趣的美感，把現實世界與浪漫想像結合在一起的特殊感受。

　　林占梅有一次遊歷淡水芝蘭莊（今臺北士林）時，發出「幽居何必廣，即此是仙鄉。」〔註43〕的感嘆。敘述了他所看到的田園景致：

> 夜泛劍潭水，晚過芝蘭岡；郊原多景色，巖壑任翱翔。村連竹樹人
> 應雅，地產芝蘭水亦香。舍舟攜友同登陸，一帶幽居枕山麓。土沃
> 禾梁犬豕肥，水深溪渚魚蝦蓄。和風麥隴晝鳴鳩，細雨煙郊春叱犢。
> 黃童白叟各怡然，相見依依民雍睦。上有松峰樵徑奇，絕頂千尋逼
> 九嶷；嶺松蟠結樹蔥鬱，山石犖确逕嶔巇。平生不自勤磨煉，躋勝
> 無資力已疲。雙腳踏謝屐，兩手拄張藜；攀緣登林木，緩步踏雲梯。
> 盤空竟達高峰上，拂開煙樹到招提。危立層巔同縱目，田園掌大牛
> 疑羝；仰面上觀浮雲近，俯身不視飛鳥低。我居城郭如帷幔，那得
> 名山長在玩！登此始知大地寬，不覺望洋自嗟嘆。徘徊立久靜無聞，
> 萬木蔭森絕斧斤；高聲長嘯答巖谷，四山落葉落紛紛。下有竹林藏
> 石室，夾徑穿山盡此君；臨階几榻生清冷，挂壁藤蘿吐翠芬。當年
> 七子恣行樂，卻無石室高論文。披圖每羨前人福，對此盤桓意倍欣。
> 回途幾度行又止，歸到村居口已□。鋪床拂石樂箕踞，下箸十千求
> 兼味；歡然一飽向黑甜，來朝復擬尋幽去。〔註44〕

---

〔註42〕　林占梅，〈田家曉興〉，收入《全臺詩》，第七冊，頁82。
〔註43〕　林占梅，〈宿芝蘭莊〉，《潛園琴餘草》（新竹市：竹市文化，1994），卷1，頁25。
〔註44〕　林占梅，〈遊芝蘭莊竹林石室諸勝〉，《潛園琴餘草》（新竹市：竹市文化，1994），
　　　　　卷2，頁89。

「芝蘭莊」的名稱是由當地平埔族語「Pattsiran」而來，意指「溫泉」，與香草無關。但詩人卻以此象徵村落的優雅清高，清幽僻靜的村落遠離塵囂，一片青翠的竹林圍繞著村外，溪水從旁緩緩流過，是一幅美麗的農村景致。樵子漁翁則是悠哉地在溪邊閒話家常，在詩人、畫家的眼中，人物往往可以為自然美景畫龍點睛。而就這幅溪村風情畫而言，清幽的景致，原是為人而鋪陳的背景，樵子和漁翁的閒適模樣，才是詩人所要強調的主題，人物成了整個畫面關鍵的「點題」作用。

臺灣田園詩的代表是陳肇興（1831～？），新竹的望族，擁有大片的田產，佃租給農民，因此，他經常以地主的身份，徘徊鄉間田野，代表作品是〈春田〉四詠、〈秋田〉四詠，這兩組詩作各有 4 首詩，描寫臺灣中部農村兩期稻作的耕作即景。第一期稻作是在春天，有四個工作程序：播種、分秧、除草、收穫；第二期稻作在秋天，則另分四個工作程序：播種、分秧、開花、收穫。八首詩多以寫實為主，兩組詩著力於描繪農耕工作和四季風景。

陳肇興時值清領中期，臺灣的土地開發漸趨富庶，因此在詩中常見到歡愉工作和豐收的描述，如「雙手拋來天雨粟，一犁翻起地生毛。」「自是瀛壖多樂土，番田火米不須論。」以〈春田四詠之分秧〉為例：

> 春前春後雨初晴，十里風吹叱犢聲。不待鳴鳩終日喚，已看秧馬帶泥行。
> 連疇蔗葉籠烟碧，隔岸桐花映水明。記得當年賢令尹，樂耕門外勸春耕。
> 〔註45〕

詩中運用了聽覺上的叱犢聲、鳩鳴聲和視覺上的烟碧、桐花映水明，摹寫田園景色，烘托出田園快樂豐饒的氣象。另一首〈初夏郊行〉同樣寫歡愉的農村景象：

> 黑雲初散雨初晴，一望郊原綠已平。好鳥逢人如問訊，野花滿眼不知名。
> 晚煙幾簇籠修竹，新漲千畦長早秔。屈指納禾期已近，老農相對有謹聲。
> 〔註46〕

在雨過天晴之後，一望無際的綠色田疇，鳥語花香、炊煙裊裊、稻禾茂盛，看見此景的老農夫，為即將到來的豐收歡喜不已。

如果只是描寫田園自然風景，當然很難說明詩人的內在情志，寫景背後的抒情感觸，才是詩人主要的意旨。他的〈肚山道中即景〉詩曰：

---

〔註45〕 陳肇興，〈春田四詠之分秧〉，《陶村詩稿》（臺北縣：龍文，1992），頁 13。
〔註46〕 陳肇興，〈初夏郊行〉，《陶村詩稿》（臺北縣：龍文，1992），頁 3。

> 樂耕門外草如茵，繞岸花開白似銀。如此風光真樂土，不須更覓武陵津。
> 過盡山莊與野橋，新秧萬頃綠齊腰。南樓幾日蕭蕭雨，又長東郊一尺苗。
> 竹園稻屋自成家，破曉兒童踏水車。萬綠叢中紅一片，隔籬幾樹莿桐花。
> 大肚山前大海西，崎嶇道路古來迷。緣堤一帶相思樹，日為行人送馬蹄。
> 〔註47〕

美好的田園景致、歡愉的農村氣氛，正是呼應著詩人內心的「桃花源」世界的期盼。

金門詩人林豪（1831～1918）也有一首田園詩〈頂店田家即目〉：

> 到此消塵慮，翛然野客居。引泉穿蟹舍，因樹結蝸廬。掀地松根老，
> 編籬竹影疏。何當遠世網，闢徑學榰鋤。〔註48〕

詩人客居鄉野，無拘無束的超脫感，先是肯定田家生活能消解塵慮。眼前所見是河水畔的漁家，以及依著樹林的小屋，在老松下、竹籬邊，儼然是離塵遠俗的桃花源，讓人不禁想要拋棄世俗，學著投入躬耕生活。

詩人筆下的農村田園，茅屋竹林、清幽小徑、雞鳴犬吠、花草如茵，加上老農牧童、老犢秧馬、春耕夏耘，主客歡飲，一幅田家和樂的景象。如此的文學圖像，與社會承平、經濟富庶不無關係，田園書寫中豐富多彩的美感和清新歡樂的情趣，是反映時代的牧歌氣氛，也同時照映出詩人心中在一個悠然自在的「桃花源」世界。

### （二）亂世時期的田園

晚清的乙未割臺，帶給臺地的文人極大的衝擊，抵抗不成後，多半轉而西渡，留下來的人則以遺民之姿隱避起來。這時田園提供了文人隱身之所，同時也寄寓著流離失落的情感。如許南英（1855～1917），光緒十六年（1890）進士，有感於富貴功名的虛幻，遂歸返鄉里，以教書為業。他曾作詩道：「海上無金丹，肉皮囊易腐。功名富貴身，北邙一坏土。」〔註49〕特別是在身歷乙未割臺一事，率眾抗日失敗後，西渡福建，嘗嘆「從今梓里非吾土」，頗有「遺民」之憾。〈田家〉詩是他晚年所作：

> 落日亦云暮，躬耕謝南畝。荷鋤入我戶，稚子候門久。因時摘晚菘，
> 乘興開新酒。布席命童僕，隔籬呼親友。頹然同一醉，不醉隨所受。

---

〔註47〕 陳肇興，〈肚山道中即景〉，《陶村詩稿》（臺北縣：龍文，1992），頁 15～16。
〔註48〕 林豪，〈頂店田家即目〉，《誦清堂詩稿》（臺北縣：龍文，2006），卷 7，頁 147。
〔註49〕 許南英，〈感時〉，《窺園留草》（臺北縣：龍文，1992），頁 13。

　　豈必盡十觴，何須傾一斗。中庭懸明月，清輝照户牖。嗤彼簪組人，

　　飛螢滿地走。雖有星星光，轉瞬復何有。我願隱姓名，無勞栽五柳。

　　〔註50〕

許南英離臺西渡後，陸續擔任稅關總辦、鄉試閱卷和知縣等職，並不曾隱退。然而官場的波折和離鄉的苦痛，讓他一直耿耿於懷。詩中的躬耕田畝，荷鋤入戶、摘菽飲酒，與親友忘情同醉。那種在明月清輝、星光點點、滿地飛螢中的平淡質樸生活，恐怕那些汲汲營營於官途的人所難以體會的，更是詩人心中理想的生活歸宿。

　　他的另一首詩〈耕烟〉，則是收拾憤慨，轉換心境，表現得愜意而世外：

　　遍地白濛濛，高歌我稼同。早烟猶未散，曉日爲之烘。楊柳春三月，

　　桑麻地數弓。一簑塵世外，來往畝南東。〔註51〕

詩人彷彿置身其中，在白茫茫的炊烟中，只見農夫勤奮且高歌。在這暮春三月，天地俱生、萬物榮發，農人趁早耕田，往來田間，有如遺世而獨立。畫面恬淡而靜謐，點出詩人在田園中體會的人生哲理。

　　洪繻（1867～1929），彰化鹿港人。乙未割臺之役，與丘逢甲、許肇清等同倡抗戰，事敗後絕意仕進，潛心於詩古文辭。由於身居棄地，洪繻採取「不妥協、不合作」的應世態度，以遺民終其身。他有〈過秀水村視禾田感賦〉四首：

　　閉門效閒居，未能遺田畝。禾稻青油油，我愧泥塗叟。孜孜田畝視，

　　勝彼謀升斗。春初來一行，苗寸長如韭。今夏偶復觀，稻華秀已久。

　　幽鳥鳴田間，老農登隴首。林樹帶茅茨，出入沽村酒。田家樂事多，

　　軒冕同敝帚。願尋沮溺徒，永結蓬蒿友。〔註52〕

　　我居溷市廛，距村十二里。所樂有詩書，未免乏山水。多與駔儈逢，

　　胸中入客鄙。偶聞海潮聲，枕流兼洗耳。來茲一徜徉，豁然爲園綺。

　　世路風塵生，誰是桃源裡。襏襫被煙霞，嘯傲觀無始。活計託農桑，

　　生涯未爲俚。買田陽羨居，我欲誇蘇子。

---

〔註50〕　許南英，〈田家〉，《窺園留草》（臺北縣：龍文，1992），頁65。

〔註51〕　許南英，〈耕烟〉，《窺園留草》（臺北縣：龍文，1992），頁128。

〔註52〕　洪繻，〈過秀水村視禾田感賦〉，《寄鶴齋詩集》（南投縣：臺灣省文獻會，1993），頁258～259。

大隱未能爲，中隱或庶乎。區區幾畝田，聊以備啜餔。箕斂雖甚重，
鶴糧已不孤。所慮旱潦增，無以脫追呼。相嘆舊時民，隔歲作逃逋。
彼時我無田，尚作功名徒。今失硯田耕，食粟苦納租。偶茲視畎畝，
夫豈思蓴鱸。得食萬事足，歸去求樵蘇。

謀生豈不能，未忍隳素志。華夏棄功名，何論執鞭事。此日作僦荒，
亦自甘詭異。驎士遁山中，逢萌居海次。雖有稻粱謀，未失衡門意。
譬彼蟬蛻高，猶將風露餌。我非非忘世人，沉淪良有寄。他日乘長
風，尚須持糗糒。一嘗稼穡艱，永絕精鯖嗜。

詩人仰賴田地的佃租維生，是無法逃避的生計問題。他巡視農田，觀察著農
村生活，稻禾青清、幽鳥和鳴，盡是豐收景象。而農人耕稼，沽酒爲歡，是
田家歡樂的生活，盤桓至此，詩人便生發隱逸之心，就此避世隱居起來。

　　對詩人而言，世事橫逆，無處可供棲身，最後只能退守鄉居，讀書寫詩，
閒時徘徊山水田園，閒隱度日。這樣的被動性的閒適生活情態，不只一次地
出現在詩中，再如〈夏日到新庄偶步田間〉：

椶櫚青插天，樹樹榕竹裡。清風吹鳥聲，白石流澗水。循水繞村行，
雜沓炊煙紫。夕陽四野低，禾田黃雲起。看雲入田中，夏稻熟蕊蕊。
農夫腰月鐮，稚子背泥耜。啄餘簷雀喧，得粒林鴉喜。言過野花間，
夾花行不已。雖云喪亂秋，幸各居井里。吾來偶徜徉，吾去亦逶迤。
今日烏溪頭，明朝鹿溪尾。〔註53〕

詩人眼中的鄉間景色，絲毫不受外界時局紛擾的影響，依舊是清風鳥鳴、流
水炊煙，稻禾飽滿、農事依然。而屬於塵世的「吾」，偶爾徜徉其間，享受短
暫的悠閒時光，誠然是一種至樂。

　　洪繻刻意區別「喪亂」的俗世和閒適的「井里」，明白點出兩個世界的差
異，而游移其間的詩人，正足以代表當時士人欲求經世，卻又企慕隱逸的心。
詩人對農村的書寫，多集中在田園風景的恬淡靜謐，農事的歡愉、豐收，這
向來是在理性之外的浪漫想像，把清苦樸拙的農村描繪成與世無爭的桃花
源，實則是爲滿足詩人的生命追求，一種至樂的情境。

　　新竹詩人王松（1866～1930）在乙未世變後，自號滄海遺民，他感嘆時
勢如此，只有收起濟世之心，隱逸終生。他有〈適興〉詩曰：

〔註53〕洪繻，〈夏日到新庄偶步田間〉，《寄鶴齋詩集》（南投縣：臺灣省文獻會，1993），
　　　　頁145。

> 人閒境靜道心生，日掩柴門廢送迎。竹影上牆如墨畫，泉聲到枕當琴鳴。
>
> 誰知汎愛爲身累，始信無求得夢清。觸目不須輕感慨，耕桑也是答昇平。
>
> 〔註54〕

這是他歸隱田園的生活，人閒境靜，謝絕塵紛，他把竹影當墨畫、泉聲當琴鳴，充滿閒情逸趣。因而領悟到無求才有清夢，心不隨塵世而浮動，躬耕田園也能使天下太平。對詩人而言，田園與官場都是人生的舞臺，既然無法從政濟世，那歸返田園也是另一種生命的取徑。

晚清秀才林朝崧（1875～1915）因乙未割臺而西渡避難，然而，他始終對故鄉念念不忘，最後他還是返臺定居。他作詩曰：

> 竹樹連雲暮色蒼，草堂樽酒話悲傷。一家楚越書傳雁，十載干戈劫換羊。
>
> 故物道南求犢鼻，行裝驢背卸詩囊。遠遊何似歸耕好，身種胡麻婦種桑。
>
> 〔註55〕

當士人遇到國難時，往往爲遠禍全身而逃離故鄉。但落葉終究要歸根的，對士人而言，歸返故鄉是一種生命的儀式。在他鄉的日子再怎麼悠哉，生命總是在游離的狀態，因此，歸返故鄉是最終的選擇，而無法仕宦的狀況下，農耕生活不失是個美好的生命情態。

對於遭逢世變的遺民來說，歸返田園是在不得已的情況下相對的選擇，這種思考，與傳統的「耕讀文化」是息息相關的。知識份子學而優則仕，但在改朝換代、無從仕宦的情況下，退回出仕前的耕讀生活，是相當合理的。而恬靜無爭的田園生活，也是士人撫慰心靈、潛修靜養最好的生活方式。

詩人的田園書寫，在不同的社會條件下，表現出不同的內涵，承平時期，詩人把田園描繪成淡雅和諧的歡樂景象，主要是投射詩人心中理想宜居的歸隱空間。而遭遇災變禍亂時，歸返田園成爲士人被動選擇生活方式，在這裡他們得到休養和安慰，成了生命最終的歸屬。

## 第四節　田園間的耕讀傳統

「都市」與「田園」向來都是對舉的概念，都市是王公商賈所居住的地方，田園則多是農漁樵牧之屬，前者勞心，後者勞力，勞心者治人，掌握政

---

〔註54〕 王松，〈適興〉，《友竹行窩遺稿》（臺北縣：龍文，1992），頁134。

〔註55〕 林朝崧，〈次韻和仲衡過田居之作〉，《無悶草堂詩存》（臺灣文獻叢刊72），卷2，頁70。

治、經濟、文化制度等權力，物質條件豐厚；勞力者治於人，他們勞身勞力，依時而耕，獨治其身，雖物質貧乏，精神上卻自由逍遙。人們接受教育，逐漸從勞力者進階到勞心者「士」，進而建構文明禮制的社會，各職所司、各有所屬。然而，名教社會複雜交錯的人際關係，逼使士人退求質樸的農村生活，他們寧可勞力，而不願勞心去折服於現實，追求精神自由的最佳途徑，便是歸返田園。

「耕讀」向來是中國士人的傳統，指的是半耕田半讀書的生活方式，耕田可以養家糊口、安身立命；讀書則是修身養性、厚德載物。中國的耕讀文化要上推到先秦的農家，許行主張「賢者與民並耕而食」〔註 56〕。到了魏晉南北朝，許多家庭訓示開始強調以耕讀傳家，如北齊顏之推的《顏氏家訓》強調「貴穀務本之道」〔註 57〕，治家要「稼穡而食」〔註 58〕。明末張履祥《訓子語》則提到「讀而廢耕，饑寒交至，耕而廢讀，禮義遂亡。」〔註 59〕強調耕與讀同樣重要。眾多家訓中，除了強調「修身齊家」、「勸勉勤學」外，這些有顯赫功名的作者，反而常勸勉子孫不必介意功名，而要以「耕讀傳家」為理想目標。

晉代陶淵明則是典型耕讀生活實踐者，他不為五斗米折腰，辭官歸里，「既耕亦己種，時還讀我書。」〔註 60〕，一邊耕作一邊讀書，過了 20 多年耕讀的生活。這樣的文化傳統持續了千餘年，深刻地影響著士人生命的終極關懷，「歸耕」一直是士人追求的理想，頗有落葉歸返的生命情調。如同晚清詩人林朝崧所說：「才非世用宜藏拙，道在躬耕敢愛閑。」〔註 61〕在世道不諧的情況下，應該要守身藏拙，這時轉而投身自然、躬耕田園，才是正道。

臺灣偏居海外，士人科考須遠渡重洋，就算中試，也要離臺任官，加上官場奧援較少，許多人都視為畏途。相較之下，臺灣士子原本就多出身於墾首、地主家族，有一定的經濟地位，一旦取得功名，光榮返鄉，立刻晉身士紳，成為地方領袖，或收取田租，或設教鄉里，無需擔心生計問題。現實條

---

〔註 56〕 《孟子・滕文公上》，《四書章句集注》（上海：上海古籍，2001），頁 302。

〔註 57〕 顏之推，《顏氏家訓集解》（臺北市：明文，1982），卷 4，頁 245。

〔註 58〕 顏之推，《顏氏家訓集解》（臺北市：明文，1982），卷 1，頁 40。

〔註 59〕 張履祥《訓子語》，《楊園先生全集》（臺南縣：莊嚴文化，1995），卷 9，頁 3。

〔註 60〕 陶淵明，〈讀山海經〉十三首之一，《陶淵明詩箋證稿》（北京：中華書局，2007），頁 476。

〔註 61〕 林朝崧，〈酬李君友石步厚庵韻書懷見贈〉，《無悶草堂詩存》（臺灣文獻叢刊 72），卷 2，頁 67。

件既已具備，追求精神生活之暢然，便成了一種趨勢，同樣是一種守樸全眞、熱愛生命的表現。

章甫有多首詩作表達他耕讀歸隱的想法，如〈買隱〉、〈橘園小隱〉、〈鴻卿烹茶鶴避煙照〉、〈幽居〉等詩，他在〈示兒孫〉詩中是這麼說的：

> 硯上我家田，傳耕幾百年。固窮休送鬼，安業亦云仙。尚剩琢錐地，
> 寧艱補石天。試觀長坂駿，作勢便無前。〔註62〕

詩人勸勉子孫以耕讀傳家，他的耕作，是在硯田上，作詩著述，以及教書的「舌耕」生活。他要人「固窮」和「安業」，都是順應艱困的外在環境所作的妥協，在心境上要曠達，不隨波逐流。

章甫的弟子施鈺（1789～1850），也承襲了這種豁達的人生觀。他號曰「石房居士」，便有幽居修行之意。30餘歲取得功名後，無意仕進，返鄉教書，詩作名爲《石房樵唱》，略可看出其曠達的情懷。他有一首〈耕讀篇〉詩寫道：

> 有田宜勤墾，及春無分蚤與晚。有書宜勤展，獲益無分墳與典。人
> 生正路兩者該，耕讀之外無長材。爲工爲商毫末較，居奇制勝百端
> 來。此理盡人皆能悟，誰歟肯堂矧肯穡。歌管筵間燕笑譁，綺羅隊
> 裏鶯花度。讀書不在名，愛惜廉恥匪身輕。力田不求榮，含哺鼓腹
> 樂順成。君不見豳風之詩陳王業，辟廱之化美鎬京。〔註63〕

耕田讀書二事，他寫來輕鬆寫意，並稱這兩件事是人生正路，他理解到要眞正做到「無所求」，並非容易。唯有讀書不求名位、耕田不求財富，才能眞正跳脫執著，生活地像上古人一樣「含哺而熙，鼓腹而游」，只要能衣食飽足，和樂生活，便是神仙境界。

施鈺另有一本《石房樵唱畫冊》，他自己題辭曰：

> 巖石嵌空，松風謖颯。時有一樵，歌與之答。泠然松音，悠然樵吟。
> 白雲生岫，鳴鶴在陰。〔註64〕

這是他的理想生活境界，高聳山巖間吹襲的松風，如同在和樵父歌唱應答。清妙的松音，和著悠然的樵唱，眼前的白雲飄出山頭、鶴鳥在山邊鳴叫著，鋪寫著平淡優雅的情調，一幅自然山林的美麗圖畫。在這個虛擬的空間中，人與自然景物相唱和，構成一種美妙和諧的意境。

---

〔註62〕 章甫，〈示兒孫〉，收入《全臺詩》，第三冊，頁320。
〔註63〕 施鈺，〈耕讀篇〉，收入《全臺詩》，第五冊，頁38。
〔註64〕 施鈺，〈石房樵唱畫冊題辭〉，收入《全臺詩》，第五冊，頁44。

臺南頗富文名的施士洁（1856～1922），雖然進士及第，但性情淡泊，不喜仕進，一生任教書院，對世情往往淡然面對，爲了生計，只好在各地書院執教。他有詩曰：

> 寒郊那有不平鳴，轉坐詩窮得氣清。嗻爾路人誰肯受？怪他文士每相輕。蒼生豈必思安石？黃祖居然識禰衡！一笑硯田無惡歲，腹中有筍舌能耕。〔註65〕

顯然他是看盡世間的醜陋和滄桑後，所發出的感嘆，從「寒」、「不平」，說明了他因詩而「窮」的窘境，但相對地得到清明之氣，是精神層面的。他告訴自己，既然世道是文人相輕，那何必要像王安石般急於經世呢？於是轉而笑看塵俗，安於舌耕的簡樸生活。

「舌耕」之說，是源於中國古代以農爲尊，以生產爲要的傳統，士人無法耕種，但仕宦從政，或授業傳道，同樣有所貢獻，於是《禮記·王制》這麼詮釋：「諸侯之下士，視上農夫，祿足以代其耕也。」〔註66〕而後，教書便是以口舌代替鋤頭，授業解惑，換取溫飽，名之爲「舌耕」。相同道理，讀書人以筆墨文章爲業，即是「以筆代耕」，而所用的營生之硯，雅稱「硯田」。凡此稱法，都是對「耕讀」生活的一種嚮往，算是中國「耕讀」的文化傳統。

施士洁在乙未割臺後，攜眷內渡，寓居福建，往來於廈門、福州之間。和林爾嘉、許南英、汪春源等台灣文士，共組「菽莊吟社」，將情志寄託於詩酒。他曾和友人唱和曰：

> 幾人雌伏幾雄鳴，眾濁如今笑獨清。黨部甘陵渾似戲，宦情思曠本來輕。
> 聽松閣上懷宏景，種橘洲邊羨李衡。故里恨無桑八百，布衣何處可躬耕。
> 〔註67〕

詩人表明無意仕宦，詩社酬唱更無黨朋之意，他想效法陶宏景、李衡隱居起來，過著靜聽松濤風〔註68〕、種橘爲生〔註69〕的田園生活，只可惜自己

---

〔註65〕　施士洁，〈簡菽莊鐘社主人並諸同志〉八首之六，《後蘇龕詩鈔》（臺北縣：龍文，1992），卷10，頁233。

〔註66〕　戴聖，《禮記·王制》，《禮記正義》（臺北市：新文豐，2001），頁532。

〔註67〕　施士洁，〈健人疊韻見和再疊前韻酬之〉八首之六，《後蘇龕詩鈔》（臺北縣：龍文，1992），頁236。

〔註68〕　陶弘景，南朝人，精通醫學養生，隱居山中45年。一生愛松，尤其喜歡聽松濤。形容松濤聲如仙樂，有時獨自進入深山，只爲在山野谷壑中聽松濤，後人稱他爲「仙人」。

〔註69〕　李衡，三國吳人，任丹陽太守，種柑千樹於沅水沙洲。《襄陽記》載「李衡于龍陽洲種橘千株，敕兒曰：吾有木奴（柑）千頭，不責汝衣食。」

不能像諸葛亮一樣,有桑田可供歸耕,而故土淪落,實不知何時能達成心願。

　　諸如此類的田園耕讀,看似詩人想遺世獨立、遁入自然,藉以逃避世俗,但有時並非全然的曠達灑脫,詩作中常看到他們擺盪於現實與理想間的矛盾。他們普遍帶著耕讀田園的理想,又囿於生存的現實問題,只好設法在名義上有所變通。例如把仕宦稱作「以祿代耕」、寫作著述稱為「以筆代耕」、教書授徒叫作「以舌代耕」等,可見士人的「耕讀」理想,是在不得已的情勢下,被誘發出來的隱逸情懷。如晚清淡水舉人陳維英(1811～1969),也是無意仕進,歸居鄉里,教隱終生。他作〈遣懷〉詩曰:

> 經濟文章共一端,由來華國屬儒官。談天下事非容易,讀古人書大是難。
>
> 風雨不緣章句誤,山林亦作廟廊觀。三分鼎足誰知者,只在南陽冷眼看。

〔註70〕

作為一個儒學士人,原應有經世致用之才略,但天下事談何容易,學問往往博深無涯,有道是「廟廊之士,志在山林」,如今自己選擇沉潛山林,只能像未出茅廬的諸葛亮般,冷眼看待天下局勢。詩人自比諸葛亮躬耕隱逸,似乎暗示自己才幹不凡,如深潭臥龍,等待奮起。

　　自古以來的耕讀文化,反映了士人儒道兼修的傳統,儒家的「退則獨善其身」、道家的「復得返自然」,都影響了士人對田園生活的看法,形成士人的文化傳統。而這樣的文化傳統進一步地創造了「田園」文化,使得田園空間成為士人棲止、想像、歌詠的文學空間,寄託著無數士人的詩意心靈。

# 小　結

　　「空間」原本只是一個物質活動的靜態背景,一旦經過詩人的主觀情感與經驗的重新詮釋,將展現全然不同的空間意義。因此,在文學作品中,人與空間透過文學筆法的描繪,產生了「互相定義」的關聯。「空間」成了自我表述的舞臺,而「情志」也同時成就了空間的意象。而當個人的文學描寫、情意感知得到人們的認同,便逐漸形成共通的「空間」意象,成為一種集體的文化意識。

---

〔註70〕 陳維英,〈遣懷〉七首之七,收入《全臺詩》,第五冊,頁172。

　　「田園」是介於都市和山野的中間地帶，它沒有都市的喧囂繁鬧，也不像山野的偏僻危險，一方面可以稍離人群，同時也可以享受自然，無論古今中外，「田園」總是讓人流連忘返，成為讚頌歌詠的對象。以中國「田園詩之祖」陶淵明為例，在他的詩歌創作中，「田園」空間是一個充滿生活情趣，具有淳樸自然、悠閒從容的特質，讓人體現了「自然」的美好，並且可以歸返自然的生存空間，完全符合士人對理想世界的嚮往。

　　清領時期臺灣的田園書寫是從「他者想像」開始的，逐漸地透過寓目觀覽、行走，進入田園世界的美好意象，回應士人內在閒情隱逸的情志。詩人吟詠田園農村的生活，通常很少真正的從事農耕或長時間居住農村，他們往往是遠距離的望著田園、農耕的情景，在心中生成了悠閒無爭的想像，而這種想像完全是背離事實的。詩人藉著這樣的想像，彷彿找到理想的生活情境，一種可以寄託身心的桃花源。

　　閒隱的生活與空間，是充滿感官的鋪陳以及浪漫的想像，詩人透過接觸田園空間來承載個人的情志，外在景物納入個人感官世界後，經由情感的投注，融合物我，在詩歌作品中重新詮釋和定義，賦予「田園」空間新的文化生命。詩人在田園間徘徊吟詠，是本著「歸隱」自然的情志，與景與物有所感發而創作。儘管田園詩的字字句句都在吟詠田園風光的美麗，歌唱田園生活的自由、舒適。但在詩人的滿足與寬慰的後面，你總能感覺到他們對田園外面那個塵世的鄙棄。滿紙的歡欣愉悅，似乎掩飾了某些陰暗和不平，但實際上他愈是讚美田園，就愈是表達出對世俗極度的否定和失望。

　　歸隱田園向來是中國士人追求的理想生活狀態，農村田園的樸實、平淡、祥和，象徵著一個純淨無慮的世界，可以讓飽嘗世事的士人們的心靈得到安頓。因此，不管是否親自耕種，在他們的詩歌吟詠中，都可看見對自然風光、農業生產、民風節俗的深刻描寫，他們讚頌田園風光、農事勞動，表現出來詩人崇尚自然的審美趣味，也透露出內在歸返自然的嚮往，以及追求獨立超然的人生哲理。

　　「隱避」一詞若以俗世的角度出發，是對人事紛擾、功名利祿的棄絕與逃避過程。但另一方面，就個人而言，卻是精神自由與生命情懷的一種追求。人類從「逃離原始」、「創造文明」到「歸返自然」的歷程中，不斷地探索、思考、調整，他們在現實的條件下，在「田園」間構建了想像中理想的空間、和諧的社會，並一再獲得歷代詩人的共鳴，成為社會風尚與文化傳統，從文化的角度而言，這種「逃避」的心理，誠然創造了田園文化的盛景。